ドイツにおける学術情報流通

分散とネットワーク

酒井由紀子, クリステル・マーンケ 編

日本図書館協会

Die Zirkulation wissenschaftlicher Informationen in Deutschland:
Distribution und Netzwerke

ドイツにおける学術情報流通 ： 分散とネットワーク ／ 酒井由紀子，クリステル・マーンケ編. － 東京 ： 日本図書館協会, 2008. － 259p ； 21cm. － ISBN978-4-8204-0813-0

t1. ドイツ ニ オケル ガクジュツ ジョウホウ リュウツウ　a1. サカイ, ユキコ
a2. マーンケ, クリステル (Christel Mahnke)
s1. 図書館－ドイツ　s2. 情報管理－ドイツ　s3. 図書館協力　① 010.234

この本で紹介される
ドイツの主な学術図書館と関連機関

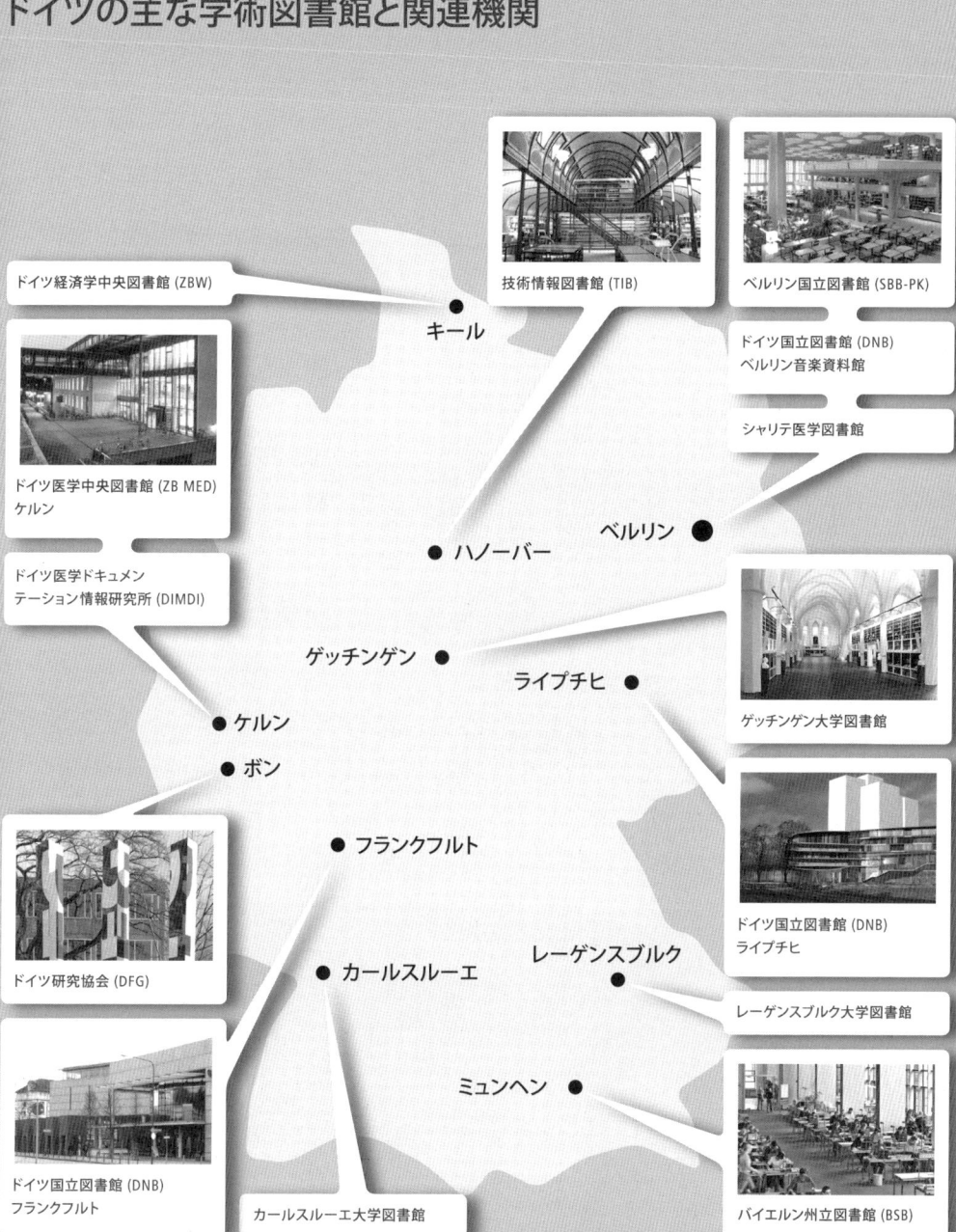

まえがき

　現代の学術情報図書館は，学術研究を支える重要な社会基盤となっています。各図書館は，学者や研究者，あるいは教員や学生が，資料や情報を利用したいときにはいつでも，どこでも手に入れることができるようにその体制を整え，強化しています。21世紀に入り，各図書館が扱う資料や情報は，量的に増加しているだけではなく，ますます多彩なものになっています。図書館は，これまでのように本や雑誌の形で資料を提供するばかりではなく，デジタル情報やマルチメディア資料を提供し，しかも，研究や教育のためのネット上のプラットフォームなどを通じた新たな形の資料提供を実現しています。

　この間，図書館は，かつて体験したことがないほど革新的に活動を展開してきました。図書館は，データベースを構築し，GoogleやYahoo!がまだ考えられもしなかったころから情報検索システムの開発を続けてきました。図書館は，現在，デジタル学術情報管理の新たな方法の開発によって，学術情報のためのいわゆる「サイバーインフラストラクチャー」の構築を目指し，さらに努力を続けています。

　このような図書館の新たな努力が実を結ぶかどうかは，図書館相互の協力のためのネットワークを構築できるかどうかにかかっています。ドイツでは，ネットワーク化の動きは，ドイツ各地域の統合目録の構築の過程で始まりました。このようにして始まったネットワーク化の動きは，現在では，世界全体の知識と研究データへの，自由で公正なアクセスのための協力体制の実現を目指すまでになっています。この世界規模での協力体制を実現しようとする動きからみれば，ドイツの図書館の活動は，その一部にすぎません。この点では，日本の図書館活動も同様でしょう。これらの努力を世界規模で起こっている動きにつなげていく必要があります。そのためにも日独の図書館が

さらに協力関係を深めていくことが重要なのです。

　本書は，日本の読者にドイツの学術情報提供の最近の情況とドイツの主要な学術情報図書館の活動を紹介します。本書を構成する各章のテキストは，日本人とドイツ人の図書館の専門家からなるチームが書いたものです。そういう意味で，本書は，日独の図書館の協力のシンボルともいえるものでしょう。この本の出版が日独の図書館間の協力の強化につながりますよう，今後とも最善の努力を続けていく所存です。また，日本図書館協会にご協力いただき，このような形で本書を出版することができましたことは，ドイツ文化センターにとって大変に栄誉なことであり，ここに深く謝意を表したいと思います。

2008 年 7 月

ドイツ文化センター図書館館長
クリステル・マーンケ
Christel MAHNKE
www.goethe.de/japan

目次

まえがき（クリステル・マーンケ）　5

第1章　ドイツの学術図書館（原淳之）――――9
1.1　ドイツにおける学術図書館と学術情報流通　9
1.2　ドイツ学術図書館の文献紹介　12

第2章　国家規模の学術図書館――――14
2.1　ドイツ国立図書館（内藤衛亮）　14
2.2　プロイセン文化財団ベルリン国立図書館（バルバラ・シュナイダー－ケンプフ）　58
2.3　バイエルン州立図書館（ロルフ・グリーベル）　66

第3章　ドイツにおける医学情報流通（酒井由紀子）――――74
3.1　はじめに　74
3.2　ドイツ医学中央図書館　77
3.3　ドイツ医学ドキュメンテーション情報研究所　99
3.4　シャリテ医学図書館－ベルリン医科大学　108
3.5　おわりに　115

第4章　ニーダーザクセン州立＝大学図書館ゲッチンゲン――――119
4.1　ゲッチンゲン大学図書館（原淳之）　119
4.2　前館長エルマー・ミットラー博士へのインタビュー（エルマー・ミットラー）　132
4.3　現館長ノルベルト・ロッソウ博士へのインタビュー（ノルベルト・ロッソウ）　141

第5章　ドイツ研究協会——情報基盤の拡充（ラルフ・ゲッベル）——— 147
　5.1　中心課題としての学術振興　147
　5.2　学術情報基盤の拡充　148
　5.3　2015年までの助成の重点　153
　5.4　助成プログラム　155
　5.5　図書とデジタル情報の間にある図書館　166

第6章　学術図書館における協力事業 ——————————— 170
　6.1　ドイツにおける学術図書館の相互協力（吉次基宣）　170
　6.2　電子ジャーナル図書館——電子版フルテキスト雑誌利用のための協力サービス（エヴェリンデ・フッツラー，マルティン・ショイプレイン）　172
　6.3　カールスルーエ・ヴァーチャル目録（ミヒャエル・W. メニッヒ）　181
　6.4　技術情報図書館（ウーヴェ・ローゼマン）　199

第7章　未来のための専門職教育——ドイツの大学における図書館員養成
　　　（ウテ・クラウス－ライヒェルト）——————————— 206
　7.1　ドイツの大学では図書館員養成はどのように行われているのか　206
　7.2　ドイツの大学での国際修了資格の導入——バチェラーとマスター　207
　7.3　ドイツの大学の図書館員養成教育の変化　212
　7.4　ドイツにおけるマスター課程　216
　7.5　ドイツにおける図書館関連の教育課程：展望　219
　7.6　展望：我々は同僚に何を期待しているか　230

あとがき（酒井由紀子）　237
編者・著者紹介　240
索引　247

（ドイツ語からの翻訳　吉次基宣）

第1章 ドイツの学術図書館

1.1 ドイツにおける学術図書館と学術情報流通

　ドイツ連邦共和国（以下，ドイツ）で刊行された図書館の概説書を読むと，学術図書館と公共図書館という2つの館種に分類されている。たとえば，ドイツの図書館に関する概説書 *Portale zu Vergangenheit und Zukunft*（3版, 2007）[1]でも両者に分けて図書館を紹介している。では，ドイツには学術図書館がいくつ存在するのか。『ドイツ図書館統計』[2]には，毎年240程度の学術図書館（専門図書館は除く）が掲載されている。正確な数値を知ることは難しいが，概ね目安となるであろう。ここに除かれている専門図書館の数を把握することはさらに難しいが，『ドイツ図書館統計』の2007年における報告では270館の名称を確認できる。ただし，これは網羅的な数値とは言えない。上掲の概説書では専門図書館の数について約2,700館という数値を示している。では，これらの学術図書館にはどのような図書館が含まれるのか。これら学術図書館の館数にかかわる数値を日本の学術図書館と比較する場合には，学術図書館の内容にも注意する必要があるだろう。

　ドイツ国立図書館（Deutsche Nationalbibliothek: DNB），プロイセン文化財団ベルリン国立図書館（Staatsbibliothek zu Berlin - Preußischer Kulturbesitz: SBB-PK），バイエルン州立図書館（Bayerische Staatsbibliothek: BSB）は，＜国家規模の学術図書館＞であり，その大規模で幅広いコレクションを基礎としてナショナル・ライブラリーとしての役割を果たすことを主張している。このほか医学，経済，技術の分野について，それぞれに＜中央専門図書館＞が構築されている。中央専門図書館は，連邦全域を対象としてサービスを提供する専門図書館で

ある。ドイツの＜大学図書館＞には，総合大学に設置された図書館や，専門大学に設置された図書館がある。日本には存在しない館種である＜地域図書館＞は地域をサービス対象とする学術図書館であり，州立図書館はこの館種に含まれる。古い歴史を伝統とし，高価値のコレクションを豊富に所蔵しているところもあり，ヴォルフェンビュッテルのアウグスト大公図書館のように積極的な活動で学術的な調査研究に貢献しているところもある。そのほか，研究所，官庁などに設置された＜専門図書館＞もある。各館種の数値データについては，上掲の統計を参照するとよい。

　これらの学術図書館には，写本やインクナブラ（揺籃期本）など価値ある資料を豊富に所蔵するものや，灰色文献を含む最新の各種学術資料を収集するもの，電子形態の学位論文，電子ジャーナル，データベースへのアクセスを整備するものもある。

　ドイツは連邦制度を採用しており，地域にも自主性がある。とりわけ教育行政，文化行政は原則として州が所管する（州の文化高権）。ドイツでは学術図書館の体制にも中央集中型ではなく，任務を自発的に分担して共同で遂行するという分散型の性質が随所にみられる。これまでのドイツ図書館の歴史において全国を対象とした唯一のナショナルライブラリーというものが存在せず，ドイツ国立図書館（DNB），プロイセン文化財団ベルリン国立図書館（SBB-PK），バイエルン州立図書館（BSB）の3館でその任務を分担していることが主張されるのもドイツ学術図書館の特色である。

　ドイツの学術図書館を理解する場合，図書館やサービスを単独に取り上げる方法のほか，複数の要素によって構成される学術情報流通のシステムとして構造的に把握することも有益な成果をもたらすであろう。

　分散と協力（ネットワーク）の試みは，少なくとも第二次世界大戦後にすでにみられた。ドイツ研究協会（Deutsche Forschungsgemeinschaft: DFG）は外国資料の分担収集を推進した。現在，ドイツ研究協会の助成を得て特別収集領域（Sondersammelgebiete: SSG）を分担する図書館が全国に存在し，資料は相互貸借やドキュメントデリバリーで全国の研究者に届けられる。subitoや

webisなどは特別収集領域と関連させてみることもできる。ドイツ研究協会が推進する仮想専門図書館（Virtuelle Fachbibliotheken: ViFa）は特別収集領域による分担資料収集が基礎となっている。vascodaは仮想専門図書館を束ねるポータルサイトの位置としてみることもできる。1980年代以降，ドイツにおける図書の書誌ユーティリティは，全国を地域に分割して各地域でネットワークが形成されてきた。異なる技術を基盤とするこれら複数の総合目録データベースを1990年代のメタサーチエンジンの技術を使って仮想的に統合しようと試みたのが，カールスルーエ・ヴァーチャル目録（Karlsruher Virtueller Katalog: KVK）であった。雑誌総合目録データベース（Zeitschriftendatenbank: ZDB）や電子ジャーナル図書館（Elektronische Zeitschriftenbibliothek: EZB）もこれとの関連でとらえることができるだろう。

1973年に構想された『図書館計画'73』（*Bibliotheksplan '73*）には，ドイツの図書館全体をひとつのシステムのようにとらえる考え方があらわれている。同計画は，その後の東西ドイツの統合，情報化の浸透などの変化を考慮した『図書館'93』（*Bibliotheken '93*）に引き継がれ，さらに新しい指針も模索されている。

分散と協力（ネットワーク）を通じた，ドイツの学術情報流通にかかわるシステムの形成は，1990年代からはインターネットに代表される情報通信技術の活用で新たな展開がみられるようになった。ドイツでは多くの新しい挑戦が試みられている。デジタル情報の長期保存にかかわるnestorやkopalのプロジェクト，先述の仮想専門図書館（ViFa），subito，webis，vascoda，カールスルーエ・ヴァーチャル目録（KVK）などもこの流れの中に位置し，3つの中央専門図書館は協力体制を強化して，今後，共通ポータルサイトGoPORTISを発展させていくと思われる。新しい展開には集中化の傾向も指摘され，これに対する批判もないわけではない。部分的に絡み合いもみられる複雑な新しい発展の様相を，すべて紹介することはもちろん不可能なことであるが，本書ではこのような新しい試みが豊富に紹介される。

ところで，読者は本書を読み進めるうちに，ドイツ研究協会（DFG）の名

が随所にあらわれることを目にすることであろう。日本の学術振興会に相当するこの助成機関は，ドイツにおける学術情報流通のインフラ整備にとって重要な位置を占めている。また，ドイツはヨーロッパ連合を構成していることも看過できない。本書の最終章では，ドイツの学術図書館を支える図書館員の養成教育について取り上げるが，そこでは，ヨーロッパ全体の大学制度との調整を図るドイツの大学制度改革が影響を及ぼしている。

　ドイツと日本を学術情報流通や学術図書館において比較した場合，ドイツには日本との相違が数多く見いだされる。本書の中でも次章以下，読者はそれに多く気づかれるに違いない。この相違が日本の学術情報流通や学術図書館のあり方を相対化して考える一つのよい契機となることを期待したい。

1.2　ドイツ学術図書館の文献紹介

　最後にドイツの学術図書館全体を概観する上で参考となる図書を2つだけ掲げておく。ひとつは本章の最初にあげた *Portale zu Vergangenheit und Zukunft*[3]である。最新版は第3版（2007）であり，多くの言語にも翻訳されている。120ページという読みやすい分量でありつつ，ドイツの図書館の歴史，館種，図書館団体，図書館協力など多岐にわたる内容を扱っている。写真も豊富で見ているだけでも楽しめる。英語版 *Portals to the past and to the future*[4] もあるのでそちらを選択することもできる。もうひとつは *Das Bibliothekswesen der Bundesrepublik Deutschland*[5]である。第3版（1999）は510ページと浩瀚であるが，それだけしっかりした内容となっており，ドイツにおける図書館の歴史，館種，図書館協力，マネージメント，図書館建築・施設・職や養成教育など網羅されている。ただし刊行年は1999年であり，その後におけるドイツ図書館制度の変化についての知識は他で補う必要があるだろう（注　2007年3月には第4版が刊行された）。前者が幅広い読者に向いているのに対して後者は研究者向けといえる。いずれも学術図書館だけではなく，公共図書館についても扱ったドイツの図書館制度全体に関する図書である。

ドイツの図書館制度にかかわる邦訳については,『ドイツ連邦共和国における図書館制度の概略』(学術情報センター,1999)[6]と『ドイツの図書館－過去・現在・未来』(日本図書館協会,2008)[7]がある。また,拙著「ドイツ連邦共和国の図書館」(『世界の図書館：その歴史と現在』所収)[8]も併せて参考にされることをお勧めする。ちなみに『ドイツの図書館』は上掲の *Das Bibliothekswesen der Bundesrepublik Deutschland* の抄訳である。

注

1) Seefeldt, Jürgen; Syré, Ludger. *Portale zu Vergangenheit und Zukunft: Bibliotheken in Deutschland.* 3. überarbeitete Auflage, Hildesheim: Georg Olms Verlag, 2007. 120S.

2) *DBS - Deutsche Bibliotheksstatistik* http://www.hbz-nrw.de/angebote/dbs/ (2008-8-21 参照)

3) Seefeldt, *op. cit.*

4) Seefeldt, Jürgen; Syré, Ludger. *Portals to the past and to the future: libraries in Germany.* (tr. Janet MacKenzie) 2nd. reviesed edition, New York: Georg Olms Verlag, 2007. 199p.

5) Busse, Gisela von; Ernestus, Horst; Seefeldt, Plassmann; Seefeldt, Jürgen. *Das Bibliothekswesen der Bundesrepublik Deutschland: ein Handbuch.* 3., völlig neu bearb. Aufl.Wiesbaden: Harrassowitz, 1999. 510S.

6) トゥン,ハンス・ピーター著『ドイツ連邦共和国における図書館制度の概略』(三浦太郎訳) 文部省学術情報センター,1999. 42p.

7) ブッセ,エルネストゥス原著；プラスマン,ゼーフェルト全改訂『ドイツの図書館－過去・現在・未来』(都築正巳監訳,竹之内禎ほか編訳) 日本図書館協会,2008. 416p.(同訳書は,前掲書5) 第3版の1, 2, 7章を中心に訳出したもの)

8) 原淳之「ドイツ連邦共和国の図書館」寺田光孝編『世界の図書館：その歴史と現在』勉誠出版,1999. p.79-98.

(原　淳之　Atsuyuki HARA)

第2章

国家規模の学術図書館

2.1 ドイツ国立図書館（Die Deutsche Nationalbibliothek: DNB）

　本稿の目的は 2006 年 6 月 22 日に成立したドイツ国立図書館（Die Deutsche Nationalbibliothek: DNB）を紹介することである。German National Library を英語名称としている。そこで本稿では日本語名称として「ドイツ国立図書館」とし，略称である DNB をも使用する。

　ドイツは 1945 年に敗戦とともに分断され，1990 年に東西分断国家の再統合をなしとげた。その間に，フランクフルト・アム・マインのドイチェ・ビブリオテーク（Deutsche Bibliothek Frankfurt: DBF）が 1947 年に創設され，分断国家ではあるものの，国としての復興，冷戦，高度経済成長，ヨーロッパ連合成立などの大きな政治経済文化的な変動を経ている。1945 年以前については，1912 年のライプチヒのドイチェ・ビュッヘライ（Deutsche Bücherei Leipzig: DBL）創設を一つの出発点とみなすにしても，国家レベルの図書館システムとしてのプロイセン文化財団ベルリン国立図書館（Staatsbibliothek zu Berlin - Preußischer Kulturbesitz: SBB-PK）およびミュンヘンのバイエルン州立図書館（Bayerische Staatsbibliothek: BSB）をはじめとして，国内のさまざまな図書館の多くは，はるか 1600 年代にまでさかのぼる歴史があり，歴史的な背景には大きなへだたりがあった。国立図書館は，長い伝統とさまざまな実績を基盤とする国内の大図書館や州立・大学図書館，第二次世界大戦後の科学技術開発競争に対応して成長してきた専門図書館，多くの公共図書館などとの関係を国立図書館として確立するために，さまざまな研究開発プロジェクトや事業を展開して中核機関としての役割を果たしている。

第2章　国家規模の学術図書館　　*15*

表2-1　2006年現在のドイツ国立図書館（DNB）が成立するまでのあゆみ

1912年	ライプチヒのドイチェ・ビュッヘライが創設される
1945年	敗戦に至り，分割統治が始まる。第二次世界大戦でドイツの各種図書館は大きく破壊された
1946年	フランクフルト・アム・マインにドイチェ・ビブリオテークが創設される
1949年	東西ドイツに分裂して独立
1958年	ヨーロッパ共同体（EC）成立（ローマ条約）
1990年	10月1日，東西ドイツの再統一・統合。ドイツ図書館（Die Deutsche Bibliothek: DDB）として統合
1993年	11月1日，ヨーロッパ連合（EU）発足（マーストリヒト条約）
2006年	6月22日，ドイツ国立図書館（DNB）発足

　戦後の大学改革，科学技術分野の国際的競争などから情報需要の形や速度も変化し，またコンピュータやネットワークの革新と普及などから，記録された知識・情報の形も変わり，したがって出版・図書流通の形も大きく変わり，図書館内部の技術も外部の環境も大きく変化してきた。ここに国内の図書館情報サービスを発展させるための中核組織としての国立図書館の必要性がある。

　そこで本稿では，はじめにドイツ国立図書館（DNB）を構成するライプチヒのドイチェ・ビュッヘライ，フランクフルト・アム・マインのドイチェ・ビブリオテーク，そしてベルリンのドイツ音楽資料館（Deutsches Musikarchiv: DMA）の創設と機能について1912年から2006年までの経緯を紹介する。次に現在のドイツ国立図書館（DNB）が2006年の成立を機にどのような活動をしているか，その概要を紹介する[1]。国の図書館情報サービスの中核機関としての展開を，研究開発，標準化活動，そして国家的・国際的協力活動という側面から紹介する。

(1) ドイツ国立図書館の成立

　ドイツ国立図書館（DNB）は，ライプチヒのドイチェ・ビュッヘライ（DBL）

とフランクフルト・アム・マインのドイチェ・ビブリオテーク (DBF)，そしてベルリンのドイツ音楽資料館 (DMA) の3つの図書館で構成されている。ひとつの館から始まり，派生してきたのではなく，1990年10月3日のドイツ再統一にともなう制度改革の過程で，それ以前から存在していた3つの図書館が，Die Deutsche Bibliothek (DDB)（しばしば「ドイツ図書館」と日本語訳されている）という名称のもとに統合され，制度的・組織的にひとつの実体，正式な国家的な図書館となったのである。2004年には法律改正に着手し，2006年6月22日に『ドイツ国立図書館法』(Gesetz über die Deutsche Nationalbibliothek: DNBG) が公布された。最終章である第22章によると，この法律は1969年3月31日に制定され，2001年10月29日が最終改訂であった『ドイツ図書館法』(Gesetz über die Deutsche Bibliothek) に置き換わるものであるとしている[2]。ドイツ図書館 (DDB) としての統合から16年を経て，2006年6月22日に法律を改定することにより，ドイツ国立図書館 (Die Deutsche Nationalbibliothek: DNB) となったのである。以下において，3つの構成館のそれぞれの発足から，1990年にドイツ図書館 (DDB) として組織統合され，2006年にドイツ国立図書館 (DNB) となるまでの経過を経年的にたどる。

a．ライプチヒのドイチェ・ビュッヘライ (Deutsche Bücherei Leipzig: DBL, 1912-)

ライプチヒのドイチェ・ビュッヘライ (DBL) は，当時ドイツ帝国の書籍出版業の中心地であったライプチヒ市のドイツ書籍商組合 (Börsenverein der Deutschen Buchhändler zu Leipzig) が，ザクセン王国およびライプチヒ市との共同で1912年10月3日にライプチヒ市内に創設したものである。ドイチェ・ビュッヘライの任務は，1913年1月1日以降にドイツ国内で出版されたドイツ語および外国語の文献，外国で出版されたドイツ語文献を収集し，目録作成し，無料で利用できるようにすることである。現在の建物は1916年9月2日に竣工したものである。創設資金，運営資金の多くを書籍商組合が拠出していた。ドイチェ・ビュッヘライの建物は1914年から1916年という第一次世界大戦中にもかかわらず建設され完成した。

第 2 章　国家規模の学術図書館　17

ライプチヒのドイツ国立図書館　閲覧室

　1921 年には書誌作成業務を開始した。1931 年にはドイツ全国書誌初号が，シリーズ A（商業出版物の新刊）およびシリーズ B（商業出版以外の新刊）として発行された。『ドイツ商業出版物半年索引』（*Halbjahresverzeichnis der Neuerscheinungen des Deutschen Buchhandels*）と『ドイツ書籍索引』（*Deutsches Bücherverzeichnis*）も製作を開始している。

　組織・所轄は時代とともに変化し，1921 年からは第三帝国が予算供与している。1931 年には帝国内務省（Reichsministerium des Innern）の管轄から，帝国国民啓蒙宣伝省（Reichsministerium für Volksaufklärung und Propaganda）の所轄となった。1935 年 9 月 20 日付けの法律で納本が義務化された。1940 年『ドイチェ・ビュッヘライ法』（Gesetz über die Deutsche Bücherei Leipzig）施行によって，図書館は書籍商組合の管理から外され，一般法のもとの法人組織に変換された。1940 年には「公社」（ナチ一般法のもとの法的能力をもつ公共企業）となった。

1943年12月4日の連合軍空爆により図書館は損壊し，5万点の雑誌や出版者目録が消滅した。翌1月以来建物は閉鎖され，160万点の蔵書が疎開された。

　戦後，1946年に『ドイツ全国書誌』がライプチヒで再び発行されるようになると，この時点でドイツには全国書誌作成を任務とする図書館が2つ存在し，それぞれが国立図書館の機能を果たすことになったのである。ひとつは後のドイツ民主共和国（Deutsche Demokratische Republik: DDR，旧東ドイツ）のドイチェ・ビュッヘライ（DBL）であり，もうひとつはドイツ連邦共和国（Bundesrepublik Deutschland: BRD，西ドイツ）のドイチェ・ビブリオテーク（DBF）である。すなわち，ドイツでは事実上，内容の同じ2つの全国書誌索引が刊行されていたのである。1971年にはこの全国書誌作成にコンピュータの利用が開始された。1982年に新しい保存書庫が開所され，ドイチェ・ビュッヘライの蔵書総数は430万となる。

　類縁機関との統合には，1950年にドイツ本と文字の博物館（Deutsches Buch- und Schriftmuseum）が，1964年には紙の博物館（Deutsches Papiermuseum, Greiz）がある。そして，ドイツ再統一後の1990年に，ドイツ図書館（Die Deutsche Bibliothek: DDB）として，フランクフルト・アム・マインのドイチェ・ビブリオテーク（DBF）と統合されるのである。

b．フランクフルト・アム・マインのドイチェ・ビブリオテーク（Deutsche Bibliothek, DBF, 1946-）

　1945年5月8日にドイツが敗戦すると，英米仏露による4か国分割支配が開始された。ドイツの西側地区では，書籍流通販売の再建はフランクフルト・アム・マイン市に集中するようになった。1946年シャウアー博士（Dr. Georg Kurt Schauer），ハインリヒ・コベット（Heinrich Cobet），ヴィットリオ・クロスターマン（Vittorio Klostermann），そして1月1日からフランクフルト大学図書館長であるハンス・ウィルヘルム・エッペルシャイマー教授（Professor Hanns Wilhelm Eppelsheimer）の3人が，フランクフルト・アム・マイン市にド

イツ保存図書館の再建を提案し，アメリカ地区の書籍流通業代表はこの提案に賛成した。フランクフルト・アム・マイン市は建物と人員，財源の支援を承認し，米軍政府もこれを承認した。11月4日にはドイチェ・ビブリオテーク (Deutsche Bibliothek) という名称が公式に与えられた。ドイチェ・ビブリオテーク (DBF) は，市立および大学図書館が爆撃で疎開していたウンターマインカイ15番地の旧ロスチャイルド図書館の喫煙室で業務を開始し，1947年には書籍流通業界とフランクフルト・アム・マイン市が共同所轄する組織として法的な身分を定められ，フランクフルト大学図書館長エッペルシャイマー教授が館長に任命された。このときの蔵書は14,000点である。

フランクフルトのドイツ国立図書館　入口大広間

　1952年にはヘッセン州の一般法によってヘッセン州，フランクフルト・アム・マイン市，ドイツ連邦共和国とドイツ書籍商組合 (Börsenverein des Deutschen Buchhandels) の四者を創設者・資金供与者とする財団となった。1969年にドイツ議会は『ドイチェ・ビブリオテーク法』(Gesetz über die Deutsche Bibliothek) を承認し，同図書館は一般法のもとに連邦公社となり，連邦政府が唯一の支

援者となった。ドイチェ・ビブリオテーク（DBF）はドイツ連邦共和国（BRD）の中央保存図書館として指定されている。法定納本を義務づける最初の連邦法が制定され，1982年12月14日に法定納本制度が公布された。1990年10月1日のドイツ再統一によりライプチヒのドイチェ・ビュッヘライ（DBL）とフランクフルト・アム・マインのドイチェ・ビブリオテーク（DBF）は合併して，新しいドイツ図書館（DDB）として創設された。

　建物は1959年にツェッペリンアレー（Zeppelinallee）の新館に，蔵書48万点をもって移転。その後1994年9月13日にアディクスアレー（Adickesallee）の新館工事の棟上げ式を行い，1997年5月14日にこの新館を公式に開館して現在に至っている。

　新情報技術への対応や書誌データベースへの応用として，1966年に各種書誌の作成にコンピュータ処理を導入している。1973年には国際ISDSネットワークの国家センターとなっている。2004年に全国書誌のウェブ・オンラインサービスを開始し，http://dnb.ddb.de から誰でも無料でドイツ全国書誌を利用できるようになった。蔵書のすべてがこのデータベースに収録されている。新サービスとしては，2004年収録分よりデューイ十進分類法（DDC）の上位2桁によりグループ化した主題グループごとの検索も可能にしている。2000年6月1日にはドイツ図書館（DDB）としてドイツ図書館研究所（Deutsches Bibliotheksinstitut: DBI）の雑誌総合目録作成業務を引き継ぎ，新たに図書館標準規格室（Arbeitsstelle für Standardisierung: AfS）を設置した。デジタル化やインターネットへの対応としては，2002年にドイツ図書館（DDB）とドイツ書籍商組合が締結した「デジタル出版物の索引作成と保存のための自発的納本に関する枠組み合意」がある。この合意によって，書籍商組合はドイツ図書館（DDB）に蔵書と歴史的アーカイブズを移管した。

　2004年連邦文化メディア大臣は国立図書館法改正に着手，2006年6月22日に『ドイツ国立図書館法』が公布され，29日に施行された。この中にはオンライン出版物を収集対象範囲に含める条項もある。最高運営組織である運営協議会（Verwaltungsrat）は拡張され，国会議員2名のポストが設置された。

この法律によって，3館を合わせてドイツ国立図書館（Deutsche Nationalbibliothek: DNB）と名称変更することとなった。

c．ベルリンのドイツ音楽資料館（Deutsches Musikarchiv Berlin: DMA, 1961-）

ベルリンの Deutsches Musikarchiv Berlin（DMA）は日本では「ドイツ音楽資料館」として知られている。もともと 1961 年にはドイツ音楽 – 音声資料館（Deutsche Musik-Phonothek）として設置され，1969 年までその名称で活動し，1970 年 1 月 1 日にフランクフルト・アム・マインのドイチェ・ビブリオテーク（DBF）に組織統合されたが，依然としてベルリンに所在している。2010 年を目標とするライプチヒの増築工事が完了すると，そちらへ移転する計画である。

ドイツ音楽資料館は 1973 年の法改正により，音楽関係の納本図書館の位置づけとなり，音楽録音物は 1970 年から，楽譜は 1973 年から義務納本となり，国内全域から楽譜，音楽録音物 2 部が納本されている。保存と利用のた

ドイツ国立図書館　ベルリン音楽資料館

めに，納本の1部はベルリンの同所に保管し，もう1部はライプチヒのドイチェ・ビュッヘライ（DBL）に送付される。

1991年には旧東ドイツの作曲家および音楽研究者連盟音楽情報センター（Musikinformationszentrum des Verbandes der Komponisten und Musikwissenschaftler der DDR: MIZ）が統合された。2000年7月にはドイツの音楽著作権管理団体である音楽演奏権および機械複製権協会（Gesellschaft für musikalische Aufführungs- und mechanische Vervielfältigungsrechte: GEMA）の収蔵資料21万件が移管され，それ以来収蔵を引き受けている。それまで音楽関係の出版社は納本のためと著作権登録のために2つの組織に送付していたが，2000年7月からはこれ以降，ドイツ音楽資料館に納本2部を届けることで済むようになった。

d．国家レベルの図書館システム

ナショナル・ライブラリー・システムという観点からは，組織としてのドイツ国立図書館もしくはドイツ国家図書館（DNB）が，それを代表するものである。しかし，そのほかにドイツの歴史的経緯と国家の成り立ちから，いくつかの大図書館が国家的な図書館としての蔵書と機能をもち，これらが連合して国家レベルの図書館システムを構成しているといえる。ドイツ国立図書館（DNB）に加えて，国家レベルの図書館システムに数えられているのは，プロイセン文化財団ベルリン国立図書館（Staatsbibliothek zu Berlin - Preußischer Kulturbesitz: SBB-PK）およびミュンヘンのバイエルン州立図書館（Bayerische Staatsbibliothek: BSB）の2つである。相互補完の伝統や協力関係の実績から，そのようにみることができるが，国家レベルの図書館システムを規定する法律や覚書交換はないので，事実としての国家レベルの図書館システムとみなすほかないのである。

伝統的に地方自治の権能を大きく保持した州（Länder）の集合体としての連邦制の共和国であるドイツでは，図書館の発展は，現在の連邦共和国に至るそれ以前の政治経済体制と深くかかわってきた。たとえば，プロイセン文化財団（Stiftung Preußischer Kulturbesitz: SPK）のもとに再統一された旧ドイツ民

主共和国 (DDR, 東ドイツ) の国立図書館は1661年創設の図書館が起源とされているが, およそ350年の間にプロイセンの発展のそれぞれの段階において政治・経済体制を反映して, 次のように名前を変えてきた。

1661-　選帝侯図書館（Kurfürstliche Bibliothek - Electoral Library）
1701-　王立図書館（Königliche Bibliothek - Royal Library）
1919-　プロイセン国立図書館（Preußische Staatsbibliothek - Prussian State Library）
1946-　公共学術研究図書館（Öffentliche Wissenschaftliche Bibliothek - Public Scientific Library）
1954-　旧東ドイツ国立図書館（Deutsche Staatsbibliothek - German State Library）
1992-　プロイセン文化財団ベルリン国立図書館（Staatsbibliothek zu Berlin - Preußischer Kulturbesitz - Berlin State Library）

　1990年のドイツ再統一以前の東ドイツでは, ベルリンの旧東ドイツ国立図書館とライプチヒのドイチェ・ビュッヘライの2つが国立図書館として機能していた。現在のプロイセン文化財団ベルリン国立図書館は, 1914年にウンターデンリンデンに落成した上記旧東ドイツ国立図書館と, 1978年にベルリンのポツダム通りに落成した西側のプロイセン文化財団国立図書館とが1992年に統合されたものである。ウンターデンリンデンの建物をハウス1とし, ポツダム通りにある建物をハウス2としている。
　1558年に創設されたミュンヘンのバイエルン州立図書館においても同様に, バイエルンの発展段階とともに名前を変えてきた。1919年以来, Bayerische Staatsbibliothek を名乗っており, 日本語ではバイエルン州立図書館あるいはバイエルン国立図書館と訳されている[3]。
　ドイツの国家レベルの図書館システムを構成する図書館の名称を日本語にすると, いずれも「国立図書館」「ドイツ図書館」となるような次第で, これらの図書館のドイツ語名称, 英語名称, 日本語訳, 創設年, 所在地などの一覧表を掲げる。規模をあらわす数字は各図書館のウェブサイト, ウィキペ

ディアなどから採録したもので,2006年前後のものである。日本語名称は本稿に固有の仮訳として付した。

表 2-2 ドイツの国家レベルの図書館システム-構成図書館一覧

ドイツ語名称 英 語 名 称 日 本 語 名 称	創設年	所在地	規模
Die Deutsche Nationalbibliothek (DNB) German National Library ドイツ国立図書館	2006.6.22	Deutscher Platz 1, D-04103 Leipzig / Adickesallee 1, D-60322 Frankfurt am Main / Gärtnerstr. 25 - 32, D-12207 Berlin	図書 1910 万冊 雑誌 47,200 誌 職員 755 人
Die Deutsche Bibliothek (DDB) German Library ドイツ図書館	1990		
Die Deutsche Bibliothek (DDB) National Library of West Germany ドイツ図書館	1946/1947	Frankfurt am Main	図書 760 万冊 雑誌 48,865 誌
Deutsche Bücherei (DBL) German Library of Leipzig ドイチェ・ビュッヘライ	1912	Leipzig	図書 1050 万冊 雑誌 57,245 誌
Bayerische Staatsbibliothek (BSB) Bavarian State Library バイエルン州立図書館	1558	München	図書 900 万冊 雑誌 47,200 誌 多数の古典籍
Staatsbibliothek zu Berlin - Preußischer Kulturbesitz (SBB) Berlin State Library - Prussian Cultural Heritage プロイセン文化財団ベルリン国立図書館	1659	Haus1 Unter den Linden, Berlin Haus2 Potsdamer Straße, Berlin	図書 1000 万冊 雑誌 38,000 誌 多数の古典籍
Deutsche Staatsbibliothek German State Library, Berlin (GDR) プロイセン文化財団のもとに再統一された旧ドイツ民主共和国の国立図書館	1661	Unter den Linden, Berlin	

(2) ドイツ国立図書館（DNB）の組織とサービス
a．図書館の構成と組織

 ドイツ国立図書館（DNB）は，ライプチヒのドイチェ・ビュッヘライ（DBL）と，フランクフルト・アム・マインのドイチェ・ビブリオテーク（DBF），そしてベルリンのドイツ音楽資料館（DMA）の3館で構成されている。ライプチヒとフランクフルト・アム・マインに，それぞれを担当する常任の館長を置き，これを統括する総館長が置かれている。ベルリンのドイツ音楽資料館はフランクフルト・アム・マインに属している。

 図書館の運営組織として管理委員会，図書館館長，審議会が設置されている（『ドイツ国立図書館に関する法律』第5条）。管理委員会は13名の委員からなり，連邦議会から2名，連邦政府から3名（うち2名以上を文化およびマスメディアを所管する最上級の連邦官庁から），ドイツ書籍商組合から3名，ドイツ研究協会（Deutsche Forschungsgemeinschaft: DFG），ドイツ音楽出版者連盟，連邦音楽産業連盟，フランクフルト・アム・マイン市当局およびライプチヒ市当局からそれぞれ1名となっている。審議会は管理委員会が指名する12名の委員からなり，そのうち，ドイツ音楽出版者連盟と連邦音楽産業連盟からは3名が指名される。

b．図書館の任務

 ドイツ国立図書館は国家的な納本図書館であり保存図書館である。その任務は第2条において次のように規定されている[4]。

1. 次の各号に掲げる公表著作物を原状で収集整理し，書誌を作成，長期にわたり保存し，かつ，公衆の利用に供し，中央図書館としてのサービス及び全国書誌サービスを提供すること。
    a) 1913年以降にドイツで公表された公表著作物
    b) 1913年以降に外国で公表されたドイツ語による公表著作物，ドイツ語による公表著作物の他言語への翻訳及びドイツに関する外国語で

書かれた公表著作物
2　ドイツ亡命者記録保管所（1966-1945），アンネ・フランク・ショアー図書館及びドイツ図書博物館を運営すること。
3　国内外の専門施設と協力し，並びに，全国的専門機構及び国際的専門機構に参加すること。

この任務規定の基盤には「国家の記憶」「文献遺産」「文化遺産」「デジタル遺産」「未来世代への継承」などのキーワードがある。これらのキーワードを用いて，新しい2006年6月の法律制定に向けて図書館内部での意思とビジョンの統一と政界財界に向けた説得において理解を共通にするという作業が行われた模様である。

c．収集保存の対象

上記の「公表著作物」については，第3条において規定している。

(1) 公表著作物とは，有体で頒布され，又は，無体で公共の利用に供される，文字，図像及び音声によるすべての表現をいう。
(2) 有体の公表著作物とは，紙，電子的な情報媒体及び他の媒体上のすべての表現をいう。
(3) 無体の公表著作物とは，公開されたネットワーク上にあるすべての表現をいう。
(4) 音楽を主としていない映画作品及び専ら放送で流される作品は，この法律の規定の適用を受けない。

無体の公表著作物とは，言い換えればたとえばオンライン出版物もしくはマルチメディア出版物のことで，これを保存することが国立図書館の任務であることを，法改正の初期段階から意識していた。しかも従来の納本義務が主に商業出版者を対象としていたのに対して，オンライン出版物もしくはマ

ルチメディア出版物の場合は，非商業出版者（たとえば大学）が次第に増加していた事情と，収集のための予算措置の膨大なことなどから，精密な用語の再検討と再定義が行われている[5]。

d．納本制度

ドイツにおける納本は，バイエルンでは1663年，ブランデンブルク・プロイセンでは1699年に具体化していた[6]。近代的な納本概念とは性格が異なるにしても，図書館に出版遺産を集積することについての伝統は早くから根付いていた。現在のベルリン国立図書館とバイエルン州立図書館の2つは，創設以来，文献の収集において，いわば競争の関係にあり，ドイツ帝国時代にはプロイセン国立図書館が法定納本先とされていた。1912年に至り出版遺産の構築を意図してドイチェ・ビュッヘライが創設され，書籍商組合が設立の資金や年間の運営費を負担してきた。ドイチェ・ビュッヘライの納本収集の開始時期は1913年1月1日からで，ドイツ語文献全部，ドイツで発行された外国語文献，外国で出版されたドイツ語文献を対象としていた。納本制度は，『ドイツ国立図書館法』において第14条（納入義務），第15条（納入義務者），第16条（納入手続き），第17条（情報提供義務），第18条（補助金），第19条（過料規定），第20条（命令の授権）にわたり規定されている。秩序違反は第19条において1万ユーロ以下の過料と規定されている。

ドイツ国立図書館は納本制度によって資料を収集しているため，入手費用がないところが予算構造の特色となっている。毎日，およそ1,200点の新刊資料がコレクションに追加され，年間収書量はライプチヒとフランクフルト・アム・マインのそれぞれにおいて30万点を超えるものとなっている。2つの図書館の納本業務は，次のように対象地域によって分担されている。

(1) ライプチヒでは，ベルリン，ブランデンブルク，メクレンブルク・フォアポンメルン，ノルトライン・ウェストファーレン，ザクセン，ザクセン・アンハルト，テューリンゲンの各州

(2) フランクフルト・アム・マインではバーデン・ヴュルテンベルク，バイエルン，ハンブルク，ヘッセン，ニーダーザクセン，ラインラント・プファルツ，ザールラント，シュレスヴィヒ・ホルシュタインの各州

　録音資料と楽譜はベルリンのドイツ音楽資料館で処理され，納本の2冊目はライプチヒの録音資料と楽譜コレクションに保存される。
　納本されたすべての図書は，それぞれの図書館において記述目録作業と主題目録作業が施される。データは両方の図書館からアクセスできる中央目録システムに入力され，『ドイツ全国書誌』(Deutsche Nationalbibliografie) の根幹を形成する。納本物の2冊目のものは，保存と利用のために，もう一方の国立図書館に送付される。この方式で書誌作成作業は1か所で行うだけであり，3館体制でありながら業務の重複を排除している。

e．利用課金

　ヨーロッパの国立図書館では入館料を徴収しているところがいくつかあるが，ドイツ国立図書館も利用カードやレファレンス利用料金などを定めている。課金表はウェブに掲載されている[7]。いくつかの例としては，個人の利用カードは年間38ユーロ，1か月15ユーロ，1日5ユーロ，法人利用カードは年間150ユーロなどであり，再発行料は10ユーロとなっている。レファレンス料金も文献探索では10ユーロとして，それに書誌件数ごとの料金（2.5ユーロから）など，詳細に定めている。

f．全国書誌

　ドイツ国立図書館の主要任務のひとつは，ドイツ国立図書館法に基づく全国書誌作成である。『ドイツ全国書誌』(Deutsche Nationalbibliografie) はドイツ国立図書館の蔵書を収録したもので，収録対象の種類からいくつかの「シリーズ」に区分され，索引が付されている[8]。

シリーズ A：商業出版による単行書と雑誌，音楽以外の録音物，視聴覚資料，マイクロフィッシュ，電子出版物など。2004年以降の翻訳ならびに，シリーズ G として別途に刊行されている「ゲルマニカ」書誌の索引以外の本体部分。週刊。

シリーズ B：非商業出版の単行書と雑誌，音楽以外の録音物，視聴覚資料，マイクロフィッシュ，電子出版物。索引なしの本体のみ。週刊。

シリーズ C：地図。索引なしの本体のみ。季刊。

シリーズ H：大学出版物。ドイツ国内の大学および海外の大学におけるドイツ語による学位論文，教授資格取得論文。出版形式を問わない。索引と本体。月刊。

シリーズ M：楽譜。索引なしの本体のみ。月刊

シリーズ T：音楽録音物，索引なしの本体のみ。月刊

HJV 半年間索引：シリーズ A，B，C のすべてのタイトルの累積版。標題のアルファベット順に，件名標目とキーワード索引を付す。半年刊。

MJV 三年索引：半年間索引の累積版にもシリーズ H の標題を加えたもの。標題のアルファベット順に，件名標目とキーワード索引を付す。3年刊。

シリーズ N：CIP。

『ドイツ全国書誌』は 2004 年以来，インターネットによって一般に公開されており，http://dnb.d-nb.de から探索利用できる。全国書誌の製品は冊子体(主に週刊)，HTML 形式，PDF，データファイル，書名カード，CD-ROM/DVD および DDB-online[9] などの形で提供されている。冊子体全国書誌は MVB 社[10]が印刷発行し商業出版社から購入できる。今後の計画として，ドイツ国立図書館ポータルからの提供や，個々のシリーズに対するフィルターなどを介して特定のシリーズあるいは特定の主題グループに属する新規レコード，特定のメディア，たとえばオンライン出版物や学位論文を毎週，自動的にスキャンするサービス，MARC 形式，HTML，PDF などの構造をもったままの形のデータを DDB-online サービスを介してオンラインで選択する

サービスなど，現在のサービスの拡張を計画している。全国書誌には2004年のオンライン提供を機会に，デューイ十進分類法（DDC），MARC21などを採用している。また個人著者，団体著者，件名などの典拠ファイルは国家標準の位置を目指して全国的な調整を経ている[11]。

全国書誌サービスとして，ドイツ国立図書館は下記のデータ・パッケージをフロッピーディスク，DATテープ，WWW経由またはFTPで提供している[12]。このサービスではMABフォーマット，UNIMARC形式，USMARC形式などで提供する。特定のデータ・レコードの遡及抽出版はDDB-onlineあるいはISBNによる選択方式などで利用できる。

- ドイツ全国書誌（現行版，遡及版）
- 新規提供サービス
- 件名標目典拠ファイル（Schlagwortnormdatei: SWD）
- 個人名典拠ファイル（Personennamendatei: PND）
- 団体名典拠ファイル（Gemeinsame Körperschaftsdatei: GKD）
- ドイツ音楽資料館の各典拠ファイル（Einheitssachtiteldatei, Körperschaftsdatei, Personennamendatei）
- 雑誌総合目録（Zeitschriftendatenbank: ZDB）
- Casalini libri（イタリア語の新規刊行物およびイタリア語への翻訳）
- 英国全国書誌（British National Bibliography）
- Saur-Verlag社の発行するマイクロフィッシュ版刊行物の目録（Bibliotheca Palatina）
- Verlag Belser Wissenschaftlicher Dienst社の発行するマイクロフィッシュ版刊行物の目録（Edition Corvey）
- Saur-Verlag社の発行するマイクロフィッシュ版刊行物の目録（Bibliothek der deutschen Literatur）
- Verlag Belser Wissenschaftlicher Dienst社の発行するマイクロフィッシュ版刊行物の目録（Bibliothek Stein）

- Saur-Verlag 社の発行するマイクロフィッシュ版刊行物の目録
  (Die "Judenfrage": Schriften zur Begründung des modernen Antisemitismus)
- Saur-Verlag 社の発行するマイクロフィッシュ版刊行物の目録
  (Große Künstlerlexika vom 16. bis zum frühen 19. Jahrhundert)
- Saur-Verlag 社の発行するマイクロフィッシュ版刊行物の目録
  (German Books on Islam from the 16th century to 1900. Pt.1.)
- Saur-Verlag 社の発行するマイクロフィッシュ版刊行物の目録
  (Biographische Archive)

　ドイツ語圏のドイツ語出版物も収集対象としていることから，ドイツ国内のみならずスイスやオーストリアなどのドイツ語圏をも視野に入れた事業となっている。このことは研究開発プロジェクトや標準化活動にドイツ語圏の機関，たとえばスイス国立図書館を招聘し，国内外の専門家によって構成していることなどに反映されている。

g．オンライン出版物

　2006年6月22日付けで公布された『ドイツ国立図書館法』により，ドイツ国立図書館は非物理媒体の著作（オンラインまたはネット出版物）を収集し，目録作成し，記録し，保存するという任務を付託された[13]。オンライン出版物の収集対象範囲は，公衆ネットワークで入手利用できる，文字，画像，音声に基づく著作のすべてである。インターネット出版物とこれに対応する冊子体の版，さらにまた，ウェブ関連メディアの著作を対象としている。オンライン出版物の例としては，電子雑誌，電子ブック，大学のデジタル出版物，デジタル化された各種コンテンツ，音楽ファイル，各種データベース，およびウェブサイトなどが納本義務の対象となっている。国家的な納本図書館としてデジタル文化遺産の保存能力と任務をもったことになる。現在のところオンライン出版物の収集は「大学出版物」「デジタル化したコンテンツ」「音楽」という3つのカテゴリーで進められており，提出・収集，識別，蓄

積などの局面における手順や技術を次々に公表している。

　ドイツ国立図書館は 1998 年 6 月以来，オンライン大学出版物として学位論文と教授資格取得論文を収集している。そのための情報システムである DissOnline の調整室を 2001 年 2 月に設置した。この内部組織は 2005 年以来，「オンライン学位論文ポータル」のようなドイツ研究協会（DFG）の各種プロジェクトに対する研究助成資金によって運営されている。学位論文ポータル・プロジェクトの目的は，電子学位論文，教授資格取得論文，さらに商業出版社の提供する学位関連資料などを統合的にリンクして，適切なアクセス方式にまとめることである[14]。オンライン大学出版物に対しては，現在のところメタデータの形式としては XMetaDiss，伝送インターフェースの 2 つを適用している。

　デジタル化したコンテンツは，ドイツ国立図書館が負う収集義務の法的規定では「……公衆ネットワークで利用できる，すべてのテキスト，画像，音声著作」とあり，これにはインターネット上に保持されている，過去の出版物のデジタル版も含まれる。そこで納本義務としては，蔵書を公認デジタル版としてネット上で利用できるようにしている，すべてのドイツの図書館，アーカイブズおよびその他の機関，さらに，過去の出版物をデジタル化しているドイツに本拠地のある出版社なども対象となる。原本が収集規定に該当しなくとも，デジタル化された増刷，再版，復刻などのリプリントは収集対象となる。たとえば 1913 年以前に出版されたり，海外で印刷刊行された出版物や海外で生産された草稿などの著作が，ドイツに本拠地を置く機関によってデジタル化・デジタル出版される場合も含まれる。

　音楽分野のネット出版物は音楽産業界におけるドイツ国立図書館のパートナーや集約業者と協力して，基本的にはオブジェクト単位の収集を実施している。既存の流通・配給チャンネルを可能な限り利用する。音楽のプラットフォーム（再生装置）とのインターフェースを確立するなどにより，音声媒体の物理形態を拡大する。収集任務規定では，純オンライン出版物（ボーン・デジタル）と並行出版物（たとえば CD やオンライン音楽ファイル）の両方

を対象としている。オブジェクト単位の収集の目的は，収集したファイルが音楽 CD ファイルの品質に近いものとして高品質（WAV フォーマットまたは同等以上）を求めているからである。

　オンライン出版物の推奨ファイル・フォーマットは，PDF/A，その他の PDF 形式，HTML，PS，その他 XML 準拠のフォーマット，TXT，その他（DVI，RTF など）の 6 種類が優先順に示されている[15]。現在のところ，提出された資料を別のフォーマットに変換するということはしていない。

　オンライン出版物は現行の各種規格に従ってその目録が作成される。業務として (1) 可能な場合には，目録をメタデータに基づいて自動作成する，(2) ドイツ全国書誌への収録，(3) 恒久的なアドレス指示と長期的な参照能力を確保するために URN を恒久識別子（PI）として使用する。メタデータをいっそう効果的に利用するために，単行書用の書誌データのみならず権利情報も含むメタデータ必須集合を規定した。ドイツ国立図書館はドイツ，オーストリア，スイスを対象範囲として，名前空間（namespace）"urn:nbn:de" によって URN を割り当てて管理する URN 割り当てサービスを無料で提供している[16]。

　オンライン出版物の長期保存には課題が多い[17]。たとえば，デジタルデータそれ自体を保存するだけでなく，長期的に利用可能にすること，もはや陳腐となったシステムで動作していた出版物が，最新のコンピュータ・システム上の新しいファイル・フォーマットとして保存され，かつ利用できるようにすることなどである。そのため，以前のシステム環境を現在のシステムの上に再現するか，あるいは過去のファイル・フォーマットを現在のものに変更できるようにするなどの課題がある。

　連邦研究教育省（Bundesministerium für Bildung und Forschung: BMBF）が資金助成した kopal プロジェクトにおいて，ドイツ国立図書館はパートナーと協力して，2004 年から 2007 年にかけて共同デジタル・リポジトリを設置した。研究開発課題の中には LMER フォーマット（電子資源のためのデジタル保存を目的とするメタデータ）への移行とエミュレーションを支援する情報の管理方法も含まれていた。また，オープンソースのソフトウェアである

koLobRI（kopal Library for Retrieval and Ingest）が案出され，フォーマット変換処理の枠組みとした。nestorプロジェクトでは，ドイツ国立図書館のリーダーシップのもとに，ドイツ国内のデジタル資源の長期保存と長期利用可能性を目的とした能力の高いネットワークを構築した。

　オンライン出版物の一致度の保証は，サービスの品質や信頼性にかかわる根幹の課題である。すなわち，オンライン資料の各種デジタル複写物や異なる版の識別と，改変からの防御などが課題となる。そこで，ドキュメント・サーバに資料を搭載する際には，認証コードを資料からMD5（Message Digest Algorithm 5）を使用するプログラム（md5.exe）により算出する。現在は「単独ファイル」資料と圧縮されたファイル・ディレクトリに適用している。認証コードはドキュメント・サーバ上のオリジナル資料と併せて保存するなどの手順が定められている[18]。

(3) 研究開発

　ドイツ国立図書館が2007年前後に推進している研究開発プロジェクトとして，ウェブページには18件があげられている[19]。また完了したプロジェクトも18件となっている[20]。これらのプロジェクトには周辺的な研究開発やサブプロジェクトが数多くある。表2-3の現行プロジェクトおよび表2-4の完了プロジェクトのリストからは，研究開発の対象・内容に，次のような傾向を読み取ることができる。

　1990年代半ばから2000年ころにかけては，全国書誌データベースをドイツ全体の中核的書誌データベースとするべき開発が行われた。統一書名典拠ファイル，件名典拠ファイル，目録規則や分類法の変換，全国的普及と支援などがそれである。その結果，現行の全国書誌データベースはデューイ十進分類法，MARC21，ヨーロッパを基盤とする多言語語彙を踏まえた国際性の高い各種典拠ファイルを備えたものとなった。また，デジタル資料の長期保存・長期アクセスに関する研究開発に力が入れられ，メタデータの普及，継続識別子（PI）の導入，長期保存の合意形成，オンライン学位論文データベ

表2-3　ドイツ国立図書館における現行のプロジェクト（2006年時点）

MACS (Multilingual Access to Subjects)	1999	主題に対する多言語アクセス
NESTOR - Authority Network Long Term Archiving	2003	長期アーカイブ保存ネットワークの構築とデジタル資源の長期利用可能性の開発
VIAF - Virtual International Authority File	2003	国際仮想典拠ファイル（VIAF）への参画と検証試験
DissOnline portal	2005	オンライン学位論文ポータルの構築
DissOnline tutor	2005	オンライン学位論文への入力支援アプリケーション開発
Bernstein	2006	紙の歴史と紙に関する知識デジタル環境・既存データベースのリンク構築
Bookseller Portraits	2006	書店・印刷所・出版社の肖像の分類とデジタル化
CrissCross	2006	ドイツ語・フランス語・英語の多言語語彙の開発
DDC-vascoda	2006	デューイ十進分類法の導入による検索方法の高度化
European Digital Library (EDL)	2006	ヨーロッパ図書館（TEL）におけるヨーロッパデジタル図書館の構築（多言語化，メタデータ登録制度）
Internationalisation of the German Standards: Moving to MARC 21	2006	MARC21への移行
Michael+	2006	多言語オープンソース・プラットフォームの開発
Competence Center for Interoperable Metadata (KIM)	2007	相互運用可能なメタデータセンターの開発（DCMIドイツセンター）
European Digital Library Network (EDLnet)	2007	EDLの試行版試作，実証実験，平常運転システム開発
TELplus	2007	ヨーロッパ図書館（TEL）システムの構築
ALEXANDRIA	2007	利用者指向の知識データベースの構築，インターネット向けの公表（publishing），コンテンツの作成と検索機能の実現
Improving Access to Text (IMPACT)	2008	高度OCR技術の開発と普及
SHAMAN - Sustaining Heritage Access through Multivalent ArchiviNg	2008	デジタル文化遺産を対象とする分野横断的な分散型グリッド・ベースの情報基盤開発

表2-4　ドイツ国立図書館による完了したプロジェクト（2006年当時）

TITAN	1994	無著者名著作の統一書名典拠ファイル作成，件名標目典拠ファイル（SWD）への統合
Distributed legal resources	1997	歴史的法律資料のデジタル化と共通アクセス方式の開発
Exilpresse digital (German-language exile journals 1933-1945)	1997	亡命雑誌のデジタル化，長期保存と長期利用
META-LIB (Metadata Initiative of German Libraries)	1998	学術図書館向けメタデータ・ガイドラインの開発普及
NEDLIB (Networked European Deposit Library)	1998	ヨーロッパ保存図書館のネットワークの開発と実証試験
CARMEN (Content Analysis, Retrieval and MetaData: Effective Networking)	1999	メタデータや情報検索の新しい手順を前提とした内容分析の高度化
RENARDUS (Academic Subject Gateway Service Europe)	1999	ヨーロッパ主題ゲートウェイの開発試験
TEL (The European Library)	2001	汎ヨーロッパ情報サービスの技術的，法制的，コンテンツ的な諸条件の検討
Changing for international formats and codes (MARC21, AACR2)	2002	RAKおよびMABからAACRおよびMARCへの移行検討
Cross concordance STW / SWD	2002	統合件名典拠ファイルの構築
DDC Deutsch (German Dewey Decimal Classification)	2002	デューイ十進分類法第22版（DDC22）のドイツ語への翻訳と全国書誌への適用・導入
EPICUR (Enhancement of persistent Identifier Services)	2002	継続識別子（PI）の国家センターとしての確立
Long-term preservation of digital documents in Germany	2002	ドイツのデジタル資料の長期保存方針に関する合意形成ワークショップ
Co-ordination Agency for online dissertations and post-doctoral theses	2003	オンライン学位論文調整室の設置，ポータルの開発，論文登録運用支援
Jewish periodicals during the NS regime in Germany	2004	1933年以降のユダヤ人雑誌のデジタル化，索引付与，インターネット出版
KOPAL - Co-operative Development of a Long-Term Digital Information Archive	2004	デジタル情報長期アーカイブズの共同開発
Facilitating the migration of German Libraries from the German data exchange format (MAB) to MARC 21	2005	MARC21への移行のための環境整備と技術的準備
TEL-ME-MOR (The European Library: Modular Extension for Mediating Online Resources)	2005	ヨーロッパ図書館への新規参加国への支援－探索仲介のモジュラー化

ースとポータルの試行，各種コレクションのデジタル化などが進められている。さらに，NEDLIB-1998，TEL-2005 などヨーロッパ図書館計画への参画と寄与が明確である。

現行プロジェクト 18 件のうち開始年の早いものは 1999 年であるが，次のような傾向がみられる。

- オンライン学位論文ポータルや入力支援など運用手順の開発
- 多言語化（英仏独）の試み（多言語語彙，多言語オープンソース・プラットフォーム，仮想典拠ファイル）
- ヨーロッパ図書館（TEL），ヨーロッパデジタル図書館（EDL）への参画・寄与・主導
- 文化遺産デジタル化の全ヨーロッパ向けの開発と普及，プロトタイプ・システムの提供
- デジタル化の当然の帰結として博物館，アーカイブズ，図書館の共同開発，共通仕様の模索

さらにプロジェクト全体を通じて次のような特徴をあげることができる。すなわち，プロジェクトの財源の多くはドイツ研究協会（DFG）から得ているが，プロジェクトの性格からヨーロッパ連合の各種プログラムを財源とするものもあり，米国の研究助成金も含まれる。パートナーとしては，1990 年代には，国内の大学など技術またはコレクションにおいて有力な組織が参画し，2000 年代になると，研究開発の領域が国内から全ヨーロッパに拡大し，ヨーロッパ連合加盟国から参画するようになった。開発成果は，1990 年代には全国書誌作成機関としての立場から国内もしくはドイツ語圏の図書館の参画を誘導するものとみることができる。それが 2000 年代になると全ヨーロッパの図書館が利用可能となることを意図したものに移行した。すなわちドイツにおける全国書誌データベース機関であることに加えて，全ヨーロッパを対象とする研究開発に移行したとみることができる。

また，これらのプロジェクトの推進において国内やヨーロッパ連合加盟国から，さらには米国から専門家の参加の機会を生みだし，若手専門家の育成の機会となっている模様であり，共同開発の積み重ねにより相互の信頼関係を強化したものとみることができる。プロジェクトによっては，そのような人的ネットワークの構築もしくは信頼関係の醸成を明示しているものもある。ドイツ国立図書館は1990年代半ばからの10年間に，国内外の関連機関との共同作業を通じて，国内，ドイツ語圏，ヨーロッパ連合，さらに米国などにおける有力図書館や博物館・アーカイブズなどとの交流と信頼関係を確立したと言えよう。

(4) 標準化活動

ドイツ国立図書館は標準化活動にきわめて大きな価値をおいている。そのことはウェブページの掲載レベルの高さに端的に表れている[21]。また，参画する図書館その他の関係者の全国的なひろがり，国際活動への参画・寄与などから読み取ることができる。

a．図書館標準化活動の組織

ドイツ国立図書館が推進している標準化活動は，図書館標準規格室（Arbeitsstelle für Standardisierung: AfS），図書館標準規格委員会（Standardisierungsausschuss），そして専門家グループという3種類の組織要素で運営されている。

図書館標準規格室はドイツ国立図書館の組織の一部である。ドイツ，オーストリア，スイスを対象範囲として図書館に関する標準化を手がけている。国家的，国際的な協力活動の各種委員会において関心・利益を代表する組織である。図書館標準規格委員会の事務局であり，国立図書館の立場から他分野における標準化活動にも関心を払っている。また国立図書館の内部組織として標準化を担当している部門には，記述・主題目録および電子資源の索引の規則室，典拠ファイル室，データフォーマットと通信インターフェース室などが設置されて連携している。

図書館標準規格委員会は，重要な学術図書館，連邦内の地域ネットワーク，オーストリア，スイスの図書館システムの代表が1名ずつ，ドイツ公共図書館の代表1名，諸州文化大臣会議（Ständige Konferenz der Kultusminister der Länder der Bundesrepublik Deutschland: KMK）から2名，図書館購買センター（Einkaufszentrale für Bibliotheken: ekz Bibliotheksservice GmbH）から1名，ドイツ研究協会（DFG）から1名が参加するなどのコンソーシアムである。委員会の目的は，地域ネットワークにおける目録作成，フォーマット，インターフェースなどに統一的な標準規格の使用を確実にするというものである。図書館標準規格委員会は前述の諸分野に対する国家規模の調整機関であり，原理にかかわる疑義・課題を決定する際に専門的意見を答申する。代表者を派遣している組織は次のとおりである。

- ドイツ国立図書館（DNB）
- バイエルン州立図書館（BSB）
- ベルリン国立図書館（SBB）
- バイエルン図書館ネットワーク（Bibliotheksverbund Bayern: BVB）
- ブレーメン，ハンブルク，メクレンブルク・フォアポンメルン，ニーダーザクセン，ザクセン・アンハルト，シュレスヴィヒ・ホルシュタイン，テューリンゲン共同図書館ネットワーク（Gemeinsamer Bibliotheksverbund der Länder Bremen, Hamburg, Mecklenburg-Vorpommern, Niedersachsen, Sachsen-Anhalt, Schleswig-Holstein und Thüringen: GBV）
- ヘッセン図書館情報システム（Hessisches Bibliotheksinformationssystem: HeBIS）
- ベルリン・ブランデンブルク協力図書館ネットワーク（Kooperativer Bibliotheksverbund Berlin-Brandenburg: KOBV）
- ノルトライン・ウェストファーレン大学図書館センター（Hochschulbibliothekszentrum des Landes Nordrhein-Westfalen: HBZ）
- 南西ドイツ図書館ネットワーク（Südwestdeutscher Bibliotheksverbund: SWB）

・オーストリア図書館ネットワークおよびサービス（Österreichischer Bibliothekenverbund und Service GmbH: OBVSG）
・スイス国立図書館
・公共図書館代表者
・諸州文化大臣会議（KMK）
・図書館購買センター（EKZ）
・ドイツ研究協会（DFG）学術文献提供および情報システム部門

　専門家グループは，いくつかの個別の業務について検討し，助言をしたり決議案を採択したりする。通常は図書館標準規格委員会と共同で活動する組織からの代表で構成されている。各専門家グループの会合議事録はウェブで公表されているが[22]，図書館標準規格委員会は 2007 年 6 月 5 日の第 14 回会合において専門家グループの再編成について合意している。それ以前の専門家グループは 7 つあり，データフォーマット（旧 MAB 委員会），ドイツ語版デューイ十進分類法，記述目録作成，団体名（GKD），オンライン情報資源，個人名（PND），件名標目（RSWK/SWD）がそれである。2008 年 1 月 1 日からは 2010 年 12 月 31 日までを任期として，a)典拠データ，b)データフォーマット，c)記述目録作成，d)主題目録作成の 4 つの専門家グループになっている[23]。

b．標準化活動の中核分野

　ドイツ国立図書館はドイツ，オーストリア，スイスの図書館や図書館ネットワークと共同で，ドイツの目録規則，フォーマット，典拠ファイルなどを国際化することにより，現状の孤立状態を克服しようとしている。現在，着手している課題には，記述および主題目録規則，電子資源の目録規則，典拠ファイル，データフォーマットと通信インターフェース，デジタル出版物のアーカイビングと長期保存がある。

　記述および主題目録規則に関して，図書館標準規格委員会は，ドイツ研究

協会 (DFG) の助成する「国際規格への変更 (MARC21, AACR2)」調査の結果をレビューして，2005年12月15日の第9回会合でドイツの図書館標準規格を国際化する合意をとりまとめた。また，図書館標準規格委員会は，RDA/AACR3の開発に積極的に協力することを決定した。

さらに図書館標準規格室は，国際目録原則の開発に積極的に関与し，国際目録規則の基礎を提供し，国際標準書誌記述 (International Standard Bibliographic Description: ISBD) の改訂，書誌レコードの機能要件 (Functional Requirements for Bibliographic Records: FRBR) および典拠レコードの機能要件と付番 (Functional Requirements and Numbering of Authority Records: FRANAR) の開発事業に積極的に参画している。図書館標準規格室の標準化活動は，次のような指針のもとに進められている。

・作業言語としてドイツ語を使用する
・国際的規則（とりわけ国際典拠ファイルに配慮して）を導入して，タイトル，個人名，団体名などの実体と対応をとる
・英米目録規則と矛盾しない
・特殊な目録規則を統合・一体化してひとつの規則とする
・典拠ファイルを使用する際に，必須項目としての個人名に違いを付ける規則を適用する
・継続資源の新規レコードを作る場合の規則には，ISBD (CR) を適用する
・FRBR の文脈における「著作」(work) と「表現形」(expression) と統一タイトルの関連性と形を分析する
・平板な階層に対して目録規則を適用する

「DDCドイツ版」プロジェクト完了後2005年の末に，『デューイ十進分類法』ドイツ語版 (DDC Deutsch) が刊行された。2006年1月以来，ドイツ国立図書館は DDC のウェブ・サービスである Melvil を付随的なものとして提

供している。これには米国の WebDewey のドイツ語版といえる MelvilClass だけでなく，DDC で分類されたタイトルを検索する MelvilSearch も新しいサービスとして含まれている。2006 年初めからドイツ国立図書館は DDC を全面的に取り入れている。件名標目（RSWK/SWD）に加え DDC によって索引を作成するという概念は，ドイツ全国書誌のそれまでのことばだけによる主題索引作成という実務に対して，第二の必須成分として国際的に流通している要素を付加し拡張するものである。

電子情報資源の目録作成に関して，標準規則を詳しく調べることには，国際的に合意されているメタデータを含んでいるし，このことは紙情報資源の目録作成の根本的部分ともみなすことができる。メタデータは伝統的な目録作成にとって情報源とみなすこともできるし，それ自体で資源発見のための独自の手段とみなすこともできる。HTML，SGML そして XML といったマークアップ言語の開発がさかんに行われてきた。目録ネットワークにおいては，継続更新資料の目録作成に使用する規則が緊急に必要とされていたので，電子資源専門家グループが臨時に組織され，2002 年夏には『継続更新資料の目録作成に関する勧告』がドイチェ・ビブリオテークのウェブサイトに発表された。

全国的な典拠ファイルとしては，団体名（Gemeinsame Körperschaftsdatei: GKD），個人名（Personennamendatei: PND），件名標目（Schlagwortnormdatei: SWD）があり，これらはさらに協力パートナーと共同で拡大されている。典拠ファイルの共通フォーマットの開発とオンラインで交信する可能性は，典拠データの交換と再利用のためには重要な前提条件である。それに加えて，外国の典拠ファイルを，たとえば国際仮想典拠ファイル（Virtual International Authority File: VIAF）と協力したり，メタデータの作成や適用の工程に典拠ファイルを統合したりすることも目的としている。

目録のデータフォーマットと通信インターフェースに関して，ドイツ国立図書館は専門家グループ「データフォーマット」と協力して，標準交換フォーマットとして MARC21 を必須の標準交換フォーマットとして使用するた

めの整備作業を進めた。その目的は可能な限り現在の MARC21 を適用することである。仮にドイツ固有の必要性があり，それを含むとしても，すべての目録ネットワークに対する適正な整合性を保つようにする。米国 Andrew W. Mellon 財団の助成により，ドイツの各図書館の目録を MAB2 から MARC21 に移行するプロジェクトが推進され，とりわけ実務レベルの密な連携が支援された。ネットワークシステムに関しては，システム間のオンライン通信のための標準手順の開発と Z39.50 プロファイルの実装規約の開発が進められた。

　デジタル出版物の長期保存は複雑な課題であり，出版過程に関与するすべての外部機関との協力なしには達成できないものである。その目的は，従来のアナログ情報資源と同様に，現在すでに存在し，また将来，入手されるデジタル情報資源を，適正で恒久的にアクセス可能とすることである。これはドイツの学界と国民の利益として恒久的に保証された情報提供を目指す共同作業である。ドイツ国立図書館はそのために「ドイツのためのデジタル情報資源長期保存のための専門的技能のネットワーク」(nestor) という全国的な共同事業を展開している。ドイツ国内の情報プロバイダーに対する諮問助言機能という立場から，また国際レベルにおける共同事業として，デジタル形式の出版物や資料の長期保存のためのすべての関連性ある開発努力を綜合して，個別ではあるが共有の構造をもつ組織体をつくることを達成目標とした。「デジタル情報長期保存アーカイブズの共同開発」(kopal) プロジェクトの目的は，共同で構築し運営されているデジタル情報の長期保存システムの実証実験と実装である。ドイツ国立図書館は，ドイツにおけるデジタル文化遺産の長期保存という戦略的重要性のある 2 つの共同プロジェクトを監督したことになる。

　デジタル情報物の長期保存という分野では活発な活動があり，また国際的な開発とりわけ標準化と実施方法の導入という点に着目して配慮する必要がある。ドイツ国立図書館は，これらのさまざまな開発を注視し，各種の委員会活動，とりわけ「書誌標準に関する IFLA-CDNL 同盟」(International Federation of Library Associations and Institutions - Conference of Directors of National Libraries Alliance for Bibliographic Standards: ICABS) という手段によって，これらの開発活動に参画している。

c．さまざまな標準化活動

ドイツ国立図書館は目録作成に関する各種規則の国際化に関して，以下のようなさまざまな活動に参画・寄与している。

・「国際規格への変更（MARC21，AACR2）」プロジェクト（2002～2004）
・「MARC21への移行」プロジェクト（2005～2007）
・IFLA国際目録規則専門家会議第1回（2003.7.28～30）
・資料の記述とアクセス（RDA）
・国際標準書誌記述統合版（ISBD consolidated edition）へのコメント
・書誌レコードの機能要件（FRBR）第3章：実体へのコメント
・典拠データの機能要件（FRAD）へのコメント

① MAB（書誌レコード）

ドイツ国立図書館の前身の一つであるフランクフルト・アム・マインのドイチェ・ビブリオテークは，1960年代初めに全国書誌の各編の編集にコンピュータ導入を開始して，1960年代半ばには，米国LC，英国BNBなどのコンピュータ導入と並んで本格稼働を開始している。1973年には書誌データ交換フォーマットとしてMAB（Maschinelles Austauschformat für Bibliotheken）を発表し，1995年にはMAB2と改称している。1997年にはこれをUNIMARCフォーマットと互換のものとした。MAB2には5種類（書誌データ[24]，個人名，団体名，件名，個別館情報）があり，さらに図書館の住所その他の情報，分類情報を納めるフォーマットが暫定版として公表されている。MAB2のレコードをXML構造で交換する新規のフォーマットとしてMABxmlも導入された。

2000年代の課題は国際的な書誌情報ネットワークへの参画であり，そのため「国際化」課題の一つとされ，MARC21, AACR2 などへの移行のための検討・試行が進められている。検討事項として FRBR のマッピング，FRBR の導入などがある。

② GKD（団体名典拠ファイル）
団体名典拠ファイル（Gemeinsame Körperschaftsdatei: GKD）は，ドイツ語圏におけるドイツ語および外国語の団体名の典拠ファイルである。1970年代にフランクフルト・アム・マインのドイチェ・ビブリオテークが運営していた雑誌総合目録データベース（Zeitschriftendatenbank: ZDB）とバイエルン州立図書館（BSB）が維持管理していた雑誌データベースから形成したものである。現在，ファイルはバイエルン州立図書館が維持管理し，プロイセン文化財団ベルリン国立図書館，ドイツ国立図書館およびオーストリア国立図書館も入力編集に加わっている。ドイツとオーストリアの図書館ネットワークにある雑誌・単行書のリストから団体名をアルファベット順目録規則（RAK-WB）に準拠して拾い上げている。RAK-WB に加えて団体の時系列変遷と階層構造についての規定も含んでいる。99 万レコードを収録しており[25]，安定的な増加傾向にある。

GKD は紙の印刷物およびデジタル資料を探索する必須の道具であり，図書館界で広く利用されているだけでなく，図書館以外の分野でも知識・情報システムを構築する上で利用されている。GKD は目録データベース ILTIS の一部分として Z39.50 ゲートウェイを介してオンラインで利用できるし，個人名典拠ファイル（PND）や件名典拠ファイルと併せて，オンラインのほか，CD-ROM として販売されている。

③ PND（個人名典拠ファイル）
個人名典拠ファイル（Personennamendatei: PND）は，記述目録作成，主題目録作成や，国家的な目録作成プロジェクトにおいて重要な個人名を集積した

もので，1995年から1998年にかけて，ドイツ研究協会（DFG）の助成したプロジェクトで開発された。個人著者名標目を構築する国際協力でも参照される重要なファイルである。オンラインの目録データベース ILTIS から Z39.50 を介して利用可能で，また CD-ROM も，件名標目典拠ファイル（Schlagwortnormdatei: SWD）や GKD と併せ入手できる。

　個人名典拠ファイル（PND）は，ドイツ国立図書館，件名標目典拠ファイル（SWD）協力館のほか，以下の機関との協力のもとに維持されている。

・バイエルン州立図書館（BSB）およびバイエルン図書館ネットワーク（BVB）
・ノルトライン・ウェストファーレン大学図書館センター（HBZ）
・ブレーメン，ハンブルク，メクレンブルク・フォアポンメルン，ニーダーザクセン，ザクセン・アンハルト，シュレスヴィヒ・ホルシュタイン，テューリンゲン共同図書館ネットワーク（GBV）
・ベルリン国立図書館著者索引ファイル
・バーデン・ヴュルテンベルク図書館サービスセンター

　2007年時点で，PND は 100 万件の別名を含む約 260 万件の個人名レコードを収録している。これらの出所は，ドイツ国立図書館および参加館の目録データ，遡及変換プロジェクト，バイエルン州立図書館の東欧およびイスラム文化圏の個人名，ベルリン国立図書館の「自筆原稿ファイル」の個人名，件名標目典拠ファイル（SWD）の個人名などである。PND はドイツ国立図書館の目録作成における統合典拠ファイルとして使用されていて，タイトル・レコードとリンクされている。

④ SWD（件名標目典拠ファイル）
　件名標目典拠ファイル（Schlagwortnormdatei: SWD）は正規化され，用語学的に調整された語彙である。情報源は「典拠ファイルに使用できる情報資源リ

スト」(Liste der fachlichen Nachschlagewerke)に示されている。これらは「主題目録規則」と「件名目録規則（RSWK）および件名典拠（SWCD）適用規則」[26]に基づいている。件名標目は全分野を対象として国際標準規格国名コードと件名典拠ファイル主題グループ（36分野に区分した標数順のリスト。件名からの相関索引もある）[27]に分類され，ウェブで見ることができる。SWDは毎日，参加館が入力更新している。他の典拠ファイルと同様にオンラインとCD-ROMとで提供されている。1994～1998年にはテュービンゲン大学図書館と共同で開発したTITAN典拠ファイルがSWDに統合されている。ドイツ国立図書館のほかの件名標目典拠ファイル（SWD）構築の協力館は次のとおりである。

・バイエルン図書館ネットワーク（BVB）
・ノルトライン・ウェストファーレン大学図書館センター（HBZ）
・南西ドイツ図書館ネットワーク（SWB）
・ブレーメン，ハンブルク，メクレンブルク・フォアポンメルン，ニーダーザクセン，ザクセン・アンハルト，シュレスヴィヒ・ホルシュタイン，テューリンゲン共同図書館ネットワーク（GBV）
・ベルリン・ブランデンブルク図書館ネットワーク（KOBV）
・オーストリア図書館ネットワークおよびサービス（OBVSG）
・スイス国立図書館
・フィレンツェ・ミュンヘン・ローマ美術図書館ネットワーク
・ヘッセン図書館情報システム（HeBIS）

⑤ ZDB（雑誌総合目録データベース）

雑誌総合目録データベース（Zeitschriftendatenbank: ZDB）は，ドイツの図書館で利用できる雑誌と新聞の世界最大の総合目録データベースである。6,000の図書館が収集・所蔵する150万タイトル，550万件の所蔵情報を収録している。約80万件の団体名が現れるが，これらは団体名典拠ファイル（GKD）

に収載されている。プロイセン文化財団ベルリン国立図書館が構築を開始し、ドイツ国立図書館の雑誌データベースに搭載されている。現在，ドイツ国立図書館全体の雑誌データを ZDB に統合する作業が進行中である。この合理化によって両館は相乗効果と経費節減という利益を得ることができる。

(5) 国家的・国際的協力活動

ドイツ国立図書館は国内・国外の図書館界の組織と協力し，関連するさまざまな専門機関とも共同作業をする必要がある。各種の委員会やプロジェクトに積極的なパートナーとして参画している。国家的な協力活動の領域には次のようなものがある[28]。

- 図書館標準規格室（AfS）による共通標準規格や標準的規準の開発と普及
  - アルファベット順目録作成，主題目録作成における，統一的かつ国内でも適切な規則の編纂と，開発のための全体的調整
  - 件名標目典拠ファイル（SWD），個人名典拠ファイル（PND），団体名典拠ファイル（GKD），古典籍書名典拠ファイル（TIRAN）の維持管理と，開発のための全体的調整
  - 図書館用機械可読フォーマット（MAB）の維持管理と，開発のための全体的調整
- メタデータの開発推進
- ISSN センターの業務遂行
- 図書館ネットワーク連合（Arbeitsgemeinschaft der Verbundsysteme: AGV）の業務
- ドイツ刊行物収集コンソーシアム（Arbeitsgemeinschaft Sammlung Deutscher Drucke: AG SDD）の事業として，1913 年以降の資料収集，目録作成，および保存
- 図書館・アーカイブズ・コレクション保存の国家戦略を目的とする，文書文化財保存連盟（Allianz zur Erhaltung des schriftlichen Kulturgutes）との共同

事業
・ドイツ標準規格協会（Deutsches Institut für Normung: DIN）への協力
・連邦・諸州によるヨーロッパ図書館，アーカイブ，博物館のためのワーキンググループ（Bund-/Länder-Arbeitsgruppe zu Europäischen Angelegenheiten für Bibliotheken, Archive und Museen: EUBAM)[29]への参画
・雑誌総合目録データベース（ZDB）の拡張とさらなる開発への協力

また，国際レベルでの重要な協力事業として次のものがある。

・国際図書館連盟（International Federation of Library Associations and Institutions: IFLA）のさまざまなレベルにおける国際共同事業への参画
・書誌標準に関するIFLA-CDNL同盟[30]の事務局
・米国図書館情報資源振興財団（Council on Library and Information Resources: CLIR)[31]およびヨーロッパ保存・アクセス委員会（European Commission on Preservation and Access: ECPA)[32]への，大規模保存の最適化方式の開発事業への参画
・ヨーロッパ国立図書館長会議（Conference of European National Librarians: CENL)[33]の議長と事務局
・ヨーロッパ研究図書館連盟（Ligue des Bibliothèques Européennes de Recherche: LIBER)[34]における交換フォーマット調和作業への参画

いくつかの協力活動について以下に詳細を取り上げる。

a．図書館ネットワーク連合
　図書館ネットワーク連合（Arbeitsgemeinschaft der Verbundsysteme: AGV）はドイツ語圏の図書館ネットワークや関連機関あわせて10団体[35]で構成されている。その目的は，1983年の創設以来，各地域の図書館ネットワークを越えて，革新的なサービスの導入と運用における協力と，ハードウェアとソフトウェ

アの概念の調整をすることにある。同連合ではこれらの目的をいくつかのレベルで追求している。まず，会員が経験を共有する目的で年に2回の会合を開催している。そのほかの活動には，データ通信の共通標準規格についての検討，他の団体や組織に対する自らの利害の表明，共同目録作成の規則，規準，図書館間貸出やデータ交換についての統一規則の調整などがある。図書館ネットワークの代表は実務的な問題を協議し，連合（AGV）の調整事項の位置づけや適用について整理する。

テーマごとのワーキンググループも組織して，現在，常設のILL（Interlibrary Loan）ワーキンググループのほかに，2つのワーキンググループが活動している。そのうちのひとつ共同目録作成ワーキンググループでは，アルファベット順目録と主題目録のデータ伝送の向上案を開発中である。目的は，ネットワークにおける品質規準を満たしながら，オリジナル入力比率の削減，目録規則とフォーマット適用の調整と統一などを進めることである。もうひとつの目録の価値向上ワーキンググループの使命は目録データに主題情報，目次情報，抄録などの付加的データを追加して，目録の価値を向上することである。これらの活動のための運営事務局がドイツ国立図書館にある。

b．ドイツ刊行物収集コンソーシアム

ドイツ刊行物収集コンソーシアム（Arbeitsgemeinschaft Sammlung Deutscher Drucke: AG SDD）[36]の目標は，ドイツ語圏の地域で出版されたすべての印刷物の総合的なコレクションを構築すること，すなわち，集合的な文化記憶として多様な歴史遺産を編纂して，公衆に利用可能とすることである。

ドイツでは，歴史的な，そして政治的なさまざまな理由から，国家の文献を収集する責務を付託された図書館が創設されるまでに，長い年月が必要であった。ライプチヒのドイチェ・ビュッヘライがその責務を負う図書館として創設されたのは1912年である。印刷機が発明された時点から1912年までの間の4.5世紀もの間に出版された本の所在は確実ではないことになる。そこで，この文化遺産の空隙を埋めるという任務を達成するために，4つの図

書館が共同作業を開始した。この4図書館では，1450年から1912年の期間の出版物について，各館が所蔵する現存の秀逸なコレクションを体系的に補完し合っている。各館は責任を負う対象期間のドイツ語の印刷物すべてを入手するのである。ドイツ語圏の国々で刊行された外国語の著作も収集対象である。各参加館の分担年代は次のようになっている。

表2-5 ドイツ刊行物収集の担当年代

1450～1600	バイエルン州立図書館（ミュンヘン）
1601～1700	アウグスト大公図書館（ヴォルフェンビュッテル）
1701～1800	ゲッチンゲン大学図書館（ゲッチンゲン）
1801～1870	フランクフルト大学およびゼンケンベルク図書館(フランクフルト)
1871～1912	プロイセン文化財団ベルリン国立図書館（ベルリン）
1913～	ドイツ国立図書館

c．ヨーロッパ国立図書館長会議

　ヨーロッパ国立図書館長会議(Conference of European National Librarians: CENL)[33]は，国立図書館間の協力振興を目的としてオランダの法律に基づいて設立された。43のヨーロッパ連合（European Union: EU）加盟国から45の図書館の館長が参加して構成されている。現在の議長はドイツ国立図書館長エリザベス・ニッゲマン（Elisabeth Niggemann）で，事務局をドイツ国立図書館が担当している。

　毎年9月に会合を開催し，全般的問題，政策的展開，プログラム，プロジェクト，共同事業の可能性などについて検討している。最近の議題には，資材の保護と保存，国立図書館が所蔵する多言語の典拠ファイル，EUの図書館振興プログラムによる各種の調査研究や開発プロジェクト活動と，それらの成果の再利用，電子出版物の長期保存，デジタル化などがある。

　最近の成果として，2005年9月にCENLは「ヨーロッパ文化遺産のデジタル化」について合意した。またヨーロッパ国立図書館と出版社の協同ワー

キンググループは「CENL / FEP 電子出版物の自発的納本方式の開発と確立に関する声明」を改訂している。

また，2005年から仮想のヨーロッパ図書館（The European Library: TEL）としてウェブサイト[37]を構築し，目録とコレクションに対する統合的な探索サービスや各国立図書館の紹介などを提供している。

d．DissOnline 調整室

ドイツ国立図書館は1998年7月以来，オンライン学位論文および教授資格取得論文を収集し，オンラインの大学の論文に関するメタデータ・フォーマットと伝送インターフェースを管理運営している。この流れにおいてオンライン学位論文に関する各種プロジェクトに参画している。これらのプロジェクトの中心となるのが国立図書館の一部門として設立された DissOnline 調整室[14]で，各種プロジェクトにおける先端技術の採用や，能力の高いネットワークの構築に貢献している。各種プロジェクトには以下のようなものがある。

最初のプロジェクトは「オンライン学位論文ポータル」で，2005年11月から2008年1月にかけてドイツ研究協会（DFG）の助成研究開発として進められた。その目的は，デジタル学位論文をネットワークにより提供し，これに商業出版で流通するものをも含めたアクセスメカニズムを考慮したポータルを構築することである。具体的には学位論文，国際的な分野のポータル，およびドイツの分野横断的ポータルである vascoda へ接続するウェブ・サービスの提供が目標とされた。

DissOnline-Tutor は，やはりドイツ研究協会（DFG）からの助成を2005年10月から2007年7月まで受けたプロジェクトで，エッセンのデュイスブルグ大学，ベルリンのフンボルト大学と共同して推進された。同プロジェクトは，学位論文や教授資格取得論文の執筆者向けに，MS Word，Open および StarOffice の各種ワードプロセッサ，LaTex を用いたテキスト作成やレイアウトを整えるツールを開発し，助言と訓練資料を作成することを目的として

いた。

　DissOnline 調整室の重点事業は，DissOnline の参加組織の調整と案内である。学術機関，図書館，出版社，著者とのコンタクト・ポイントの役割を果たし，メーリングリストを運営して，参加機関同士の協力と知識移転を推進している。フォーマット，各種ツール，法的問題などに関連する技術革新，先端技術，標準化などの情報を報知している。

e．書誌標準に関する IFLA-CDNL 同盟 (ICABS)

　2003 年ベルリンで開催された第 69 回 IFLA 総会において，「書誌標準に関する IFLA-CDNL 同盟」(International Federation of Library Associations and Institutions - Conference of Directors of National Libraries Alliance for Bibliographic Standards: ICABS) の設置が決定された。これに続き，書誌情報および情報資源管理の分野における調整と推進に関して，オーストラリア，米国，英国，オランダ，ドイツ，ポルトガルの国立図書館と IFLA の間の公式の合意署名が 2003 年 8 月 7 日に執り行われた。ここで確認された同盟の役割は大きく 3 つからなる。まず，書誌コントロールに関する標準等の維持管理である。すなわち ISBD や FRBR，UNIMARC，MARC21，Z39.50 等を対象としてその発展に努める。第二に，書誌コントロールのための戦略の策定と国際的な協定の奨励である。ここでは，国際仮想典拠ファイル (Virtual International Authority File: VIAF) やメタデータの開発・普及，永続識別子の動向把握などを行う。第三の役割は，電子情報資源の長期アーカイビングの問題に対する理解の向上である。具体的にはマイグレーションやエミュレーション，ウェブ・アーカイビング等の方法の普及促進を目指すものである[30]。

(6) おわりに

　本稿では，ドイツ国立図書館 (DNB) について同館のウェブサイトと同館発行の Kathrin Ansorge ed. *Die Deutsche Bibliothek Leipzig, Frankfurt am Main, Berlin / Die Deutsche Bibliothek* (2005) を主たる素材として紹介した。

ライプチヒとフランクフルトの2つの図書館は，それぞれ保存と全国書誌作成を主要任務として書籍商組合が発起人となって設立された。実質的には国立図書館としての機能を果たしながらも，1990年のドイツ再統合までは主要任務は限定されていた。ドイツ再統合を機にドイツ図書館（DDB）として統合されて以来，合理化を進めながら，国立図書館としてあるべき姿を模索して，2006年の法律制定と名称変更に至るのである。ドイツ国立図書館の成立に至る特色を，上記2種類の資料の範囲に限っても，次のような要因をあげることができる。

・国内には長い歴史とさまざまな実績をもつ大図書館があり，競争と協力という課題がある。
・記憶の継承というドイツ特有の課題がある。
・図書館，教育，文化などの行政は州を基盤としていた。図書館・情報サービス分野における国家的な行政サービスの核は長らく不在であった。
・2つの図書館を統合してひとつに合理化する上で説明責任を果たす必要があった。
・技術革新課題は時期に応じてさまざまにあり，コンピュータ，ネットワーク技術の進歩に対応してきた。国民・市民を対象とするサービスの展開は存在を主張するためにも急務であった。
・当面のデジタル化課題に，たとえば図書館法の中にネットワーク情報資源を納本対象として組み込み，積極的に対応している。
・デジタル化課題は単独の課題ではなく，関連技術要素，関連組織も多く，技術対応に見合った社会的文化的対応が要求されている。
・研究開発活動，標準化活動，データベース構築などにおいて内外の有力図書館・関連機関の参画を得た。
・ドイツ語圏という認識は共有されていた。
・ヨーロッパ連合の中で存在を主張し，リーダーシップを発揮する必要がある。

ドイツ国立図書館は，研究開発プロジェクトや標準化活動，それらを基盤とした国内国際的な活動を手がかりとして，国の内外の関連組織を糾合し，解決の共有と人材の育成が進められ，国立図書館としてのリーダーシップを短期間のうちに確立したと見るのは時期尚早だろうか。

注・参考文献

1) ライプチヒのドイチェ・ビュッヘライ，フランクフルト・アム・マインのドイチェ・ビブリオテークなどの歴史的経緯については次の4点の文献に依った。
・Ansorge, K. ed.; Southard, J.S. transl. *Deutsche Bibliothek (Frankfurt am Main, Germany): Die Deutsche Bibliothek Leipzig, Frankfurt am Main, Berlin*, Frankfurt am Main, Die Deutsche Bibliothek, 2005. 55p.
・Olson, M.P. *The Odyssey of a German National Library - A Short History of the Bayerische Staatsbibliothek, the Staatsbibliothek zu Berlin, the Deutsche Bücherei, and the Deutsche Bibliothek*. Wiesbaden, Harrassowitz Verlag, 1996. 122p.
・Explanatory memorandum　http://www.d-nb.de/eng/wir/pdf/dnbg_begruendung_e.pdf（2008-7-20 参照）
・ヨリス・フォルシュティウス，ジークフリート・ヨースト著，藤野幸雄訳『図書館史要説』日外アソシエーツ，1980，233，32p.

2) 条文と英文仮訳が以下で公表されている。
Gesetz über die Deutsche nationalbibliothek (DNBG) Vom 22. Juni 2006.
http://www.d-nb.de/wir/pdf/dnbg.pdf（2008-7-20 参照）
Draft Law regarding the Deutsche Naitonalbibliothek (DNBG).
http://www.d-nb.de/eng/wir/pdf/dnbg.pdf（2008-7-20 参照）
日本語では，渡邉斉志が以下に 2005 年 11 月の時点で法律案を紹介し解説している。
渡邉斉志「インターネット情報資源の国家的収集：ドイツ国立図書館法案」『外国の立法』no.226, 2005.11, p.94-112.　http://www.ndl.go.jp/jp/data/publication/legis/226/022604.pdf（2008-7-20 参照）

3) 藤野幸雄訳『図書館史要説』ではバイエルン国立図書館。ウィキペディアではバイエルン州立図書館。

4) Gesetz über die Deutsche Nationalbibliothek (DNBG)　p.39　日本語は渡邉訳による。

5) Explanatory memorandum　http://www.d-nb.de/eng/wir/pdf/dnbg_begruendung_e.pdf（2008-7-20 参照）

6) Olson, M.P. *The Odyssey of a German National Library - A Short History of the Bayerische Staatsbibliothek, the Staatsbibliothek zu Berlin, the Deutsche Bücherei, and the Deutsche*

Bibliothek. Wiesbaden, Harrassowitz Verlag, 1996. 122p.
7) Kostenordnung. Stand: 12. Dezember 2006. Deutsche Nationalbibliothek.　http://www.d-nb.de/service/pdf/kostenordnung.pdf（2008-7-20 参照）
8) Deutsche Nationalbibliografie　http://www.d-nb.de/eng/service/zd/dnb.htm（2008-7-20 参照）
9) DDB-online　http://z3950gw.dbf.ddb.de/mab/
10) Deutsche Nationalbibliografie. (Marketing- und Verlagsservice des Buchhandels)　http://mvb-online.de/sixcms/detail.php?id=67394（2008-7-20 参照）
11) Structuring of the Deutsche Nationalbibliografie and the New Release Service.　http://www.d-nb.de/eng/service/zd/gliederung_dnb.htm（2008-7-20 参照）
12) Data Service "National Bibliographic Services".　http://www.d-nb.de/eng/service/zd/datendienst.htm（2008-7-20 参照）
13)「オンライン出版物」の節は，大部分，ドイツ国立図書館ウェブサイトのオンライン出版物に依拠している。
Online publications　http://www.d-nb.de/eng/netzpub/index.htm（2008-7-20 参照）
14) DissOnline　http://www.dissonline.de/
15) File Formats　http://www.d-nb.de/eng/netzpub/ablief/np_dateiformate.htm（2008-7-20 参照）
16) Uniform Resource Name (URN)　http://www.d-nb.de/eng/netzpub/erschl_lza/np_urn.htm（2008-7-20 参照）
17) Long-term preservation　http://www.d-nb.de/eng/netzpub/erschl_lza/np_lza.htm（2008-7-20 参照）
18) MD5 Fingerprint　http://www.d-nb.de/eng/netzpub/ablief/np_md5.htm（2008-7-20 参照）
19) Current projects　http://www.d-nb.de/eng/wir/projekte/laufende_projekte.htm（2008-7-20 参照）
20) Completed projects　http://www.ddb.de/eng/wir/projekte/abgeschlossene_projekte.htm（2008-7-20 参照）
21) Standardisation　http://www.d-nb.de/eng/standardisierung/index.htm（2008-7-20 参照）
22) Office for Library Standards (AfS)　http://www.d-nb.de/eng/standardisierung/afs/afs_prot.htm（2008-7-20 参照）
23) それ以前，専門家グループは，データフォーマット（MAB 委員会の前身），ドイツ語版デューイ十進分類表，記述目録作成，団体名典拠（GKD），個人名典拠（PND），件名標目（RSWK/SWD），オンライン情報資源の 7 グループが設置されていた。
24) Tabelle MAB deutsch-englisch. Stand: 11. April 2006（MAB のフィールド名称の独英対照表）　http://www.d-nb.de/standardisierung/pdf/mab-englisch.pdf（2008-7-20 参照）

25) 以下の CD-ROM 版の概要によれば，2006 年 1 月時点で GKD100 万件，PND270 万件，SWD70 万 5 千件。
Normdaten-CD-ROM. Product information　http://www.d-nb.de/eng/service/pdf/normdaten_cd.pdf（2008-7-20 参照）
26) Regeln für den Schlagwortkatalog (RSWK). Erg.-Lfg.4. - Zur 3. Aufl. des Grundwerks, 2007.　http://www.d-nb.de/standardisierung/pdf/rswk_erg_4.pdf（2008-7-20 参照）
27) SWD subject groups　http://www.d-nb.de/eng/standardisierung/normdateien/swd_not_hilfe.htm（2008-7-20 参照）
28) National and International Co-operation　http://www.d-nb.de/eng/wir/kooperation/nat_internat.htm（2008-7-20 参照）
29) 以下が EUBAM の 294 件のプロジェクト一覧表である。
Übersicht von deutschen und (europäischen) Digitalisierungsprojekten aus den Bereichen Bibliothek, Archiv, Museum, Denkmalpflege.2 Fassung. Stand: Mai 2006.
http://www.dl-forum.de/eubamdoku/06-05-DiGi-Projekte-Online.pdf（2008-7-20 参照）
30) 書誌標準に関する IFLA-CDNL 同盟が発足．カレントアウェアネス-E, no.23, 2003. 10.01　http://www.dap.ndl.go.jp/ca/modules/cae/item.php?itemid=130（2008-7-20 参照）
31) Council on Library and Information Resources　http://www.clir.org/（2008-7-20 参照）
32) European Commission on Preservation and Access　http://www.knaw.nl/ecpa/（2008-7-20 参照）
33) Foundation Conference of European National Libraries　http://www.cenl.org/（2008-7-20 参照）
34) Ligue des Bibliothèques Européennes de Recherche　http://www.libereurope.eu/（2008-7-20 参照）
35) Members and permanent guests of the Consortium of Library Networks　http://www.d-nb.de/eng/wir/kooperation/ag_verbund_mitglieder.htm（2008-7-20 参照）
36) Arbeitsgemeinschaft Sammlung Deutscher Drucke　http://www.ag-sdd.de/（2008-7-20 参照）
37) The European Library　http://www.theeuropeanlibrary.org/portal/libraries/map_en.html（2008-7-20 参照）

（内藤　衛亮　Eisuke NAITO）

2.2 プロイセン文化財団ベルリン国立図書館
(Staatsbibliothek zu Berlin - Preußischer Kulturbesitz: SBB-PK)

プロイセン文化財団ベルリン国立図書館（SBB-PK）[1]は，バイエルン州立図書館と並んで全世界の歴史的価値のある資料や最新の資料を集め，広い分野にわたるサービスを提供している，ドイツの最も重要な学術研究情報図書館である。所蔵資料の質の高さは，世界的に知られており，国内のみならず国際的な文献提供活動でも中心的役割を担っている。

ベルリン国立図書館（SBB-PK）は，プロイセン文化財団（Stiftung Preußischer Kulturbesitz: SPK）の一部をなしている。プロイセン文化財団は，連邦が75％，すべての州がまとまって25％を出資する公法上の財団である。旧プロイセン州の文化財を保存，修復，補完する活動をしているプロイセン文化財団は，世界でも最大級の文化施設である[2]。

2003年以降，工学博士バルバラ・シュナイダー－ケンプフがベルリン国立図書館の館長を務めている。

(1) 歴史

この図書館は，1661年にブランデンブルクのフリードリッヒ・ヴィルヘルムによって「シュプレー河畔のケルン選帝侯図書館」として設立された。1701年プロイセンが王国となったのを受けて，「ベルリン王立図書館」と改名された。1918年から1945年までは，「プロイセン国立図書館」として活動した。第二次世界大戦中には，すべての所蔵資料が，戦火に対して安全だとされた坑道，城，修道院などに移された。戦争でかなりの資料が失われたが，かつてのドイツ領シレジアに置き移されていた所蔵資料の重要な部分は，1945年以降はポーランドに帰属することとなった図書館に残されていた。この所蔵資料と目録の大部分は，その後のドイツの分断にともなって，2つに分けられてしまった。東ベルリンには，ウンターデンリンデン通り8番地の建物内に宮廷建築家エルンスト・フォン・イーネによって，「ドイツ国立

ポツダム広場の建物

図書館」が建てられた。この図書館は，ライプチヒの「ドイチェ・ビュッヘライ」(Deutsche Bücherei) と並んでドイツ民主共和国（東ドイツ）の国立中央図書館とされていた。

　ドイツ連邦共和国（西ドイツ）では，プロイセン文化財団の一部として，「プロイセン文化財団国立図書館」が，まずはマールブルクとテュービンゲンに設立された。1978年以降は，(西) ベルリンのポツダム通りのシャロウンス・ハウスの画期的な建物内に移設された。このような経過を経て，戦後のドイツでは，ベルリンに2つの国立図書館が並存することとなった。ドイツの統一後，1992年1月1日，2つの図書館は合併し，「プロイセン文化財団ベルリン国立図書館」となった。こうして，プロイセン文化財団の管轄下で2つの建物からなるひとつの図書館となったのである。

(2) 所蔵資料

　図書および雑誌の広範な所蔵資料は，それぞれに来歴があり，百科全書的

包括性を備えた構成で，国際的，学際的なものとなっていて，まさしく人類の文化的，学術的発展を写し出すものとなっている。また，ベルリン国立図書館には，国際的な文化財とされる世界的に知られた貴重なコレクションがあり，非常によく利用されている。中世初期以降の写本，遺稿，自筆原稿，ベートーベン，バッハ，モーツァルトの手書きの楽譜，地図，新聞，その他のあらゆる言語，あらゆる国の歴史的に重要な意味をもつ資料の特別収集コレクションがある。これらのコレクションは，継続的に拡大されていて，文化財であると同時に国際的な先端的研究に役立っている。ベルリン国立図書館は，所蔵資料に，国の文化遺産認定証明を今日まで定期的に受けている，数少ない図書館である。国の文化遺産として認定を受けている資料は，遺稿，書簡，ヨーロッパの手書き文書，手書きの楽譜などである。

　ベルリン国立図書館は，1035万7千冊以上の図書，雑誌，定期刊行物，20万点以上の稀覯本，4,400点の初期刊本，特別収集コレクション中の178万2千点の特殊な印刷物，1,475点の遺稿や文書，6万弱の手稿，32万以上の自筆文書，267万3千のマイクロ形態の資料，世界中から送られてくる360種の印刷版の新聞，2万7千弱の印刷版の外国および国内の雑誌を提供している。電子版資料としては，現在2,836種のデータベース（2006年の増加は556種），5,380種の電子ジャーナル（2006年の増加は3,200種）がある。ベルリン国立図書館は，2006年に近代の印刷資料を12万7千タイトル購入した。これに加えて，特別収集分野では，2万1千の印刷物，34の遺稿と遺稿の補足資料および400以上の手稿，あるいは自筆文書が加わった。2006年の所蔵資料の購入には888万5千ユーロが支出された。このうち210万ユーロはドイツ研究協会（Deutsche Forschungsgemeinschaft: DFG）が拠出した。

　「ドイツ刊行物収集」（Sammlung Deutscher Drucke: SDD）プログラムの枠内で，ベルリン国立図書館は，収集漏れを完全になくすという使命のもとに，1871年から1912年にかけての活字による印刷物を購入している。

　また，ベルリン国立図書館は，いくつかの特別収集領域（Sondersammelgebiete: SSG）を受け持っている。このプロジェクトでは，ドイツ研究協会の支援を

第 2 章　国家規模の学術図書館　　61

J. S. バッハのクリスマス・オラトリオの楽譜

受け，多くのドイツの図書館が分散する形で，きわめて特殊な外国の研究資料を収集している。収集された資料は，遠隔貸出によって，ドイツ各地の研究者に提供される。ベルリン国立図書館が担当している特別収集領域は，以下の分野である。

　・法学
　・東アジアと東南アジア
　・スラヴの言語と文学および一般；個々のスラヴ諸言語と文学

・地図学のための刊行物／地誌学地図
・外国の新聞
・議会文書

　資料に関しては，印刷版の資料からデータベース形態の電子情報源（フルテキストや書誌データベース）への移行が進行している。ベルリン国立図書館は，いわゆるナショナルライセンス（Nationallizenzen）の取得に積極的に取り組んでいる。これは，ドイツの学術研究活動のために，個々の特別収集領域を担当している図書館のデータベースへ，図書館の枠組みを越えたドイツ国内でのアクセスを保証するものである。印刷媒体から電子媒体へのパラダイムシフトにともない，これまでとは違った資料登録の記述法も求められている。このような背景のもとに，ベルリン国立図書館は，ドイツ研究協会(DFG)によって助成されている仮想専門図書館（Virtuelle Fachbibliotheken: ViFa)[3]に参加している。また，連邦研究教育省（Bundesministerium für Bildung und Forschung: BMBF）とドイツ研究協会に支援を受けている学術ポータル vascoda[4]にも参加している。

　特別収集領域（SSG）プログラムの枠内で指定された分野で外国の文献を集中的に収集することと並んで，あらゆる国，あらゆる言語，あらゆる時代，あらゆる分野の学術文献を包括的に収集する課題もある。ベルリン国立図書館は，国際連合の出版物を収集する公的な図書館であり，外国の政府刊行物も収集している。

　ベルリン国立図書館に付属しているプロイセン文化財団写真資料館（Bildarchiv Preußischer Kulturbesitz）は，多くの写真と写真家の遺稿を管理しており，芸術，文化，歴史をテーマとする 1200 万点の写真を保有している。写真資料館は，商業目的での問い合わせや資料請求に際してのプロイセン文化財団の窓口となっている。

(3) サービスの概要

　ベルリン国立図書館は，あらゆる時代，あらゆる国，あらゆる言語の研究文献，学術文献への最も高度な需要に対応している。

　ウンターデンリンデン通り8番地の建物にある図書館は，貴重な古い文献資料を保有しつつ，歴史研究図書館として活動を展開しており，19世紀と20世紀の変わり目の時期までの前近代の時期全体の文献の収集を集中的に行っている。ここには，歴史関連の印刷された文献と並んで，いくつかの特別の収集を行う部局も置かれていて，手稿，音楽，地図，児童および青少年向けの図書，新聞などの資料の収集を行っている。

　ポツダム通り33番地の建物には，近代をテーマとする研究目的の図書館が構築されている。このポツダム通りの図書館のコレクションは，ウンターデンリンデンの図書館のコレクションが終わるところから先を引き継ぐ形になっていて，近代から現代にかけての資料を収集している。また，あらゆる時代に関する幅広い分野の参考図書も集められていて，上記の近現代に制限された，開架式で提供されている文献を補っている。東ヨーロッパ，オリエント，東アジアに関する特別収集もあり，図書館の資料をさらに充実したものにしている。

　戦争と戦後の混乱，そしてその後の政治状況の中で図書館は分断され，図書館相互の協力は妨げられてきた。当然，ベルリン国立図書館の目録の状態は，十分なものでも，満足できるようなものでもなかった。目録には，その本が現在も所蔵されているのか，あるいは戦時中に紛失したのか，確かなことは何も書かれていなかったからである。ベルリン国立図書館では，インターネットで世界中からアクセス可能なOPAC[5]の導入が始まったとき，このような問題はより切迫したものとなり，緊急の対策が必要となった。古い所蔵資料と目録の大規模な点検作業が始まり，これを完全に行うのに数年がかかった。その結果，貴重な古い所蔵資料へのアクセスは，著しく改善された。

(4) 地域の枠を越えた課題と国レベルの課題

　ドイツの学術図書館は，新着の資料をアルファベット順および内容に応じて分類整理する際に，厳密に規定され，互いに関連しあう規則と記号を用いている。このような規則や記号による分類と整理は，人名，法人名，件名などに対応するもので，新たに出版された文献に関する統一的な処理の基本となるものである。ベルリン国立図書館は，このような目録を多数作成し，データベースに保存している。

　また，ベルリン国立図書館は，雑誌総合目録データベース（Zeitschriften-datenbank: ZDB）の編集も行っている。これは，1500年から今日までのあらゆる種類，あらゆる言語の120万種の新聞と雑誌を扱う国家レベルのデータベースで，約4,300のドイツの図書館の600万以上の所蔵情報を提供している[6]。

　ベルリン国立図書館では，手稿や古い印刷物に関しては，Kalliope[7]という国家レベルの自筆文書と遺稿のデータベースを担当している。また，1500年以前に印刷された本について印刷されたあるいは電子化された全世界の『初期刊本総目録』（*Gesamtkatalog der Wiegendrucke*）と地図学の文献を継続的に紹介する『地図学書誌』（*Bibliographica Cartographica*）は，100年以上も前から担当している。

　さらに，ベルリン国立図書館は，以下の複数の機関が共同運営している資料検索，閲覧のためのデータベースの編集に参加している。

① VD17（17世紀にドイツ語圏で出版された印刷物の国の目録）[8]
② EBDB（歴史的な装丁のデータベース）[9]
③ IKAR（古地図データベース）[10]
④ Manuscripta Mediaevalia（中世ヨーロッパの手稿データベース）[11]
⑤ EZB（電子ジャーナル図書館）[12]
⑥ DBIS（データベース情報システム）[13]
⑦ KOHD（ドイツのオリエント関係手稿の目録）[14]

また，ベルリン国立図書館には，略記号局が置かれている。数字と文字の組み合わせからなる図書館略記号は，図書館の日常業務の中で図書館を簡潔に表示するのに役立っている[15]。

ベルリン国立図書館は，いわゆる図書館のための高機能ネットワークに参加している。これは，ドイツ図書館研究所（Deutsches Bibliotheksinstitut: DBI）の新たな指揮のもとに，ドイツの図書館全体のために，ネットワーク化を促進しようとするものである。ベルリン国立図書館の活動には，特にヨーロッパ連合（European Union: EU）プロジェクトの申請，協力者の仲介，EU事務局との協力，EUプログラム外の国際支援金の申請などに際して，支援を行うための助言局を設置することも含まれている。

ベルリン国立図書館は，蔵書管理をテーマとする司書育成，継続教育にも取り組んでいる。たとえば，定期的に展示会を行ったり，刊行物を発行したりすることによって，所蔵資料を外部に紹介し，研究をさらに活気づけるべく努力をしている。

注・参考文献

1) Staatsbibliothek zu Berlin- Preußischer Kulturbesitz　http://staatsbibliothek-berlin.de/（2008-7-20 参照）

2) Die Stiftung Preußischer Kulturbesitz　http://www.hv.spk-berlin.de/deutsch/index.php（2008-7-20 参照）

3) Cross Asia-Virtuelle Fachbibliotheken: Ost- und Südasien　http://crossasia.org/de/home/
Virtuelle Fachbibliothek Recht　http://www.vifa-recht.de/
Slavistik-Portal　http://www.slavistik-portal.de/
Clio Online: Fachportal für Geschichtswissenschaften　http://www.clio-online.de/（2008-7-20 参照）

4) vascoda　http://www.vascoda.de（2008-7-20 参照）

5) Online-Katalog der Staatsbibliothek zu Berlin: StaBiKat　http://stabikat.de:8080/（2008-7-20 参照）

6) Zeitschriftendatenbank　http://www.zeitschriftendatenbank.de/（2008-7-20 参照）

7) Kalliope: Verbundkatalog Nachlässe und Autographen　http://kalliope.staatsbibliothek-berlin.de/（2008-7-20 参照）

8) Verzeichnis der im deutschen Sprachraum erschienenen Drucke des 17. Jahrhunderts (VD

17) http://www.vd17.de（2008-7-20 参照）
9) Einbanddatenbank (EBDB)　http://www.hist-einband.de（2008-7-20 参照）
10) IKAR　http://ikar.sbb.spk-berlin.de/（2008-7-20 参照）
11) Manuscripta Mediaevalia　http://www.manuscripta-mediaevalia.de（2008-7-20 参照）
12) Elektronische Zeitschriftenbibliothek　http://rzblx1.uni-regensburg.de/ezeit/（2008-7-20 参照）
13) Datenbank-Infosystem: DBIS　http://rzblx10.uni-regensburg.de/dbinfo/fachliste.php?lett=l（2008-7-20 参照）
14) Katalogisierung der Orientalischen Handschriften in Deutschland: KOHD　http://kohd.staatsbibliothek-berlin.de/（2008-7-20 参照）
15) Sigelstelle, Deutsche ISIL-Agentur und Zentralredaktion Bibliotheksdatei　http://staatsbibliothek-berlin.de/deutsch/abteilungen/ueberregionale_bibliographische_dienste/sigelstelle/index.html（2008-7-20 参照）

（バルバラ・シュナイダー－ケンプフ　Dr. Barbara SCHNEIDER-KEMPF　翻訳：吉次基宣）

2.3　バイエルン州立図書館
（Bayerische Staatsbibliothek in München: BSB）

(1)　沿革と概況

　バイエルン州立図書館は，1919年以来この名称をもって活動している。この図書館は，1558年に公爵アルブレヒト5世によってヴィッテルスバッハー宮廷図書館として設立された。現在は，バイエルン州の中央図書館であり，バイエルン州の図書館関連のあらゆる案件を扱う州の専門官庁であり，ドイツ語圏における最大の学術図書館のひとつであり，その所蔵資料は世界的な意義を備えている。

　1558年の設立以後ヴィッテルスバッハー宮廷図書館は，まず旧宮廷の官房大広間に移設された。バイエルン国王ルートヴィッヒ1世の最初の建築計画のひとつでは，彼の壮大な建物のひとつを宮廷図書館兼国立図書館にすることになっていた。この計画は，建築家フリートリッヒ・フォン・ガルトナ

ミュンヘン・バイエルン州立図書館　正面ファッサード

ーに委ねられ，1832年から1843年にかけて実現された。ルートヴィッヒ通りに面した2つの中庭を囲む長い建物は，幅が152メートル，奥行き78メートル，高さ24メートルでドイツ最大の白レンガ造りの建物である。開設当時は，ドイツの最も先進的な図書館建築とされた。

　バイエルン州立図書館の蔵書数は900万冊以上である。中には選りすぐりの貴重な初期刊本のコレクション，数多くの特別コレクション（楽譜，地図，遺稿，自筆文書，蔵書票，肖像画，写真，美術書）や，世界で最も重要な手書き文書コレクションのひとつとされる手稿コレクションがある。分野では，工学と応用農学分野を除くあらゆる国のあらゆる出版物が収集されている。特に重点が置かれているのは，古代学，歴史，音楽，東ヨーロッパ，中東ヨーロッパ，南東ヨーロッパ，オリエント，東アジア，バイエルン地域に関する分野である。

　バイエルン州立図書館は，大英図書館に続くヨーロッパ第二の規模の雑誌を収集していて，約4万種の現在刊行中の雑誌と新聞，および8,500種のライセンス処理の済んだ電子ジャーナルを提供している。特に生物学，薬学，

医学の分野の収集は充実していて，ドキュメントデリバリーや遠隔貸出などを通じ非常によく利用されている。

バイエルン州立図書館は2008年に創立450周年を迎えるので，さまざまな展示会や催しを計画している。バイエルン州立図書館は「知の宝物殿」としての役割と同様に，学術，研究，文化のための現代的で革新的なサービスセンターとしての機能も果たしている。

(2) バイエルン州立図書館の役割

ミュンヘン地域での文献提供という役割においては，来館者への貸出と閲覧室の利用が中心となる。登録利用者の3分の2以上が，大学関係者である。バイエルン州立図書館は，研究や教育のための最新の資料を求める多くの要望に対し，適切な学術文献を用意し，提供するという課題に日々取り組んでいる。まず第一歩として，開館時間は毎週112時間に，すなわち毎日8時から24時までに延長された。その結果，閲覧室の利用者は48万9千人（2002年）から104万7千人（2006年）に増加した。この間，貸出数は37％増加して161万となった。このように，バイエルン州立図書館はミュンヘンにある2つの大学の施設面での充実に大きく貢献している。

また，バイエルン州立図書館は州の中央図書館として，文字の文化遺産の保護，記録，保存を行い，さらに州全土に文献を提供することによって，州を学術の場として確立することに責任を負っている。この責任を果たしていることは，遠隔貸出数が143％増加したこと，すなわち20万4千件（2002年）から49万6千件（2006年）に増加していることにもはっきりと現れている。そのうちの70％がバイエルン州の大学か一般の利用者によるものである。さらに，バイエルン州立図書館の優れた定期刊行物の資料（48,500の印刷版の雑誌および電子雑誌）は，バイエルンコンソーシアムの運営の基盤としての役割を果たしている。これによって大学では，多くの雑誌に「クロスアクセス」によって，これまでローカルでは得ることできなかった資料を手に入れることができるようになった。

1999年7月以降，バイエルン州立図書館は，省令に基づいて，1970年に設立されたバイエルン州の図書館中央執行委員会と統合された。これにともない，中央執行委員会が担っていた州全体の計画立案と協力という課題は，バイエルン州立図書館に移された。バイエルン州立図書館は，州の専門官庁としてバイエルン州経済・研究・芸術省に直接帰属することになり，それ以降バイエルン州の図書館全体の案件を管轄し，州全体の図書館の機能と業績に責任を負うこととなった。公共図書館に関する案件を扱うために，バイエルン州立図書館の部局として州専門局が置かれている。ニュルンベルク，レーゲンスベルクおよびヴュルツブルクにはその支部が置かれている。

　2000年には戦略的構想に基づき協力業績連盟が設置された。これは，バイエルン州立図書館，国立大学図書館，各地区の州立図書館が，それぞれの長所を結集しようとするものである。この構想は次の3つの柱によって支えられている。まず，学術図書館を現代の情報・コミュニケーション技術によって結合すること，第二に大学図書館の文献・情報提供を支援するためにバイエルン州立図書館の潜在能力を特に活用すること，そして第三に革新的技術によって多面的なサービスを提供するバイエルン仮想図書館を，参加館が協力して構築することである。これはすでに特別予算によって助成を受けているが，バイエルン州立図書館の大学への文献提供の重要性は，バイエルン大学法にも明記されている。

　ドイツでは，フランクフルト・アム・マイン，ライプチヒおよびベルリンに置かれているドイツ図書館（Die Deutsche Bibliothek: DDB）の名称が，ドイツ連邦議会の議決を受けて2006年以降，「ドイツ国立図書館」（Deutsche Nationalbibliothek）に変更された。しかし，これはイギリスやフランスにおける国立中央図書館とは性格が異なっている。国立中央図書館の課題と機能は，本質的にはこれまでと同様に3つの図書館が担っている。すなわち1913年にドイツ書籍商組合によって設立された国立文献センターであり，ドイツの文書の総資料館としてのドイツ国立図書館，プロイセン文化財団ベルリン国立図書館，そしてドイツの古い文献や外国の文献収集の伝統的な中心としてのバ

イエルン州立図書館である。バイエルン州立図書館の収集の重点は，手稿，1700年以前の印刷物，第二次世界大戦後の時期の外国の文献に置かれている。

(3) 協力活動

　バイエルン州立図書館は，職員による全国書誌への協力，地域の枠を越えた役割をもつ目録の作成などでも特別な役割を果たしている。たとえば，16,17世紀にドイツ語圏で出版された印刷物の目録，雑誌総合目録データベース（Zeitschriftendatenbank: ZDB），人名データベースなどである。バイエルン州立図書館は，その他にも協力活動を積極的に展開している。その実例を以下にいくつかあげてみよう。

　① Google との協力

　上記のような協力活動の一環として，著作権の保護期間が終了したバイエルン州立図書館の図書のすべてがGoogle社によってデジタル化され，Google Book Search に統合された。バイエルン州立図書館は，このようにして得られたデータを図書館自身の目録を通じて提供し，地域の枠を越えたサービスに投入している。このような形で，数多くのドイツの重要な文献や図書館の稀覯本に世界中の何百万人もの人たちがアクセスできるようになった。

　②バイエルン州立図書館とベルリン国立図書館との協力

　この2つの図書館は，2006年1月23日，共同の活動の中心課題を規定した協力合意書に署名した。この協力の協定は，2つの図書館のドイツ国内向け，および国外向けの情報提供や情報サービスをより利用しやすく，また効率的にすることを目指すものであった。協力の重点は，精神科学，社会科学の分野での情報提供と全国書誌での協力の促進に置かれていた。協力の合意は，第三資金（Drittmittel）によってまかなわれる助成プログラムを協議しながら

練り上げること，およびドイツの図書館と外国の図書館の相互支援を促進することである。資料の入手や購入に関しても，共同のシステムを構築していくべきであり，世界的に貴重な特別収集に関するサービスについても，共通のプラットフォームで提供されるべきである。2つの図書館は今後，貴重な写本や歴史的な蔵書を，共同の提供方法やより強化された伝達方法によって，これまで以上に市場に提供していくことになるだろう。ドイツ語圏の文字文化財全体のデジタル化は，ひとつの共通の戦略によって力強く推進されるべきである。この2つの図書館は，運営について互いに助言し合うことによって，また業績を評価し合うことによって，その活動の向上を図っている。

③ vascoda（ヴァスコーダ）

バイエルン州立図書館は，ドイツの学術情報を分野の枠を越えたインターネットポータル vascoda を管理，運営する Vascoda 連盟社団法人の設立にかかわった会員である。バイエルン州立図書館は，調整委員会やさまざまな活動グループを通じてその活動に協力している。

vascoda は，実績のある多くの学術図書館や情報機関のインターネットサイトをひとつの共通ポータルに組織的に結びつけることによって構築された，統合的学術情報システムである。ここでは電子版のフルテキスト，ドキュメントデリバリー，ペイ・パー・ビュー（Pay-per-view）などで文献へのアクセスを提供している。連邦研究教育省（Bundesministerium für Bildung und Forschung: BMBF）とドイツ研究協会（Deutsche Forschungsgemeinschaft: DFG）は，2003年に戦略的連合として開始されたこの事業を助成している。

④ヨーロッパ研究図書館連盟（Ligue des Bibliothèques Européennes de Recherche: LIBER）

ヨーロッパ研究図書館連盟（LIBER）は，ヨーロッパの研究図書館の意向を受けて活動している。その目的の中心は，研究図書館のための真に機能する国境を越えたネットワークを確立し，ヨーロッパの文化遺産を守り，連盟

に参加している図書館の蔵書資料の質を向上させ，情報提供サービスをより効率的かつ利用しやすいものにすることである。バイエルン州立図書館はここではドイツの図書館界の関心事をヨーロッパの文脈に関連づける活動をしている。

　設立当時から現在まで，バイエルン州立図書館の活動は国際的なものであった。書籍購入の5分の4が外国の市場で行われている。バイエルン州立図書館は，多くの国際的なプロジェクトやさまざまな会議にも参加している。大英図書館，ヨーロッパ研究図書館コンソーシアム（Consortium of European Research Libraries），アメリカの大規模な図書館などとは，多彩な，また長期にわたる協力の中で成立してきたパートナー関係が成立している。東ヨーロッパとの連携も今後活発になるだろう。豊富な蔵書資料は，世界中の研究者の関心を集めている。写本と古い印刷本の部署の利用者の4分の1は，外国から来ている。手紙による問い合わせの3分の1に貼られている切手は，外国の切手である。

　時代は，グローバルな知識社会へと向かい，ネットワークに基づくデジタル情報サービスへ移行しているが，バイエルン州立図書館は，さまざまな革新的サービスを提供しつつ，この移行を積極的に推し進めていく。その実例としては，バイエルン州立図書館によって運営されているミュンヘン・デジタル化センター（Münchener Digitalisierungszentrum: MDZ），ドイツ研究協会（DFG）の助成によって開発された歴史，東ヨーロッパ，古代学，音楽の仮想専門図書館（Virtuelle Fachbibliotheken: ViFa），バイエルン地方の文化学ポータルとしてバイエルン州立図書館の支援で構築されたバイエルン州立図書館オンライン（Bayerische Landesbibliothek Online: BLO），生物学および医学専門ポータルなどをあげておこう。

　バイエルン州立図書館は，以下の3つの役割を柱として，現在，ヨーロッパ文化空間の中核を担う研究図書館として活動を展開している。

1　文字文化財の宝庫
2　学術，研究，教育のためのマルチメディア情報サービスの提供者
3　デジタル情報技術およびサービスのための革新センター

ミュンヘン・バイエルン州立図書館　階段付きの回廊

(ロルフ・グリーベル　Dr. Rolf GRIEBEL　翻訳：吉次基宣)

第3章

ドイツにおける医学情報流通

3.1 はじめに

　ドイツは,ヨーロッパ一の15万7千の特許登録数を誇り,米国や日本と並ぶ世界の三大技術革新国の一つである[1]。また1901年からのノーベル生理学・医学賞の186名の授賞者のうち,90名の米国,25名の英国に次いで,14名の受賞者を輩出するなど,医学研究がさかんな国としても知られている。医学論文生産数においても,世界で30%以上と圧倒的なシェアを占める米国に次いで,日本や英国と並ぶ第二グループに位置し,臨床医学および生物医学分野において世界の約7%を生産している[2]。医療水準は高く,医療費はGDPの10.6%と経済協力開発機構（Organization for Economic Cooperation and Development: OECD）30か国の平均の9.1%を上回っている[3]。90%が公的医療社会保険に,残りの10%が私的な医療保険に加入している国民皆保険が整備された国であるが,保険医療制度を維持するために医療費の高騰をおさえる努力が続けられている。医学教育は,日本と同様に大学学部プラス2年間に相当する6年間で実施され,学内での到達度試験を挟み卒前卒後の2度にわたる国家試験の後に医師免許が与えられる[4]。ドイツには高等教育機関が268あり,そのうちいわゆるUniversitätとよばれる102校ある大学のうち35校に医学部が設置され[5],年間で約7,000人が卒業している[6]。医師数は約28万人で,人口千人あたり3.4人に相当し,OECD平均の3.0人を超える。うち約8万人は一般医で,20万人が専門医である[7]。
　ではこれらの医学研究,医学教育,医療を支える医学関連分野の学術情報はドイツではどのように流通し,図書館情報サービスの制度が整備されてい

るのであろうか。連邦制をとり地域ごとの独立性が高いといわれるドイツにも，連邦全域をサービス対象とし，連邦政府と各州政府からの共同出資で運営されるドイツ医学中央図書館（Deutsche Zentralbibliothek für Medizin: ZB MED）がある。また，やはり連邦全域の医学情報流通促進に責任をもつドイツ医学ドキュメンテーション情報研究所（Deutsches Institut für Medizinische Dokumentation und Information: DIMDI）もある。前者は他の2つの分野の中央専門図書館と同様に既存の図書館に付設され，ケルン大学医学部そして市の図書館部門としての顔ももつユニークな医学専門図書館である。後者は連邦保健省（Bundesministrium für Gesundheit: BMG）の機関で，図書館のような文献提供は直接行わないが，データベースの提供や医療に関係の深い情報システムに関連した活動をしている。いずれも，地域ごとの文献提供ネットワークとは別に，連邦全域の分野の拠点として整備された新しい機関で，1969年にケルン市に設置されている。また，ドイツ医学中央図書館のリストによると，ドイツにはいわゆる医学図書館は38館あり，うち半分の19館が医学部のある大学で，残りの19館は研究所や病院あるいは地域の医学図書館である[8]。つまり，医学部35のうち，医学図書館が独立しているのは約半数ということになる。

　日本では，海外の医学情報流通のモデルとして，米国の国立医学図書館（National Library of Medicine: NLM）や，同図書館を頂点としたピラミッド型の末端のサービスポイントまで4,000以上の図書館や関連機関から構成される全米医学図書館ネットワーク（National Network, Libraries of Medicine: NN/LM）について，報告も多くよく知られている[9]。同じ国家規模の医学図書館がありながら，この米国の中央集約的な制度と，地域と連邦全域の制度が共存するドイツの医学情報流通制度とは，様相が異なるのではないだろうか。この違いを知ることは，学術流通制度の多様性をとらえることとして興味深い。また，医学に特化したドイツの学術情報流通については，日本では医学中央図書館（ZB MED）とドイツ医学ドキュメンテーション情報研究所（DIMDI）の2機関について，1990年代までにいくつかの詳細な報告が見られるが[10][11][12]，最近の様子はあまり知られていない。インターネットが普通のものとなり電

子ジャーナルが普及した現在，2機関はどのような活動をして，周囲の状況はどう変化してきているだろうか。

　もちろん，いまや医学研究の成果は英語を共通語として，電子媒体で世界的に流通している。ドイツにあっても，個々の医学研究者は，全世界に向けて無料公開されている世界最大の医学論文データベースである米国国立医学図書館が提供するPubMedで医学論文を検索し，英語を中心とした電子ジャーナルのフルテキストにアクセスすることが多いことなど想像に難くない。実際に，2004年にドイツ医学中央図書館（ZB MED）で実施された同図書館のポータルサイト利用者に対する調査でも，PubMedの基幹データベースであるMEDLINEが最も使われているデータベースとしては圧倒的で，92.4％が使っていると回答している[13]。しかし，それらの検索結果からの文献入手や，またドイツ語の医学論文の検索やアクセスのしくみ，それらを提供する医学分野の図書館情報サービス体制がどのように整えられてきているか，ドイツに固有のことと世界に共通のことは何か，最新の状況をつぶさに見る必要がある。

　本章では，ドイツに特徴的な医学情報流通の制度を立体的に把握する試みとして，国家規模のサービス機関であるドイツ医学中央図書館（ZB MED）と連邦保健省（BMG）の傘下にあるドイツ医学ドキュメンテーション情報研究所（DIMDI），さらに一大学の医学図書館の事例としてベルリン自由大学（Freie Universität Berlin）とフンボルト大学（Humboldt-Universität zu Berlin）が合併した医学部のシャリテ医学図書館の3機関をとりあげ，2005年，2006年の訪問調査と2008年7月までの文献調査をもとに，それぞれのサービスや活動を概観することとする。多様な医学情報流通のあり方として，複雑な歴史的背景のあるドイツの学術情報の一端を見ることができれば幸いである。

　なお，本稿では医学研究者，医療従事者，医学生のための専門的な医学情報の流通について扱う。最近注目されている患者あるいは一般市民向けの医学情報については，学術情報の範囲を越えるため，ドイツ医学中央図書館の新コレクション・サービスとしての紹介のみで，それ以上はふれていない。

3.2 ドイツ医学中央図書館
　（Deutsche Zentralbibliothek für Medizin: ZB MED）

　ドイツ医学中央図書館（Deutsche Zentralbiboliothek für Medizin: ZB MED）は，西ドイツの中央専門図書館のひとつとして，1969年にケルン大学と市の図書館部門に派生する形で創設された，医学の専門図書館である。その使命は医学および関連分野の研究・教育・現業のための文献を供給することにあり，同分野の国家的保存図書館として定められている。さらに関連のサービス開発のために，さまざまなプロジェクトにも参画することが求められている。図書館としては蔵書140万冊，18,000種の雑誌（カレント7,800誌）を有し，医学関連分野の専門図書館としては，米国国立医学図書館（NLM）に次いで世界第二位の規模を誇り，ドイツのみならずヨーロッパ一の医学情報流通の拠点となっている。

ドイツ医学中央図書館　ケルン　正面入口

(1) ドイツの中央専門図書館

ドイツにおいて中央専門図書館（Zentrale Fachbibliothek）は，1950年代から1960年代にかけて，既存の大学図書館などに併設する形で設立された，連邦全域をサービスの対象とする特定分野の専門図書館である。設立当初は医学のほかに工学，農学，経済学，あわせて4分野について独立した図書館が設けられた。これらの分野が選ばれたのは，いずれも戦後ドイツの復興に必要な実践的な重点領域だったからである。それぞれの中央専門図書館はドイツ連邦共和国基本法91b条の規定に基づき，連邦政府と州政府が共同して進める教育研究事業のひとつとして，連邦政府から30％と残りの70％を州政府などから拠出された共同資金によって運営されている。たとえばドイツ医学中央図書館の2007年度の運営資金は合計約1020万ユーロ[14]である。

表3-1　連邦全域にサービスを提供する図書館の概況（2005）

	蔵書数 (百万冊)	貸出 (百万冊)	資料購入 ＋製本費 (百万ユーロ)	登録 利用者	開館時間 (時間/週)	相互貸借・ ドキュメント デリバリ(件)
ベルリン国立図書館(SBB)	10.25	1.47	10.61	57,450	70	78,800
ドイツ国立図書館	15.30	0.95	2.16	39,112	79	13,000
技術情報図書館(TIB)	2.55	0.65	8.76	11,530	57.5	491,000
ドイツ経済中央図書館(ZBW)	2.71	0.14	1.44	7,025	50	76,000
ドイツ医学中央図書館(ZB MED)	1.40	0.57	4.80	6,000	73	484,000
バイエルン州立図書館	9.10	1.61	11.19	44,039	74	505,700

Seefeldt, Jürgen., Syre Ludger. Portale zu Vergangenheit und Zukunft: Bibliotheken in Deutschland. Dritte, überarbeitete Auflage. Hildesheim: Gerog Olms Verlag, 2007.p.37

ケルンのドイツ医学中央図書館は，ケルン大学の医学図書館に併設され，ケルン市の図書館としても位置づけられている。対象とする分野は医学，ヘルスサイエンス，栄養学，環境学および農学である。栄養学，環境学，農学分野についてはボン大学に併設された専門部門がある。ここは1962年に設立された農学中央専門図書館であったが，2001年から組織としてドイツ医学中央図書館に統合され運用されている。ほかの2つの中央専門図書館は，キールの世界経済学研究所にある1966年設立のキールの経済学中央図書館

(Deutsche Zentralbibliothek für Wirtschaftswissenschaften: ZBW), ハノーバー工科大学にある 1959 年設立の技術情報図書館（Technische Informationsbibliothek: TIB）である。各中央専門図書館および連邦全域をサービス対象としている学術図書館の概況は表 3-1 のとおりである。

以下，ドイツ医学中央図書館の歴史，組織，職員，資料費と蔵書，続いてそのサービスと数々のプロジェクトについてケルンの図書館を中心に紹介する。

(2) 歴史

ドイツ医学中央図書館の前身は，1908 年にケルンに設立された医師会図書館である。同図書館はいわゆる病院図書館として機能するために，既存の病院や研究機関で所蔵されていた図書や雑誌の蔵書を統合して，約 5,000 冊の図書と 75 種の雑誌で運用が開始された。1920 年にはケルンに新設された大学と市の図書館部門に統合され，雑誌および外国文献に重点を置くこととなった。第二次世界大戦の終わりには蔵書は図書および製本雑誌で 14 万 5 千冊，雑誌は 500 種に成長していた。これらの蔵書の成長には，1920 年代から 1930 年代にかけての多くの外部のコレクションの寄贈等による資料収集が貢献していた。たとえば，ニーダーライン地方公衆衛生協会図書館からの寄贈，個人収集家のウォルラフ（Ferdinand Franz Wallraf）や前のケルン・グラマー・スクールからの蔵書の永久貸出，ケルン 1871 医学協会からの寄贈がそれである。

戦後の 1949 年には，ドイツ研究協会（Deutsche Forschungsgemeinschaft: DFG）が分野ごとに資料収集の責任を割り振った特別収集領域（Sondersammelgebiete: SSG）計画の一環として，同図書館を医学分野の資料収集機関として指名し，資料収集に資金を援助するようになった。ドイツでは 2 回の世界大戦によって多くの図書館が戦災にあっている。第二次世界大戦後に医学資料が充実していた図書館は，ケルン大学のほかに，ハイデルベルク大学図書館，ゲッチンゲン大学図書館，フランクフルトのゼンケンバーグ図書館，ミュンヘンの医学図書室，マールブルクの西ドイツ図書館などであった[15]。中でもケルン

大学は蔵書を避難させていたため,最も被害が少なかった。そのため,戦後の復興のための医学分野の情報拠点として選ばれることとなったのである。

1964年には,成長する蔵書と,大学のみならず企業やさまざまな研究機関からの医学文献の需要の拡大を受けて,学術審議会は同図書館を医学中央図書館とすることを提言する。こうして1969年に誕生したのが医学中央図書館（Zentralbibliothek für Medizin: ZBM = National Library of Medicine）である。なお,ドイツ医学中央図書館（Deutsche Zentralbibliothek für Medizin: ZB MED = German National Library of Medicine）と称するのは1994年からである。

(3) 管理運営体制

ドイツ医学中央図書館は組織的にはノルトライン・ウェストファーレン州（Nordrhein-Westfalen）のもとにあり,同州の科学研究省の監督下にある。そのため,館長は同省が,諮問委員会およびケルン大学の助言を受けて指名する。諮問委員会のメンバーも同省が指名することになっている。館長は同図書館の予算,管理運営や人事などに責任をもつが,大学図書館あるいは市の図書館として関連する事項については大学や市の図書館部門の代表者の同意を求めて運営することになっている。また,重要事項について助言をする諮問委員会のメンバーは,図書館関係者,大学関係者,政府機関関係者で,研究者や実務家など大学内外から広く集めることが規定されている。具体的には,ケルン大学ケルン市図書館長,ドイツ研究協会（DFG）の図書館関連部門,ケルン大学医学部教員,ドイツ医学ドキュメンテーション情報研究所（DIMDI）会長,農学ドキュメンテーション情報センター（Zentralstelle für Agrardokumentation und -information: ZADI）長,ケルン大学以外の医学研究者,医学または関連の学術団体のメンバー,ケルン大学以外の医学研究者または医療従事者,環境・栄養・農学関連の研究者または実務者,連邦規模の研究図書館館長,医学関連図書館の館長などから構成されている。ノルトライン・ウェストファーレン州の科学研究省や連邦の健康社会安全省の役人やボン大学の図書館長なども助言者として参加する。

(4) 内部組織および職員

　図 3-1 の内部組織図によると，医学中央図書館は館長のコーヴィッツ博士（Dr. Ulrich Korwitz）と 2 名の副館長からなる経営陣のもと，大きく 5 つの部局から構成されている。第 1 部局は総務・管理，第 2 部局は図書館システムや事務処理のための情報技術の基盤を受け持つ部門である。第 3 部局のメディア処理はいわゆる整理部門，第 4 部局が利用者サービスの部門に相当し，ボンにある農学を中心とした図書館は第 5 部局として独立して運営されている。また組織・人事開発やマーケティング・広報および数々のプロジェクトチームは館長直轄となっている。予算で保証されているポストはフルタイム 83 人分であるが，プロジェクトなどに外部資金を得ているため，ドイツ医学中央図書館として約 100 人，ケルン大学医学図書館として約 20 人が働いている。

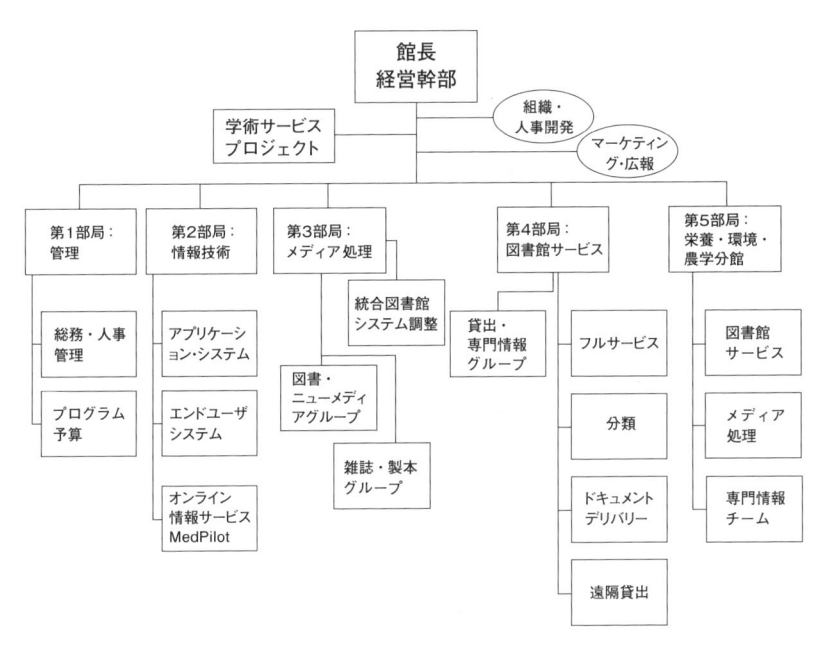

図 3-1　ドイツ医学中央図書館の組織図（2006 年 6 月 22 日現在）

(5) 蔵書および資料とその収集

　蔵書として約130万冊の図書および製本雑誌を所蔵し，雑誌は18,000種でカレントには約9,000誌を提供している。資料購入には約430万ユーロを支出している[14]。

　資料の収集領域は，1949年以来ドイツ研究協会（DFG）によって進められている連邦全体の分野別分担収集計画，いわゆる特別収集領域（SSG）の指定に従っている。同図書館は医学および栄養・環境・農学分野の担当に指定され，それぞれ167と59のトピックが割り当てられている。経済学と工学の中央専門図書館もそれぞれの分野でSSGの責任を担っている。ただし，これら3つの中央専門図書館は，他の大学図書館のように資料費に対するドイツ研究協会（DFG）からの直接的な資金援助は現在受けておらず，所属するライプニッツ協会（Leibniz-Gemeinschaft）の枠組みのもとで，資金調達に独自の努力を求められている。

　図書については指定分野のドイツ語の出版物，ドイツの大学や学会からの出版物は網羅的に収集する。5％はいわゆるブランケット・オーダーで指定出版者からの出版物をすべて受け入れる。言語としては，医学分野での国際的な共通言語として80％は英語になってきている。患者や一般市民向けの図書も2002年から購入している。

　雑誌は指定分野のタイトルについて網羅的な収集が求められているため，3回ドキュメントデリバリーの申込のあったタイトルは契約するという方針がある。電子ジャーナルは2005年8月現在約4,000誌をケルン大学として契約しており，いずれもオンサイトのみで提供している。5つのパッケージ商品と，約1,000誌はペイ・パー・ビュー（Pay-per-view）での提供である。また，これとは別に2つのアーカイブパッケージを，ドイツ研究協会（DFG）が2004年から推進するナショナルライセンス（Nationallizenzen）の資金によって契約している。このパッケージについては，ドイツの高等教育・研究機関の所属者または居住者がどこからでも利用できるようになっている。電子ジャーナルの契約にはドイツ語圏コンソーシアムGASCO（German, Austrian and Swiss Consortia Organization）に参加している。アーカイブが保証されていないことと，ドキュメントデリバリーに利用できないため，印刷版の雑誌も中止していない。

(6) サービス
a．サービスポイント
　ドイツ医学中央図書館は，ケルンとボンの2か所に物理的な図書館がある。ケルン市は，ドイツで4番目の人口約100万人の大都市である。同図書館は，世界遺産で有名な大聖堂の塔がすぐ前にそびえ立つケルン駅から，地下鉄とトラムを乗り継いで30分ほどのケルン大学病院の敷地内に，1999年に建てられた独立した建物にある。ケルン大学医学図書館部分となっている病院の建物とは渡り廊下で連結されたつくりになっている。ボンの図書館は元のドイツ農学中央図書館（Deutsche Zentralbibliothek für Landbauwissenschaften: ZBL）で，東西ドイツが分かれていたときに西ドイツの首都が置かれていたボン市のポッペルスドルフというボン大学新校舎のキャンパスにある。2001年からドイツ医学中央図書館の一部門として統合され，運営されている。

b．オンサイトのサービス
　オンサイトではセルフサービスを中心とした資料提供サービスを行っている。以下は，ケルンの本館のサービスの概況である。
　開館時間は平日9時から21時まで，週末も時間は短いが開館している。なお，この週末の時間帯はケルン大学医学部の助成によって運営されていることが利用案内に明記されている。相互貸借，専門情報サービス，貸出などのサービスは時間が限定されている。
　開架式書架にある図書は，2002年以降に受け入れられた図書と教科書や辞典・書誌類のほかに，2002年から収集が開始された患者用の参考図書がある。教科書は貸出用と館内閲覧用に同じものが複数用意されていて，米国国立医学図書館書架分類法（NLM Classification）を用いて配架されている。

2001年以前に受け入れられた図書や学位論文，印刷物以外のメディアについては出納式である。1977年以降に出版された資料についてはオンライン目録で確認可能であるが，それ以前についてはマイクロフィッシュの目録での確認が必要である。雑誌も1985年以降に出版されたものは開架式で，それ以前のものは出納式である。

　入館は誰でも無料で可能であるが，貸出は登録制である。その設置母体の由来からケルン大学，ケルン市に住居や所属機関のある人が対象で，ドイツに居住している人も審査によって登録できる場合もある。

　館内での複写は委託業者がサービスを提供しているが，利用者はコピーカードまたは現金でコピー機の利用が可能である。古い資料は資料保護の観点からスキャンのみ許可されているものがある。この場合はオペレーターサービスとなり，ドキュメントデリバリーと同様に，利用者グループによって料金が異なる[16]。

　データベースや電子ジャーナルの利用は，ケルン大学のサイトで契約している関係で，オンサイトに限定されている。登録メンバーが利用できる館内のコンピュータから閲覧し，コピーカードを使って印刷することができる。

　有料で提供しているサービスはほかに，代行検索（Informationsvermittlungsstelle: IVS）と利用者セミナーがある。たとえば代行検索は，利用者グループによって異なるが，30件までの基本料金で30ユーロから135ユーロの料金がかかる。利用者セミナーは1日300ユーロで提供している。セミナーは2005年には5回開催され42名の参加があった。また，30分以上かかる参考調査については15分ごとに15ユーロを課してサービスしている。参考質問は2005年には約47,000件を受け付けた。

c．オンラインのサービス

　オンラインのサービスポイントであるウェブサイトには，ほとんどのページはドイツ語と並行して英語ページが用意されている。トップページ中央には，論文の検索からフルテキストの入手まで迅速に利用できるよう，独自で

開発した医学情報ポータル MEDPILOT.DE の検索窓，その下に文献入手のためのドキュメントデリバリー，続いて電子ジャーナルへのアクセスを含むインターネットリソースへのリンクが配されている。電子ジャーナルへの直接のアクセスはドイツ語圏の共通インターフェースである電子ジャーナル図書館（Elektronische Zeitschriftenbibliothek: EZB）を介して提供される。EZB については，シャリテ医学図書館の項目で詳述する。そのほかの検索・アクセスツールは，同図書館の OPAC，同図書館が開発したドイツ語の医学雑誌目次データベース CCMed のほかは，外部の総合目録や，サービスにリンクをしている。インターネットリソースには分野別のリンク集も提供されているが，免責事項として，リンク先のコンテンツにドイツ医学中央図書館（ZB MED）は関与していない旨が明記されている。そのほか，代行検索や参考質問などもウェブ上から申込ができる。

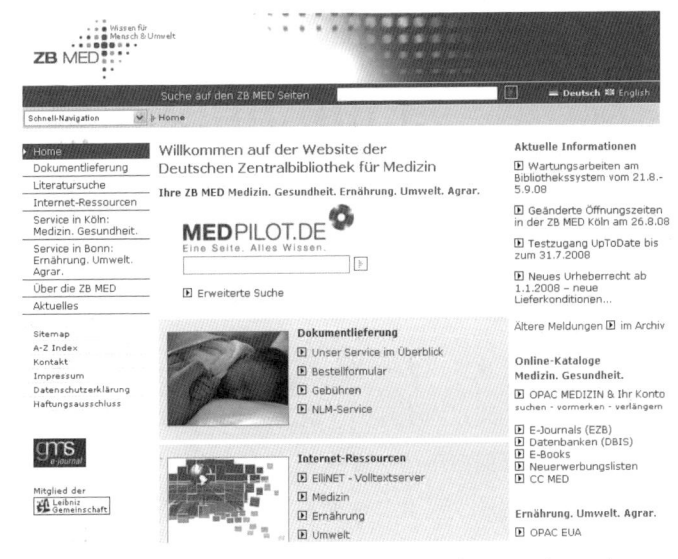

図 3-2　ドイツ医学中央図書館のウェブ・トップページ

d．文献提供

　ドイツ医学中央図書館は設立の目的として医学文献の提供を保証すること

があった。その使命のとおり，文献提供は同図書館の最大の直接サービスである。1990年代の前半で図書館を通じたいわゆる相互貸借による提供よりも，利用者からの直接注文によるいわゆるドキュメントデリバリーが多くなり，その割合は圧倒的になっている（図3-3）。

ドキュメントデリバリーの件数は，2004年には60万件，つまり1日平均2,000件を受け付け60億ユーロの収入を得ていたが，2005年には55万件と激減してその後減り続けている。これは2005年に著作権に関連する問題から，ドイツ語圏外への文献送付が停止されているためである。

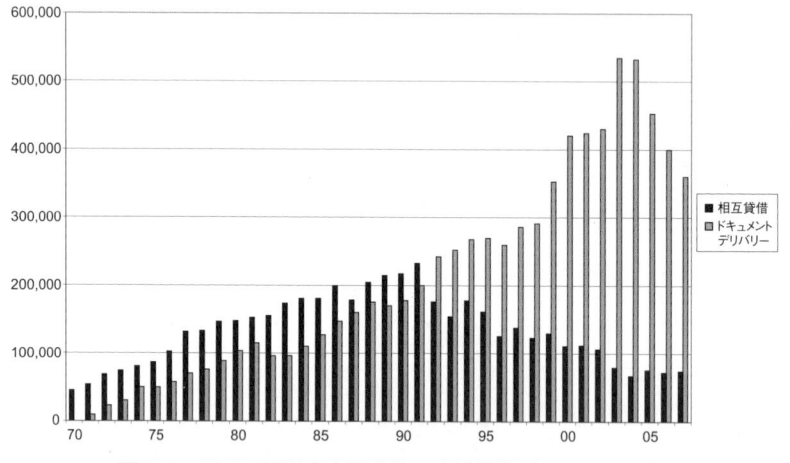

図3-3 ドイツ医学中央図書館の文献提供（1970 ～ 2007）

サービスはその処理の速さによって，72時間以内処理の「標準」，24時間以内処理の「速達」，3時間以内処理の「超速達」の3種類に分けられている。申込はウェブ上の同図書館の申込フォーム，ファックスや郵送，電子メールなどの選択肢があり，ドイツ医学ドキュメンテーション情報研究所（DIMDI）や技術情報図書館（TIB）のsubitoなど，関連機関のシステムを通じた申込も可能である。送付方法はファックス，郵便，電子メールのオプションがある。著作権処理はミュンヘンの著作権処理機関を通じて行っている。料金はサービスの種類，利用者グループおよび送付方法によって異なる。利用者グ

ループ別に料金が異なるのは，著作権者への支払い額が違うためと，営利機関からは経費に上乗せして，図書館側が費用を申し受けるからである。グループは3つに分けられ，グループ1は主に学術機関の利用者で，大学などの教育研究機関のほか病院や公的に設置された機関や教会などの所属者が含まれる。グループ2が自営業および営利機関からの申込で商用とみなされ，中間がグループ3の純粋な個人という区分けがされている。料金はグループ1が最も安く，グループ2が高い。たとえば，標準サービスで郵送の場合，利用者グループ1は6.5ユーロ，グループ2は15ユーロ，グループ3は9.5ユーロが課される。

ドキュメントデリバリーの依頼に対する充足率は2005年の統計で88％である。利用者の割合は図3-4のとおり，ドイツ語圏外からの利用制限もあるため，国別ではドイツが約半数を占め，残りのほとんどがほかのヨーロッパ諸国である。所属の種類別では35％が大学の所属者であるが，20％は製薬企業，同じ20％が病院である。個人の医師は28万人が利用している。申込はsubito/DIMDIのホスト経由が59％と最も多く，次いでドイツ医学中央図書館のウェブフォーム経由が35％で，あわせて96％の大多数がウェブ経由である。送付方法は2005年の実績では，電子メールが91％と大多数を占めている。

ドキュメントデリバリーサービスについては，近年変化が激しい。たとえ

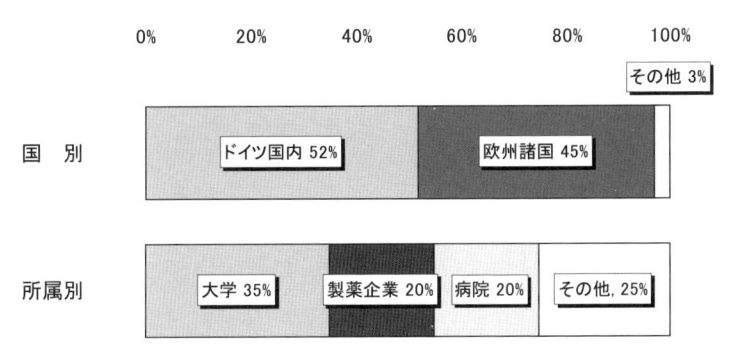

図3-4 ドイツ医学中央図書館のドキュメントデリバリー利用者プロファイル（2005）

ば著作権に関連した問題をめぐり 2006 年 8 月に出版者と subito の間で交わされた覚書[17]や, 2008 年 1 月に発効された新しい著作権法[18]によって, ドイツ医学中央図書館のサービスも, 提供先, 送付方法や料金が変更されてきている。たとえば, 2008 年 1 月からは, 出版者が電子版を提供しているものについては電子的な提供ができないため, 郵送または PC-FAX による送付に限定されている。

　また, ドイツ医学中央図書館はキールの経済学中央図書館 (ZBW), ハノーバーの技術情報図書館 (TIB) と協力して, 2007 年から 3 つの中央専門図書館で共通のポータルサイト GoPORTIS[19]を立ち上げている。2008 年からはドキュメントデリバリーサービスも開始していて, ここでは中止されていた国外へのサービスも, 出版者との合意に基づいた個別の著作権使用料を課すことで再開されている。また, 検索なしで文献を注文できるフルサービスや, デジタル権利管理システムを使った電子的な送付方法なども実施されている。

(7) 患者向けコレクションとサービス

　ドイツ医学中央図書館は, そのサービス対象を医師, 学生, 製薬企業などの専門家に限定してきたが, 2002 年から一般市民をもその対象とする方向転換をし, 患者向けに読みやすい医学図書の収集を始めた。同コレクションは, 同館の 1 階入口に最も近いところに設けられたエリアに約 700 冊が配架されている。誰でも来館して閲覧が可能で, ドイツ居住者は登録の上, 貸出による利用もできる。相互貸借による貸出も好評で, 書架の半分は出払っている状態である。案内パンフレットには, 誰でも利用できること, 図書を探す手伝いをすること, 個々の医学情報については, 「同館の専門書が自由に使えるのでセルフサービスで探せる」とあり, 事実情報の提示はしないことが示されている。

　同館のホームページにも 2005 年から患者向け情報のページ[20]を設けている。ドイツ語のみの提供であるが, ここでは, 患者向けコレクションがタイトルのアルファベット順による全タイトル表示, またはテーマグループごと

による表示によって探せるようになっている。リスト表示はオンライン目録へリンクしていて配架場所や貸出状況も確認できる。健康情報インターネットサイトへのリンク集も同ページに掲載され，米国の MEDLINEplus や英国の国民医療サービス（National Health Service: NHS）なども含めたドイツおよび国外の信頼できる 20 サイトへのリンクが提供されている。

ドイツ医学中央図書館の患者向けコレクション

(8) プロジェクト

　ドイツ医学中央図書館は伝統的な図書館情報サービスを提供するだけでなく，先進的なサービスの開発のために，常に研究開発プロジェクトを自ら率いたり，関係機関のプロジェクトに参加したりしている。1970 年代にはデータベース検索の結果からのオンライン文献オーダーの開発，1980 年代には CD-ROM からのフルテキスト出力である ADONIS2 計画への参加，そして 1990 年代には国や分野の枠を越えたドキュメントデリバリーサービス subito の最初のメンバーとなるなどの実績がある[21]。以下では，最近取り組まれた先進的なサービスプロジェクトとして，医学情報ポータル MEDPILOT.DE と

オープンアクセス支援事業 gms（German Medical Science）を中心に紹介する。

a．MEDPILOT.DE

　MEDPILOT.DE は,「仮想医学図書館」（Die Virtuelle Fachbibliothek Medizin）として開発された, 医学情報ポータルサイトである。2002 年 7 月に MedPilot として試験運用開始, 2003 年 2 月から正式運用され, 2006 年ソフトウェアの改良後から MEDPILOT.DE の名称で運営されている。利用者は医師, 学生, 科学者といった医学の専門家と同分野の学習者を想定している。ドイツ医学ドキュメンテーション情報研究所（DIMDI）との共同事業で, ドイツ研究協会（DFG）が進める仮想専門図書館（Virtuelle Fachbilbliotheken: ViFa）の一環として資金援助を得たものである。2001 年から 2003 年の 2 年間の第一フェーズには 30 万ユーロが投じられ, 2 名のスタッフとソフトウェアに充当された。2003 年からの第二フェーズの 2 年間に 1 年間の継続を追加して 2006 年に開発フェーズを終了している。

　なお, MEDPILOT.DE は科学分野全体のワンストップショッピングを目指す vascoda の一部としても位置づけられている。そのため vascoda を支援する連邦研究教育省（BMBF）の助成も一部適用されている。以下では, MEDPILOT.DE の開発経緯とサービスの現況を紹介する。

　プロジェクトはまず大規模な利用者調査から開始された[21]。これは大学医学病院に所属する 15 人に対するインタビューと 1,900 の回答を集めたインターネット経由のアンケート調査によるデータ収集と分析であった。調査結果から, 医学の専門家は研究や診療のための情報要求は高いが時間がないため, データベースや論文などに 24 時間簡単に無料でアクセスできる環境を望んでいることがわかった。また, 求めに応じた個別の評価済みの情報を求めていることもわかった。この結果を受けて, 質の高い医学の専門情報を容易にかつ迅速に入手できるしくみを提供するために, グーグル（Google）のような簡易なインターフェースによるさまざまな種類のデータベースの横断検索, スムーズなオンライン上でのフルテキスト入手, オンラインで入手で

きない場合のドキュメントデリバリー注文までオールインワンのしくみを構築した。横断検索の対象は 40 以上のデータベースで，代表的なものは以下のとおりである。

・書誌データベース（MEDLINE，Xtoxline，CCMed，Deutsches Ärztblatt）
・医学図書館目録（NLM，ZB MED）
・コクランレビュー
・選択的な医学関連組織，学会，セルフケアグループ，病院などのサイトへのリンク
・診療ガイドライン

　以上はドイツ医学中央図書館で提供されているものばかりでなく，ドイツ医学ドキュメンテーション情報研究所（DIMDI）やその他の関係機関のサーバ上にあるものも多く含まれている。商用データベースは主にドイツ医学ドキュメンテーション情報研究所が提供している。フルテキストは利用者のアクセス元の機関にサイト契約のある電子ジャーナルであれば入手可能で，電子ジャーナル図書館（EZB）によってアクセス可能性が表示される。ペイ・パー・ビューでもいくつかの出版者の電子ジャーナルを提供しているが，フルテキストがない場合は，ドイツ医学中央図書館のドキュメントデリバリーサービスが利用できる。
　2003 年から 2005 年の第二フェーズでは，プロファイル登録，ローカライズが可能になっている。2004 年にはポップアップウィンドウまたは電子メールによるインターネット上のアンケート調査で大規模な評価が実施され 2,000 件弱の回答を得ている[13]。その結果からは MedPilot の利用状況や評価だけでなく，ドイツの医師の情報行動を読み取ることができる。まず，回答者の半数以上の 58.5％が医師で，彼らの勤務場所は公立病院（35.4％），大学病院（24.3％），開業医（21.4％）の順に分かれている。所属地で多いのはノルトライン・ウェストファーレン州内からの利用（28.2％）で，次いでバ

イエルン州が多い（18.2％）。また，回答者がMedPilot以外に多くが利用している医学情報ポータルは，PubMedほかさまざまな医学情報関連リンクを集約し，個人が無料で運営しているwww.pubmed.de（60.5％），ドイツ医学中央図書館（ZB MED）のウェブサイトwww.zbmed.de（45.1％），ドイツ医学ドキュメンテーション情報研究所（DIMDI）のウェブサイトwww.dimdi.de（44.8％）である。加えて2つの有料医学情報サービスサイトもそれぞれ11.6％，9％の回答者が利用したことがあるとしている。

MEDPILOT.DEは2006年に上記のアンケート調査の評価結果を受けて，さらにインターフェースが洗練されたものに変更になった。主な改良点は，より使いやすくバリアフリーを目指したレイアウト，パーソナライズや出力フォーマットの多様化，文献注文のしくみなどの機能の強化である。

利用状況を1か月の検索回数から見ると，2002年の開設当初は1万件前後であったが，2006年には4万〜5万件ほどを推移していて，利用の増加が確認できる。

b．gms（German Medical Science）

gmsはオープンアクセスを支援し，質の高い医学論文への無料アクセスを保証するために，オープンアクセス誌の出版などを行っているプロジェクトである。これもドイツ研究協会（DFG）が2002年から2006年までの4年間，その開発に資金を投じている。2004年には，連邦健康社会安全省（Bundesministerium für Gesundheit und Soziale Sicherung）も一部助成を行った。gmsは，ドイツ医学ドキュメンテーション情報研究所（DIMDI）とドイツ科学医学会連合（Arbeitsgemeinschaft der Wissenschaftlichen Medizinischen Fachgesellschaften: AWMF）との共同事業である。ドイツ医学中央図書館（ZB MED）は編集作業やスケジュール管理を中心に受け持っている。ドイツ科学医学会連合（AWMF）は合計15万人のメンバーが会員となっている151の医学分野の学会の統轄組織である。加盟する学会を通じて編集長や編集委員を選出し，オープンアクセス誌の査読を担当している。ドイツ医学ドキュメンテーション情報研究所

は技術的な基盤と論文の恒久的なアーカイブに責任をもっている。

　gmsのサイトwww.gms.deはドイツ科学医学会連合（AWMF）のコミュニケーションポータルとしても位置づけられていて，論文などの無料公開だけでなく，学会抄録の投稿，公開からオンデマンドの印刷まで広範囲の学術コミュニケーションサービスを提供している。出版カテゴリーには，電子ジャーナル，学会抄録，レポートの3種類がある。電子ジャーナルには，投稿された個別の論文を掲載する独自のオープンアクセス誌gms e-journalと，既存の電子ジャーナルを無料公開のために収載する2種類がある。一定の条件を満たせば新たな電子ジャーナルの出版をこのサイトを利用して始めることも可能である。条件のひとつには，gmsサイトがオープンアクセスを原則としているために，著者から出版者への著作権の譲渡をしないことが求められている。

　著者にとって他のオープンアクセス誌と比較してのgms誌のメリットは，著者による掲載料の負担がないこと，著作権を譲渡していなくてよいこと，高解像度の画像や，音声，映像，データなどの掲載が可能であることがあげられている。オンラインの投稿システムを通じて投稿された論文は，ドイツ科学医学会連合（AWMF）のメンバーによる査読のプロセスに渡される。査読は名誉職で報酬は支払われない。2003年7月に創刊され，年1回の頻度で2007年には第5巻を発行した。第1巻では10件が掲載されていたが，2007年の第5巻には4件しか掲載されていない。合計でも40件，1巻平均8記事にとどまっている。うち27件（67％）は原著論文である（図3-5）が，やはり査読があるとはいえ，評価の定まらない新しい雑誌に投稿することは，論文発表によって業績を残すことを求められる医学研究者にその余裕はないものと思われる。実際の著者は地位の定まった医学研究者が多くなっているとのことであった。また，その評価を定めアクセスをさかんにするためにMEDLINEなど書誌データベースへの収載が期待されたが，2008年7月現在まだ実現されていない。

　学会にとってgmsは，単独では難しい小規模な学会の電子ジャーナル出

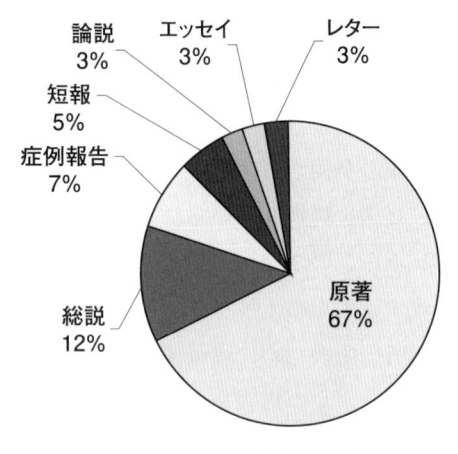

図3-5 gmsの記事種類

版支援事業となっている。現在は，ドイツ科学医学会連合（AWMF）や，医学図書館員協会（Arbeitsgemeinschaft für Medizinisches Bibliothekswesen, AGMB）を含む11機関が発行する13誌，約800の論文が収録されている（2006年現在）。これらの電子ジャーナルの編集プロセスはそれぞれの学会が行うが，投稿論文の電子的な扱いなどはドイツ医学中央図書館（ZB MED）が，そして技術的支援をドイツ医学ドキュメンテーション情報研究所（DIMDI）が行っている。また，学会のコミュニケーションツールとしては，学会抄録の掲載やオンデマンドによる印刷など，投稿から抄録集の発行までの利用が可能である。2006年9月現在で会議抄録1万件あまりが収録されている。

c. その他のプロジェクト

2000年以降に実施されたプロジェクトにはほかに，以下のものがある。

・医学論文目次情報（CCMed）ドイツ国内出版およびドイツ語雑誌の目次速報のデータベース化事業。2000年以降に発行された約1,000誌の46万5千論文が収載され，MEDPILOT.DEからアクセスできる。ドイツ研究協会（DFG）より助成。

・特定テーマ情報「血液腫瘍学」(Themenorientiertes Informationsnetz Hämatologie / Onkologie) 根拠に基づく医療 (Evidence-Based Medicine, EBM) の実現のために独自のレビューの作成などを担当している国際的な共同組織，コクラン共同計画の血液腫瘍学グループ (Cochrane Haematological Malignancies Group: CHMG) との共同事業。2003年10月から血液腫瘍学に関連する臨床試験，メタアナリシスなどのデータベースを開発提供している。5,400件のデータが収載され，同グループのサイトおよびMEDPILOT.DEからアクセスできる。ドイツ研究協会 (DFG) より助成。

・モルフォザウルス・プロジェクト (Project Morphosaurus) MEDPILOT.DEの検索最適化プロジェクト。医学生から医学研究者までが同様の検索結果を得られるしくみを開発する。民間企業とフライブルク大学医療情報学部門との共同事業で2007年から2008年の計画。

(9) 関係機関との連携

a. ライプニッツ協会 (Die Leibniz-Gemeinschaft - Wissenschaftsgemeinschaft Gottfried Wilhelm Leibniz)

　ドイツ医学中央図書館 (ZB MED) は内外の関連機関との連携によって，より確実に幅広い活動を行っている。まず，同図書館は他の2つの中央専門図書館とともに，連邦政府と州政府が共同助成する84の研究機関の共同体である，ライプニッツ協会 (Die Leibniz-Gemeinschaft) のメンバーである。同協会は，ヘルムホルツ協会 (Helmholtz-Gemeinschaft)，マックス・プランク学術振興協会 (Max-Planck-Gesellschaft zur Förderung der Wissenschaften)，フラウンホーファー協会 (Fraunhofer-Gesellschaft) と並ぶ，ドイツの公的研究機関団体の4本柱のひとつで，万能学者ゴットフリート＝ヴィルヘルム・ライプニッツ (1646-1716) の名を冠している。同協会の役割は，傘下機関の質の維持，政治における傘下機関の利益代表，そして応用指向の基礎科学研究の維持の3点である[22]。傘下機関のほとんどが研究機関で，専門領域は人文社会分野から経済，自然科学まで多岐にわたる。ドイツ医学中央図書館は5つに分けられたセク

ションのうちのセクションC「生命科学部門」に属する21機関のうちのひとつである。なお，同協会では直接助成金の配分は実施していない。加盟機関が外部の評価組織によって定期的な評価を受けることが義務づけられており，メンバーであることでその研究機関の質が裏づけられていることになる。

b．ドイツ研究協会 (Deutsche Forschungsgemeinschaft: DFG)

　ドイツ研究協会 (DFG) は，あらゆる分野の科学振興と政府への助言を行う機関である。連邦政府と州政府から年間13億ユーロの資金を受け取り，研究者や研究機関に交付している。同協会には「学術文献提供および情報システム」(Wissenschaftliche Literaturversongungs- und Informationssyteme) の部門があり，あらかじめ策定された方針と審査のもとに，図書館や関連の事業に助成金を交付している。1949年から推進している全国の国家規模の図書館や大学図書館に分野を割り当てている特別収集領域 (SSG) については，大学図書館には直接の資金援助をしているが，現在はドイツ医学中央図書館には直接の資金を投じていない。同図書館が直接資金を得ているのは，数々のプロジェクトで，前述のMEDPILOT.DEやgmsなどほとんどのプロジェクトがドイツ研究協会の助成を受けている。これらのプロジェクトで開発・作成されたコンテンツやシステムは，ドイツ研究協会が電子版特別収集領域 (SSG) として推進するドイツ電子図書館構想としての全科学領域のポータルvascodaの要素として位置づけられている。また，電子版SSGとしては電子ジャーナルのナショナルライセンスも含まれていて，この恩恵はドイツ医学中央図書館に限らず，エンドユーザまでが直接受けていると言える。なお，ドイツ研究協会では2005年から10年後を見据えた図書館関連事業についての重点項目を，政策方針書[23]として公表している。同方針書には1) 国家規模の図書館サービス，2) 文化的遺産，3) 電子出版，4) 情報管理，5) 国際協力の5つの柱のもと17点が列挙され，今後のドイツの学術情報政策の方向性を知ることができる。

c．ドイツ医学ドキュメンテーション情報研究所（Deutsches Institut für Medizinische Dokumentation und Information: DIMDI）

連邦保健省（BMG）の一機関であるドイツ医学ドキュメンテーション情報研究所（DIMDI）は，ドイツ医学中央図書館が設置された同じ年の1969年に同じケルンに設置され，以来ドイツ医学中央図書館（ZB MED）と相互補完的に医学情報サービスを展開している。設立当初から行われていたのはドイツ医学ドキュメンテーション情報研究所がデータベースを提供し，文献提供をドイツ医学中央図書館が受け持つという役割分担である。現在は，ドイツ医学中央図書館も独自のデータベースやシステム開発を推進するようになり，前述のgms（German Medical Science）といったプロジェクトを共同し推進するなど，複合的な連携関係がある。そのほかの同研究所の活動については次節で詳述する。

d．2つの中央専門図書館

ドキュメントデリバリーの項目で前述のとおり，ドイツ医学中央図書館は，他の2つの中央専門図書館，キールのドイツ経済学中央図書館（ZBW），ハノーバーの技術情報図書館（TIB）と共同でGoPORTIS[19]の名前で，一本化されたサービスを2008年から本格的に開始した。2006年の終わりに発表された連携強化の方針が具現化されたものである[24]。3つの中央専門図書館はこれまでも，年に1度の定期的な会合を開催し，ハノーバーの技術情報図書館が推進するvascodaやsubitoにシステム連携するなどの協力関係があった。しかし，それまでは技術情報図書館（TIB）のTIBORDERやvascoda，ドイツ医学中央図書館（ZB MED）のMEDPILOT.DE，ドイツ経済学中央図書館（ZBW）のECONISといったポータルを別々に開発・運用するなど，基本的には独立した運営がなされてきた。ここにきて，より戦略的に競争力を高めるために，共通の運営モデルを求めることとなった。連邦制で分散型として設置されたドイツの中央専門図書館が，電子的なネットワークで結ばれる新たなしくみがいよいよ稼働を始めたのである。

e．国際組織との連携

　ドイツ医学中央図書館（ZB MED）は，国際的にも世界第二の医学図書館として文献提供のよりどころとされている。たとえば，世界保健機構（WHO）のドキュメンテーションセンターとして補完図書館に認定されており，ドイツ連邦政府のために文献提供を実施している。また，世界最大の医学図書館である米国国立医学図書館（NLM）も，ドイツ医学中央図書館をヨーロッパの公式文献提供パートナーとして指定しており，米国国立医学図書館がシステムを提供する Loansome Doc による文献提供の窓口ともなっている。また，米国国立医学図書館とドイツ医学中央図書館は，お互いを非常時のバックアップ図書館とする覚書を交わす計画がある。世界の医学情報の提供元が二重の体制で整えられることになる[25]。

f．職能団体との連携

　ドイツ医学中央図書館はまた，同分野の実務や専門職の向上を目指した医学図書館や関係の職能団体のメンバーにもなっている。国外では，国際図書館連盟（International Federation of Library Associations and Institutions: IFLA）や，ヨーロッパヘルス情報図書館協会（European Association for Health Information and Libraries: EAHIL）のメンバーである。また，ドイツ語圏の医学図書館の職能団体である医学図書館協会（Arbeitsgemeinschaft für Medizinisches Bibliothekswesen: AGMB）の発起人メンバーである。同協会は1970年に設立された医学図書館あるいは図書館員の職能団体組織である。同協会の理事長で現在の医学中央図書館館長のコーヴィッツ博士の提案によって，2000年からは登録団体となっている。個人および機関会員あわせて500足らずであるが，年次大会の開催や，メーリングリストやブログでの意見交換などが行われている。

　そのほかにもドイツ医学中央図書館は国内外のさまざまな関連機関と連携しており，約30の機関とのリンクがパートナーとして掲載されている。

3.3 ドイツ医学ドキュメンテーション情報研究所
（Deutsches Institut für Medizinische Dokumentation und Information: DIMDI）

ドイツ医学ドキュメンテーション情報研究所（DIMDI）は，ドイツ医学中央図書館（ZB MED）と同じ1969年に同じケルンに，連邦保健省（BMB）の機関として創設された。ドイツ医学中央図書館がドイツ研究協会（DFG）の検討に従い，学術刊行物の収集と提供を中心とした図書館として設立されたのに対し，ドイツ医学ドキュメンテーション情報研究所（DIMDI）は当時のドキュメンテーション研究所（Institut für Dokumentationswesen: IDW）の構想によるいわゆる情報センターとして，刊行物に限定されない研究・医療に必要なデータベースの開発や提供に重点を置いて開設された。もちろん，保健医療行政に責任をもつ母体組織の機能に基づいて，学術情報だけでなく，実際の医療を支える情報システムにかかわる事業を多く推進している。

以下，順にドイツ医学ドキュメンテーション情報研究所（DIMDI）の歴史，組織，サービス・活動，利用者，外部機関との連携の順に概説する。

(1) 歴史

ドイツ医学ドキュメンテーション情報研究所（DIMDI）は，連邦保健省（BMB）のもとに国立の医学情報センターとして1969年に開設された。ケルンに設置されたのは，やはりドイツ医学中央図書館がケルン大学に併設された影響で，学術審議会（Wissenschaftsrat）の助言も考慮されたようである[26]。設立の背景には1961年に設立されたドキュメンテーション研究所（Institut für Dokumentationswesen）によるドキュメンテーションの側からの医学情報サービスの向上の構想がある。この構想は，1970年代に閣議決定された連邦全域における全学術分野の情報ドキュメンテーション計画（Information und Dokumentation Programm: IuD）として知られる。

ドイツ医学ドキュメンテーション情報研究所（DIMDI）

(2) 管理運営体制,予算規模および内部組織

　ドイツ医学ドキュメンテーション情報研究所（DIMDI）は連邦保健省（BMG）の一部門である。2005年には1060万ユーロを支出し，2600万ユーロの収入を得ている。支出の55％は人的資源への支出である。

　運営にあたっては，ドキュメンテーションの専門家と利用者から編成される諮問委員会が年2回開催され，助言を与えている。2006年4月現在の諮問委員は，医療情報学の専門家2名，新聞社の科学部門の長，大学医学図書館長，製薬企業協会のトップといった顔ぶれの計5名で構成されている。

　内部組織は図3-6のとおり，電子データおよび情報システム（Datenverarbeitung und Informationssysteme），医学情報（Medizinische Information），医学トランザクション（Medizinische Transaktion），管理部門（Verwaltung）の4部門に分かれていて，それぞれは部門のイニシャルをとって部門D，M，T，Vであらわされている。2007年6月現在120名が働いていて，最も多いのは部門Dの49名（40％），ついで部門Mの27名（23％），部門Vの30名（25％），部門Mの14名（12％）の順となっている。被雇用者の背景としては自然科学，医学，化学，薬理学，農学などの科学研究者が多い。

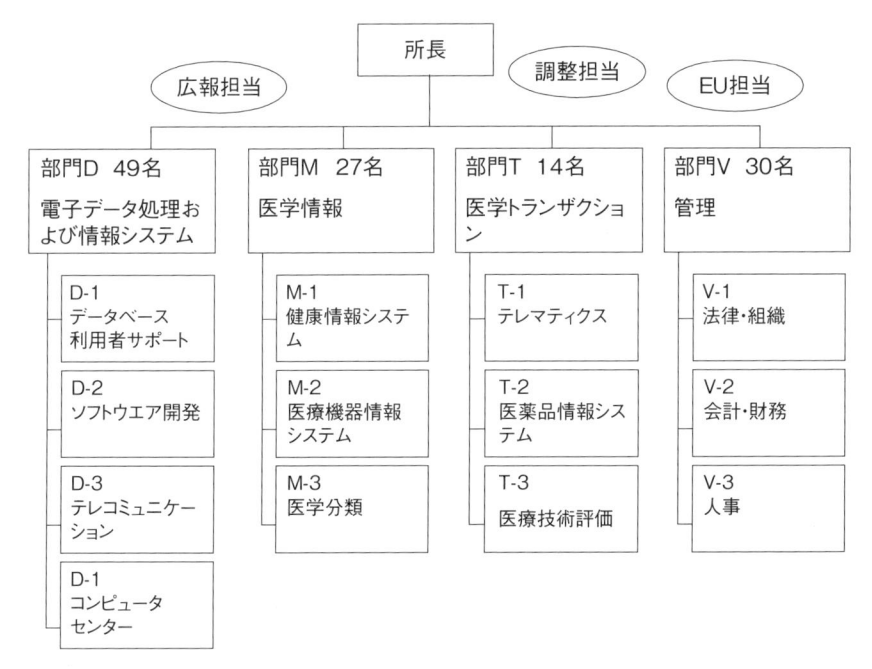

図3-6　DIMDIの内部組織と人員（2007年6月30日現在）

(3) サービス・活動
a．データベースと文献入手の支援

　ドイツ医学ドキュメンテーション情報研究所（DIMDI）の設立以来，最大のサービスはデータベースの提供である。1970年代行検索から開始されたデータベースサービスは，1975年DIMDINETとしてオンライン化され，1995年からはインターネットによる提供となっている。1980年からは米国国立医学図書館（NLM）が各国に設置しているMEDLARS Centerとして契約しており，同図書館のデータベースの提供や文献入手の支援をする活動を担っている。1984年まではドイツ語医学論文の索引作業も同研究所で実施し，そのデータをテープで送付していた。現在，索引作業は米国国立医学図書館が行っている。

　提供データベースは最大時には100を数えていたが，社会学，農学，獣医

学などの周辺分野が整理統合され，現在は70種類が提供されている。約半数の30のデータベースは無料で提供されている。有料のものは登録会員のみ利用可能なものと，クレジットカードによる単発の支払いで非会員でも利用可能なものがある。

　検索インターフェースには，一般向けで誰でも利用可能なメニュー形式のDIMDI SmartSearch と，登録会員のみが利用できる検索専門家向けコマンド型でパーソナライズ機能もついた DIMDI ClassicSearch が用意されている。そのほか，MEDLINE 専用の Medline Direct，医薬品専用の PharmSearch といったインターフェースがある。さらに，DIMDI が提供するデータベースは，ドイツ医学中央図書館が提供する MEDPILOT.DE からも利用できる。なお，登録会員のデータベース検索におけるメリットとしては，有料限定のデータベースが使えることと，ClassicSearch が利用できることに加え，各種料金が低く設定されていること，SmartSearch でも重複レコードが自動的に除去されるなどの機能が付加されていることなどがある。

　提供されているデータベースの種類別本数は表3-2のとおりで，MEDLINE，EMBASE，BIOSIS，SciSearch など国際的かつ大規模な医学生物学分野のほかに，医薬品，毒物学，バイオテクノロジーや医療技術評価に関するデータベースが多く提供されている。一般的な医学書誌データベースのほかに，根拠に基づく医療（Evidence-Based Medicine: EBM）に欠かせないコクランライブラリー（Chochrane Library）のデータベースも提供されている。コクランライブラリーには国際共同計画，コクランコラボレーションによってエビデンスの高い医学研究を集約して作成された独自のシステマティックレビューを集めた CDSR（Cochrane Database of Systematic Reviews）や，臨床試験の登録データベースである Central（Central Register of Controlled Trials），英国の国民医療サービス（NHS）が作成する評価の高いシステマティックレビューの抄録を集めた DARE（Database of Abstracts of Reviews of Effects）などが含まれる。

　また，ドイツ医学ドキュメンテーション情報研究所（DIMDI）は医薬品や医療機器の監督官庁や製薬業界からの医薬品・医療機器情報のデータベース

表 3-2. ドイツ医学情報ドキュメンテーション研究所
（DIMDI）の提供データベース（種類別）*

種　　類	データベース数
ニュース	2
医薬品	41
バイオテクノロジー	14
医療技術評価	17
医学	49
ISI データベース	3
医療機器	15
図書	2
心理学	12
毒物学（文献）	26
毒物学（ファクト）	5
フルテキスト出版物	11
獣医学	7

* 2005年10月現在
* 複数の種類にカウントされているデータベースもある

も提供している。これらは，ドイツの医薬品認可にかかわる連邦医薬品医療機器研究所（Bundesinstitut für Arzneimittel und Medizinprodukte: BfArM），連邦消費者保護食品安全局（Bundesamt für Verbraucherschutz und Lebensmittelsicherhei: BVL），ポール・エールリッヒ研究所（Paul-Ehrlich-Institut: PEI）や連邦薬剤師協会連合（Bundesvereinigung Deutscher Apothekerverbände: ABDA）が維持している。

医療機器情報については，医療機器法（Medizinproduktegesetz: MPG）に基づき，2003年から5万点あまりの機器情報を収録したデータベースを提供している。加えて，機器メーカーや審査を担当する医師や管理者が直接情報を登録したりデータを入力したりできるしくみや，電話による問い合わせを受け付けるヘルプデスクや電子メールによるニュース配信なども実施している。

文献情報については，書誌データベースだけでなくフルテキストも用意されている。ドイツ医学中央図書館（ZB MED）との協力により，約1,100誌の電子ジャーナルのフルテキストも有料ダウンロードにより入手可能である。

ここには大規模なパッケージとして Kluwer 社の 600 誌, Springer 社の 200 誌などが含まれている。SFX の技術によって, 文献検索の結果から, 無料サイト, 契約電子ジャーナル, さらにドイツ医学中央図書館ほかへの文献入手の申込へのナビゲーションが表示される。

b. 分類・用語・シソーラス・コード

　医学・医療にかかわる情報の組織化やデータ交換のために, 分類・用語・シソーラスやコードを整備する事業も, ドイツ医学ドキュメンテーション情報研究所 (DIMDI) の重要な役割のひとつである。応用分野は, 診療や支払いのために病院など医療機関で使われるいわゆる医療情報システムや, 医学統計, 医学文献の検索システムなどと幅広い。昨今では医療情報システムの電子化にともない, いわゆる e ヘルスを支える各種コードの整備, 普及に重点が置かれている。いずれも国際的な標準化が推進されていることから, 国際標準となる分類・用語・シソーラス・コードのドイツ語版の作成・維持や国内での普及がその使命となっている。

　世界保健機構 (WHO) が発行している国際疾病分類第 10 版 (International Classification of Disease-10: ICD-10) は医療情報システムや, 疾病統計などに国際標準として用いられている。ドイツ医学ドキュメンテーション情報研究所 (DIMDI) はこのドイツ語版 *Die internationale Klassifikation der Krankheiten, ICD-10-GM* を 1992 年から作成, 維持している。また, ドイツの診療統計の規範となる, 外科・医療処置分類 (Operationen- und Prozedurenschlüssel: OPS) も維持している。

　また, e ヘルスを推進するための医療情報システムのデータ交換に欠かせない国際標準のコードとして, 国際疾病分類第 10 版 (ICD-10) のアルファベット索引を展開した Alpha-ID や, 臨床検査データに関する LOINC (Logical Observation Identifiers) がある。ドイツ語の関連ドキュメントとともに, それぞれ 2004 年および 2005 年から同研究所のウェブページから提供されている。また, ドイツ医学ドキュメンテーション情報研究所 (DIMDI) は, 2005 年に

医学情報に関するさまざまなオブジェクトに ID を与える Object Identifiers（OID）のドイツにおける登録機関として指名され，ID の管理の任務も負っている。

専門的分野では，医療機器の用語も扱っている。米国で開発された汎用医療機器用語システム（Universal Medical Device Nomenclature System: UMDNS）のドイツ語版を提供している。ヨーロッパ診断機器製造業協会（European Diagnostic Manufacturer Association: EDMA）の用語も平行して使われているが，両者は国際医療機器用語（Global Medical Device Nomenclature: GMDN）に統一され，移行していく計画がある。すでにヨーロッパ医療機器データベース（European Database on Medical Devices: EUDAMED）には 2004 年に国際医療機器用語（GMDN）が格納されていて，この用語のヨーロッパ各国語版の作成が期待されている。

医学文献の索引用語としては，米国国立医学図書館（NLM）が 1960 年から毎年改訂して維持している，医学件名標目（Medical Subject Headings: MeSH）が実質的に世界標準である。ドイツ医学ドキュメンテーション情報研究所（DIMDI）は MeSH の公式なドイツ語版の編者として，ドイツ語版の作成維持に従事している。最新版は 2006 年版でドイツ語版としては第 11 版に相当する。同様に，米国国立医学図書館が開発・提供している 130 種以上のさまざまな医学用語の統合システム Unified Medical Language System（UMLS）には，ドイツ語の医学用語を提供している。その結果，ドイツ語は UMLS の中で英語についで 2 番目に多い言語になっている。

c．医療技術評価

2000 年に医療の質の向上と安定を目指したドイツ連邦政府の政策である保険医療改革の一環として，ドイツ医学ドキュメンテーション情報研究所（DIMDI）の一部門として，ドイツ医療技術評価局（Deutsche Agentur für HTA des DIMDI: DAHTA@DIMDI）が設置された。以来，同研究所では医療技術評価報告書（HTA-Berichte）の出版，同報告書や関連のデータベースを提供する情報システムの開発・運用，医療技術評価シンポジウム（HTA-Symposium）の

開催などの関連事業を推進している。これら独自の医療技術評価活動のほか,コクランライブラリーなど関連する 20 種のデータベース提供も同事業の中に位置づけられている。

　医療技術報告書（HTA-Berichte）は,ドイツの医療技術がもたらす利益,リスク,コストなどの影響について報告するもので,毎年約 15 種が刊行されている。ここでいう医療技術には,医薬品,医療機器,医療処置,組織構造などが含まれる。報告の作成には,ドイツの医療システムにかかわる多様なメンバーが関与していて,たとえば,保険会社,病院,医師のほかに,看護,患者や一般消費者なども貢献している。また,ドイツの医療の質を監視する独立団体として 2003 年に組織された,医療における質と有効性のための機関（Institut für Qualität und Wirtschaftlichkeit im Gesundheitswesen: IQWiG）の代表者もオブザーバーとして参加している。同報告書あるいは医療技術評価の活動全体にわたって,科学的な質や公平性,国際的標準を保つためには,科学諮問委員会が設置され支援している。同委員会は,医療関係の団体が自主的に運営している複合組織,連邦合同委員会（Gemeinsamer Bundesausschuss: G-BA）や,ドイツ科学医学会連合（AWMF）などさまざまな分野の委員からなっている。

　ドイツ医学ドキュメンテーション情報研究所（DIMDI）の医療技術評価（HTA）ページでは,医療技術評価報告書がフルテキストで公開されている。独自の報告書のほか,たとえば英国国立臨床研究所（National Institute for Health and Clinical Excellence: NICE）の報告書なども加えられ,2007 年 9 月現在 160 種が提供されている。検索はフリーテキスト,タイトル,著者,出版年のほか,国際疾病分類第 10 版（ICD-10）でも可能である。また,2005 年から同報告書の抄録が *GMS Health Technology Assessment* のタイトルで,オープンアクセス支援事業 gms の枠組みで刊行されている。また,2000 年から毎年開催されている医療技術評価シンポジウム（HTA-Symposium）の抄録なども医療技術評価（HTA）ページで公開されている。

(4) 利用者

　ドイツ医学ドキュメンテーション情報研究所（DIMDI）のサービスを利用するのは，科学研究，企業，政策担当者，医師などの医療従事者，そして患者などである。登録利用者は1,150機関で，13,500件のアカウントを発行している。年間19万件の検索，97万件のフルテキスト要求がある。フルテキスト要求を利用者別に見ると，情報専門職が28万件（38％）と最も多く，次いで医療機器製造者（14万件，19％），製薬企業（13万件，17％），医療機器当局（10万件，13％），政策担当者（9万9千件，13％）となっている。情報専門職は製薬企業と大学に所属する両方が含まれている。

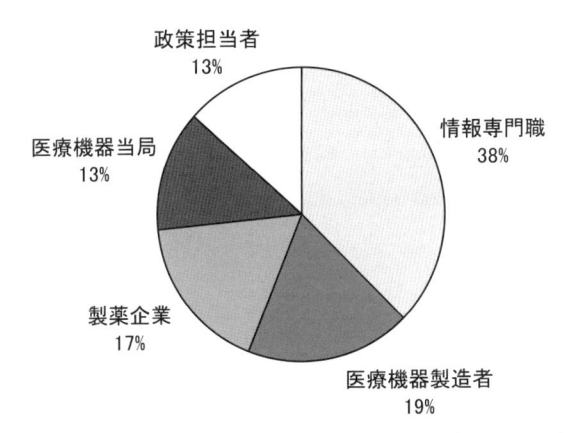

図3-7　ドイツ医学ドキュメンテーション情報研究所（DIMDI）のフルテキスト利用者

(5) 連携のある外部機関

　連携関係にある機関は数多いが，国内では共同でgmsを運営しているドイツ医学中央図書館（ZB MED）やドイツ科学医学会連合（AWMF）のほかに，ドイツの医薬品や医療機器の安全を評価する連邦医薬品医療機器研究所（Bundesinstitut für Arzneimittel und Medizinprodukte: BfArM）などがある。

　国際的機関では，フライブルク大学にあるドイツコクランセンター（Deutsches Cochrane Zentrum），米国立医学図書館（NLM），世界保健機構（WHO）など多数ある。

また，ドイツ医学ドキュメンテーション情報研究所（DIMDI）自体は機関会員ではないが，スタッフが加盟する職能団体にドイツ情報学協会（Deutsche Gesellschaft für Informationswissenschaft und Informationspraxis: DGI），ドイツドキュメンテーション協会（Deutsche Gesellschaft für Dokumentation）などがある。

3.4 シャリテ医学図書館－ベルリン医科大学（Medizinische Bibliothek, Charité - Universitätsmedizin Berlin, Gemeinsame Einrichtung von Freie Universität Berlin und Humboldt-Universität zu Berlin）

(1) 病院と医学部の歴史と図書館

　ベルリン自由大学（Freie Universität Berlin, FU）とベルリン・フンボルト大学（Humboldt-Universität zu Berlin, HU）の医学部であるシャリテ・ベルリン医科大学（Charité Universitätsmedizin Berlin）は，首都ベルリンの4キャンパスに計3,200床，年間10万人の入院患者と25万人の外来患者数を迎えるヨーロッパ最大の大学病院を運営している。旧東ドイツ地区に11ヘクタールの巨大な敷地を占める中央キャンパス（Campus Charité Mitte）の起源は，1710年に設立されたドイツ最古の医療施設のペストハウスにまでさかのぼる。開設当初は，フランス語のCharité（慈愛）の名のとおり貧しい人々のホスピスの役割を果たしていた。現在は，東西ドイツ統合後の1997年に合併した旧ベルリン自由大学（FU）のルドルフ・ウィルヒョウ病院のあるキャンパスと同様に，ベルリン自由大学（FU）とベルリン・フンボルト大学（HU）と共通の医学部キャンパスのひとつとして，23の診療科を有する大学病院に，研究所と医学，看護，歯学の教育施設が併設されている。同医学部の教職員は全キャンパスで約11,000人（うち研究者が2,500人）で，学生は8,000人である。図書館は医師・研究者向きのいわゆる医学図書館が3館，娯楽を中心とした患者向け病院図書館が2館ある。以下では，専門家向けの医学情報を提供する医学図書館について記述する。

シャリテ病院

(2) 医学図書館の概要と資料

　シャリテ医学図書館はベンジャミン・フランクリン・キャンパス（Campus Benjamin Franklin: CBF），中央キャンパス（Campus Charité Mitte: CCM），ウィルヒョウ病院キャンパス（Campus Virchow-Klinikum: CVK）の3か所にあり，2007年現在，計41名（常勤換算で31名）の職員が働いている。サービスの対象は，同大学の学生，医師，研究者が中心である。物理的な図書館スペースの開館時間は，3図書館とも平日は8時から20時までで，土曜日は13時までまたは18時までの短縮，日曜日は閉館している。2005年に訪問した中央キャンパス（CCM）の医学図書館は，19階建てのタワービルの9階の元病室を改造したフロアにある。手狭なため製本雑誌は同ビルの2階やほかの場所に分散して置かれている。研究者や医師はデータベースや電子ジャーナルなどのオンラインリソースの利用でサービスへの満足を得ているので，このスペースは主に医学部生のために，教科書を配架してグループ学習室などを提供する目的で使われている。図書館スペースの「学習センター」への移行は，2003年の質問紙調査の結果を元にした方針である[27]。

　3館ある医学図書館の合計で，蔵書は約40万冊，うち教科書は2万冊，

単行書が8万冊ある。貸出数は年間13万冊である(2004年度)。雑誌は印刷版，電子版あわせ約4,000誌を提供している。資料購入予算は，2006年度で図書に44万7千ユーロ，印刷版の雑誌94万5千ユーロ，電子ジャーナルやデータベースのライセンスに72万4千ユーロであった。

また，利用者はドイツ研究協会（DFG）がナショナルライセンスで導入したタイトルも利用できる。電子ブックにも最近力を入れていて，同図書館の電子ブックのウェブページには，契約パッケージ5種と無料のNLM Bookshelf などから，あわせて220タイトルあまりが掲載されている。またオンライン上での無料の医学情報流通を主張して教科書を掲載しているFreebooks 4doctors.comや，医学におけるeラーニングの素材を無料で提供しているハイデルベルク大学のKELDAmed（Kommentierte E-Learning Datenbank Medizin）へのリンクも用意されている。

(3) オンライン上の検索ツールとアクセスサービス

ホームページは2006年6月から3館共通のものを提供している[28]。ここでは医学論文の検索には米国国立医学図書館（NLM）のPubMedとドイツ医学中央図書館のポータルMEDPILOT.DEがトップに配置されている。PubMedは自館の契約電子ジャーナルタイトルや検索結果画面の形式などを登録できるリンクアウトを設定している。このため，専用のURLから検索すると，シャリテのキャンパス内からアクセスできるフルテキストへのリンク，同医学図書館のOPACへのリンクのアイコンが検索結果に表示される。また，検索結果表示に5種類のフィルターを設定していて，全件リストのほかに同医学図書館が所蔵している雑誌の論文，臨床試験結果が掲載されている論文，無料フルテキストのある論文，ドイツ語の論文，レビュー論文の5種類の限定検索の結果が，各タブのもとにリストとして表示されるようになっている（図3-8）。

フルテキストへのアクセスは，上記のPubMedからのリンクのほかに，ドイツ語圏の電子ジャーナル共通インターフェースの電子ジャーナル図書館

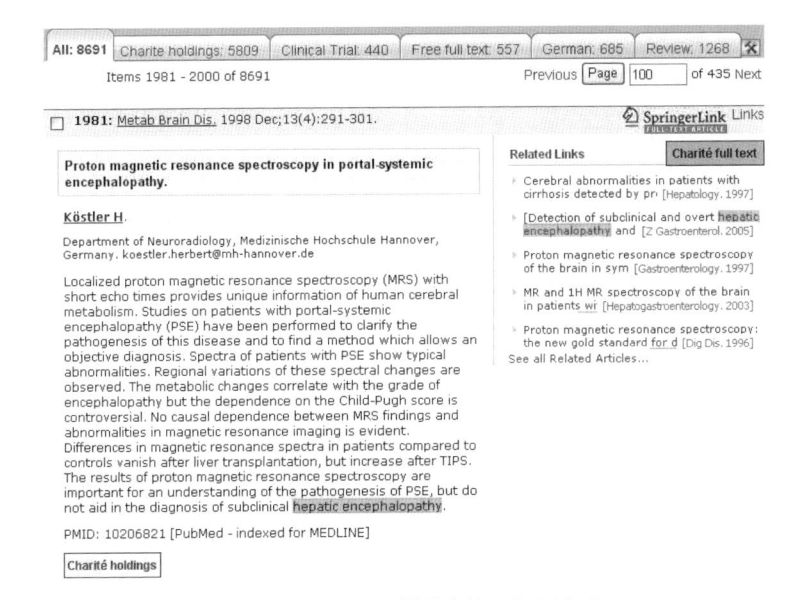

図 3-8 シャリテ医学図書館の PubMed

(EZB) と，印刷版を含む雑誌総合目録データベース (Zeitschriftendatenbank: ZDB) が用意されている。電子ジャーナル図書館は，1997年にレーゲンスブルク大学図書館がミュンヘン工科大学の協力を得て開発したシステムで，2007年2月現在426の加盟機関がある。このインターフェースを通じて電子ジャーナルのタイトルを検索すると，アクセス元の URL に応じて，アクセスの可否が3種類の交通信号機のアイコンで示される。緑は無料でアクセス可，黄色は契約によってアクセス可，赤色は契約がないためアクセス不可を表す。電子ジャーナル図書館の収録タイトル数は約 33,000 で，うち約半数は無料のタイトルである。また，約 4,000 タイトルはオンラインのみの雑誌である。

雑誌総合目録データベース (ZDB) は 1970年代から構築され，ベルリン国立図書館 (SBB) がドイツ国立図書館 (DNB) の技術支援を受けて維持している。2007年現在110万タイトルの雑誌書誌と 4,300 ほどのドイツ語圏の図書館の所蔵情報が収録されている。なお，これら2つの雑誌目録データベ

```
Elektronische Zeitschriftenbibliothek
□□□ Medizinische Bibliothek der Charité                    CHARITÉ
Unser Angebot | Einstellungen                              ■ ※ Hilfe

Zeitschriften        Suchresultate
- nach Fächern
- alphabetisch       27 Treffer
- suchen             Suche verfeinern

Schnelle Suche       ❶ Informationen zur Zeitschrift (u.a. zu den
Zeitschrift            Zugangsbedingungen)
[        ]           Der Volltext der Zeitschrift ist...
 suchen                ■■■ frei zugänglich
                       ■■■ für Angehörige der Charité freigeschaltet
Kontakt                ■■■ nicht zugänglich (Inhaltsverzeichnisse und abstracts
Ansprechpartner            meist frei)
Titelvorschlag       ❶ Abhandlungen aus der Naturgeschichte,       ■■■
                       Praktischen Arzneykunst und Chirurgie
                     ❶ Annales d' Oto-Laryngologie et de Chirurgie ■■■
                       Cervico-Faciale
                     ❶ Annales de Chirurgie                    Readme ■■
                     ❶ Annales de Chirurgie de la Main         Readme ■■
                     ❶ Annales de Chirurgie Plastique Esthétique Readme ■■
```

図3-9　電子ジャーナル図書館（EZB）の検索結果画面（シャリテ医学図書館）

ースは，ドイツ研究協会（DFG）の2006年から2年間の助成によって，ベルリン国立図書館（SBB），ドイツ国立図書館（DNB），レーゲンスブルク大学図書館（Universitätsbibliothek Regensburg）の共同プロジェクトで統合されることになっている。

　シャリテ医学図書館が提供するオンラインリソースへのアクセスで実際に多いのは，電子ジャーナル図書館（EZB）と PubMed からの電子ジャーナルフルテキストへのアクセスで，2004年の年間でそれぞれ26万件と20万件を数えている。各キャンパスの図書館でフルテキストアクセスができない，あるいは所蔵がない場合は他キャンパスの図書館からの論文取り寄せは無料である。さらにない場合はウェブ上のフォームから複写取り寄せを申し込むことになる。またドイツ医学中央図書館や，subito などのしくみを通じての申込も可能である。

　電子ブックのリストはヴァーチャル・レファレンス・ライブラリー（Virtuelle Handbibliothek）の名称でトップページに配されている。これは，シャリテの

教育事業の中で各種のプロジェクトが推進されているeラーニングプロジェクトの一環としてつけられた名称である。米国国立医学図書館（NLM）分類から表示するタイトルリストのほか，同図書館のオンライン目録からも利用可能である。

　図書や雑誌の書誌・所在検索ツールでトップページに配しているのは，シャリテ医学図書館のオンライン目録だけである。さらにリンクをたぐっていくと，地域ごとの目録や，複数の目録横断検索ツールなど，多数の書誌・所在検索ツールが用意されている。たとえば，ベルリン・ブランデンブルク地域の図書ネットワーク（Kooperativer Bibliotheksverbund Berlin-Brandenburg: KOBV）の総合目録がある。これは地域を基本とした文献入手の制度にそって作成されたものである。また，地域を越えた目録ツールには，カールスルーエ・ヴァーチャル目録（Karlsruher Virtueller Katalog: KVK）がある。1996年からカールスルーエ大学図書館が開発，提供しているメタサーチのサービスである。カールスルーエ・ヴァーチャル目録（KVK）は，ドイツ国内の大規模図書館や各地区の総合目録だけでなく，米国の議会図書館（Library of Congress）や国立医学図書館（NLM），英国図書館（British Library）など各国の国立図書館の目録のほかに，2007年からはOCLCが提供する総合目録WorldCat，書籍販売のAmazon.de，ドイツ研究協会がナショナルライセンスで契約している電子ブックなどのデータも対象としていて，約500万件の多様な資料の同時検索が可能である。さらに，やはりカールスルーエ大学図書館が開発・提供を始めたOASE（Open Access to Scientific Literature）がある。OASEは，ドイツ国内41大学の機関リポジトリと米国マサチューセッツ工科大学（Massachusetts Institute of Technology: MIT）のDSpaceサーバなどからレポートや学位論文などが検索でき，各リポジトリのフルテキストまでアクセスが可能である。

(4) その他の電子リソースとリンク集

　臨床向けの電子リソースとしては，教科書が中心のMDConsultと電子教科書UpToDate，そしてエビデンスの高いレビューを集約したデータベース

などを収載したコクランライブラリーなどが提供されている。その他，看護学，生物学，化学など関連分野も含め40タイトルほどのデータベースがリストされているが，ほとんどが英語の製品で，ドイツ出自のものは2，3タイトルである。新規の電子リソースについては，トライアルを行い導入の検討をしている。契約更改にあたって製品デモのイベントを開催して，利用者の意見を踏まえてベンダーとの価格交渉にあたるなどの活動もしている。

　リンク集は，1) 研究・教育，2) 情報検索，3) 医学関連サイトの3カテゴリーで構成されている。最初の研究・教育のカテゴリーには，論文を作成する際に助けとなる文献管理ソフトウェアの情報や，投稿先の目安としてインパクトファクターについての正しい知識などを提供している。また，オープンアクセス運動への支持を表明していて，関連情報を多く収載している。たとえば，出版のヒントとして，セルフアーカイビングの勧めのメッセージと英国の関連サイトSHERPAへのリンクを提供している。また，ブダペスト，ベルリン，OAIの各オープンアクセス宣言などについての解説や，PLOS，BioMed Central，gms，PubMedCentralなどのオープンアクセス関連サイトの解説やリンクも提供している。ちなみに，同図書館はBioMed Centralの会員であったが，著者に対する掲載料が値上げされ，会員機関の著者へ割引率が低くなったため，2006年には契約更改をしない旨が説明されている。2番目の情報検索のカテゴリーは，図書館のリストや検索エンジンへのナビゲーションである。3番目の医学関連サイトのカテゴリーの筆頭にはインターネット上の情報の質に関する情報提供のサイトが配されている。

(5) そのほかのサービス

　データベースの代行検索と使い方の講習会はオンデマンドで実施している。代行検索の対象データベースにはドイツ医学ドキュメンテーション情報研究所（DIMDI）提供の70のデータベースも含まれている。講習会はMEDLINEの2時間コースを用意していて，PubMedほかいくつかのインターフェースを教えている。

3.5 おわりに

　ここまで，ドイツ医学中央図書館（ZB MED），ドイツ医学ドキュメンテーション情報研究所（DIMDI），シャリテ医学図書館（Medizinische Bibliothek, Charité‑Universitätsmedizin Berlin）という，その規模も役割も異なる医学情報流通にかかわる3機関のサービスや活動について概観してきた。本稿は，歴史的・地理的に複雑な背景のあるドイツの学術情報流通の中で，医学情報に限定したとしても，一断面を見たにすぎないだろう。たとえば，本稿でふれていない独自性の高いバイエルン州にも，国家規模でサービスを提供しているバイエルン州立図書館（Bayerische Staatsbibliothek: BSB）がある。この図書館はsubitoの参加図書館であるとともに州の文献流通の拠点ともなっており，月25,000件のドキュメントデリバリーを処理している。このうち90％は医学分野で，そのうちの20％の利用者は製薬企業などの商用利用である。充足率は90％で，ドイツ医学中央図書館よりも高いと報告している[29]。エンドユーザの所属する地域や大学によっても，医学情報のよりどころは異なるであろう。

　このような限定的な範囲の中でも，あえて本章で概観してきた3機関の活動からこれまでのドイツ医学情報流通の発展の特徴をあげるとすると，以下のような事項をあげることができるだろうか。

　ひとつ明白なのは，現在はドイツにおいても医学情報では英語の比重が大きいことである。よって，やはり英語が中心で世界最大の医学論文データベースであるPubMedが医学研究者の第一選択となるデータベースであることは，医学分野においては万国共通と言えるようである。

　もうひとつの特徴は，医学特有のツールやサービスが提供されると同時に，分野に限定されないサービスも並行して発展し，活用されてきていることである。特に，文献提供については，その使命のとおりドイツ医学中央図書館（ZB MED）がドイツ国内では最大で最後のリゾートとなっている。しかし，文献入手のためのドキュメントデリバリーの入口は，同図書館のほかにも，

所属の医学図書館，ドイツ医学ドキュメンテーション情報研究所（DIMDI）のサービス，商用の医学情報ポータルのほかに，医学に限定しない subito や新たな中央専門図書館共通の GoPORTIS といったサービスが多重に用意されている。また，ナショナルライセンスの恩恵によって，所属機関の医学図書館を通じなくとも，利用者が直接電子ジャーナルに直接アクセスできる範囲も拡大されてきている。検索・アクセスツールも，医学分野に特化したものと分野を問わないものがある。たとえば前者にはドイツ医学中央図書館の医学仮想専門図書館として位置づけられている MEDPILOT.DE や，ドイツ医学ドキュメンテーション情報研究所が責任をもつ医療現場で使われるデータベースがある。後者には学術図書館には欠かせない電子ジャーナル図書館（EZB）や雑誌総合目録データベース（ZDB）あるいはカールスルーエ・ヴァーチャル目録（KVK）といったツールがある。

　これらの分野を越えた関係はまた，各種サービスや開発事業におけるさまざまな関連機関の協力関係にも見られる。たとえば，ドイツ医学中央図書館（ZB MED）とドイツ医学ドキュメンテーション情報研究所（DIMDI）のように医学分野で異なる利用者をもつ機関同士，また3つの中央専門図書館のように分野は異なるが国家レベルの機関同士の協力がある。また，総合目録データベースや横断検索のしくみのように，もともと一大学のプロジェクトで開発されたツールを，国家レベルの図書館と大学との共同プロジェクトによって統合的なツールに生まれ変わろうとするように，さまざまなレベルの協力がある。

　以上のように，ドイツの医学情報流通のしくみは，これまでの地域や分野を基本としたサービスに，新たに国家レベルであったり分野を越えたりしたサービスが加わり，並存しながら発展してきている様子がうかがえる。GoPORTIS のサービス開始に象徴されるように，ネットワーク環境が整備され学術情報の電子化が進展してきた現在，さらにこの分散とネットワークによる情報技術を駆使した統合的な発展が進むように思える。

注・参考文献

1) Facts about Germany, 2007　http://www.tatsachen-ueber-deutschland.de/jp/home1.html（2008-7-20 参照）
2) 下記に 2003 年の分野別，国別の論文生産数が掲載されている。
National Science Board. *Science and engineering indicators 2006,* Arlington, VA., National Science Foundation　http://www.nsf.gov/statistics/seind06/（2008-7-20 参照）
3) OECD Health Data, 2004
4) 岡嶋道夫「ドイツ医師国家試験と卒前医学教育」『医学教育』vol.36, no.6, 2005, p.387-390.
5) Hochschul Kompass　http://www.hochschulkompass.de/（2008-7-20 参照）
6) OECD Health Data, 2001
7) OECD Health Data, 2005
8) Medical Libraries Worldwide-Germany (ZB MED)　http://www.zbmed.de/medbibo00.html?&lang=en（2008-7-20 参照）
9) 大瀧礼二「National Network of Libraries of Medicine (NN/LM)　アメリカの医学図書館ネットワーク」『医学図書館』vol.46, no.4, 2000, p.435-441.
10) 牧村正史「ドイツの中央専門図書館の活動」『現代の図書館』vol.30, no.1, 1992, p.12-18.
11) 榊原正義「西ドイツの医学中央図書館の現況と文献需要の動向」『医学図書館』vol.29, no.4, 1982, p.330-339.
12) 榊原正義「西ドイツの医学情報センターDIMDI について」『第 14 回医学図書館員研究集会論文集』p.255-267.
13) El-Menouar Yasemin. *Evaluation der Virtuellen Fachbibliothek Medizin "MedPilot: Ergebnisse einer internetbasierten Nutzerbefragung".* Köln, Zentralbibliothek für Medizin, 2004, 58p.　http://www.zbmed.de/fileadmin/pdf_dateien/medpilot_Evaluationsstudie_2004.pdf（2008-7-20 参照）
14) Dr. Ulrich Korwitz. 2008-7-17. 私信
15) Colby, C.C. "Report on medical libraries and collections in Western Germany." *Bulletin of the Medical Library Association.* vol.40, no.1, 1952, p.6-9.
16) Charges (ZB MED)　http://www.zbmed.de/doklief_gebuehr.html?&lang=en（2008-7-20 参照）
17) Key points of the framework agreement between subito e.V. and publisher, subito, 2006, 6p.　http://www.subito-doc.de/cms/files/file/Eckpunktepapier_englisch.pdf（2008-7-20 参照）
18) Neues Urheberrecht ab dem 1.1.2008 - neue Lieferkonditionen für die Dokumentlieferung. http://www.zbmed.de/761.html（2008-7-20 参照）

19) GoPORTIS. http://www.goportis.de/（2008-7-20 参照）
20) Informationen für Patienten. (ZB MED). http://www.zbmed.de/patientenliteratur/（2008-7-20 参照）
21) Korwitz U. "Building up the Virtual Medical Library in Germany." *Health Information and Library Journal.* vol.19, no.3, 2002, p.173-175.
22) 岡倉伸治「ドイツの産業技術政策の動向」*JETRO technology bulletin.* no.470, 2005, p.1-40.
23) DFG Position Paper: Scientific Library Services and Information Systems - Funding Priorities Through 2015. Bonn, Deutsche Forschungsgemeinschaft, 2006, 9p. http://www.dfg.de/forschungsfoerderung/wissenschaftliche_infrastruktur/lis/download/pos_papier_funding_priorities_2015_en.pdf（2008-7-20 参照）
24) Giersberg Dagmar「力を合わせて－ドイツの中央専門図書館各館は，協力体制を強化している」http://www.goethe.de/ins/jp/tok/wis/bid/ja2181390.htm（2008-7-20 参照）
25) Dr. Ulrich Kornitz. 2008-7-17 私信
26) Wattenberg Ulrich「西ドイツの医学中央図書館について」『医学図書館』vol.31, no.1, 1984, p.30-33
27) Nunnenmacher, Lothar. "Von der Bibliothek zum Lernzentrum: Veränderungen in der Medizinischen Bibliothek der Charité" *medizin-bibliothek-information.* vol.5, no.2, 2005, p.17-21.
28) Medizinische Bibliothek-Charité - Universitätsmedizin Berlin http://www.charite.de/bibliothek/（2008-7-20 参照）
29) Bayerische Staatsbibliothek 訪問資料, 2005-9-6.

(酒井　由紀子　Yukiko SAKAI)

第4章

ニーダーザクセン州立＝大学図書館ゲッチンゲン

4.1 ゲッチンゲン大学図書館
（Niedersächsische Staats- und Universitätsbibliothek Göttingen）

ゲッチンゲン大学図書館（新館）

(1) ゲッチンゲン大学図書館の概要

　ゲッチンゲン大学はドイツ北部のニーダーザクセン州ゲッチンゲンにある大学である。正式名称はゲオルク・アウグスト大学ゲッチンゲン（Georg-August-Universität Göttingen）といい，その創設者であるハノーファー選帝侯ゲオルク・アウグスト，後のイギリス国王ジョージ2世にちなんでいる。18世

紀前半に創立されたこの大学は，新人文主義との関係が指摘されることも多いが，理系分野にも実績がある総合大学であり，輩出したノーベル賞受賞者の数は 40 名にのぼるという。ゲッチンゲン大学で教鞭をとった著名な学者の顔ぶれも多彩であり，言語学者のグリム兄弟，数学者のガウス，リーマン，クライン，哲学ではフッサール，法学ではイェーリング，物理学ではヴェーバー，ハイゼンベルク，プランクなどがおり，さらにコッホ，ショーペンハウアー，ハイネ，ビスマルクなどもこの大学で学んでいる。現在 13 の幅広い分野の学部で構成されている。

　このようなゲッチンゲン大学で情報資料の提供を担っているのがゲッチンゲン大学図書館（正式名称はニーダーザクセン州立＝大学図書館ゲッチンゲン，Niedersächsische Staats- und Universitätsbibliothek Göttingen）である。同館は大学の設立と同時期に設置された図書館の伝統を引き継ぎ，270 年以上の長い歴史をもつ大学図書館である（設置は 1734 年とされる）。ドイツの詩人ゲーテ（1749-1832）がこの図書館を訪ねたエピソードも知られるなど，歴史的に数々の学者，研究者によって利用されてきた。現在の正式名称は，同館がゲッチンゲン大学の図書館とニーダーザクセン州の州立図書館とを兼ねていることを示しているが，このような二重機能はドイツの学術系図書館によくみられる。

　現在，ゲッチンゲン大学図書館は，館長と 2 人の副館長のもと，中央図書館と 5 つの部局図書館で構成されている。部局図書館は医学，化学，物理学，林学，経済学・社会学を対象としたもので，それぞれ学部や大学病院内に設置されている。ゲッチンゲン大学図書館はドイツ国内でも屈指の規模の大きい図書館である。図書（製本雑誌が含まれる）は 400 万点を超えており，購読中の雑誌は約 14,000 点である。数多くの写本（約 13,300 点）やインクナブラ（約 3,100 点）を所蔵するところには，長い歴史をもつ大学図書館としての特色がうかがわれる。そのほかマイクロ資料，地図，遺稿コレクションなど多様な資料を所蔵し，電子ジャーナルなどの電子資料も提供されている。以下はゲッチンゲン大学図書館に関する数値である。

表4-1　数値で見るゲッチンゲン大学図書館

資料	
所蔵資料全体	5,835,977
受入資料	82,560
各種の資料	
図書および製本雑誌	4,036,933
うち学位論文（印刷形態）	848,962
地図	304,193
写本	13,300
マイクロ資料	1,476,538
電子資料（電子ジャーナルおよび電子新聞は除く）	18,773
購読中の雑誌（電子ジャーナルを除く）	13,938
電子ジャーナル	8,180
利用者	
利用者	35,244
貸出	
貸出	1,014,955
相互貸借による貸出	163,592
相互貸借による貸受	47,553
予約	46,896
歳出（ユーロ）	
資料費（ナショナルライセンスを含む）	7,846,994
電子メディア費（ナショナルライセンスを含む）	1,585,679
製本費	190,290
その他の物品費	1,534,216
人件費	12,291,910
歳入（ユーロ）	
設置者からの資金	14,693,508
その他からの資金	4,159,507
一時的な収入	2,557,575
職員	
図書館職員（定員）	約204
初・中級職	約80
上級職	約87
高等職	約37
定員外の人員	約91

（大学図書館ホームページの表をもとに作成；数値は2006年のもの）

図書館利用については，ゲッチンゲン大学のキャンパスに 1993 年建設された中央図書館の新館（Neues Gebäude）では，地上 3 階までの開架閲覧室や地下書庫に図書や雑誌などの資料が所蔵されている。ドイツの大学図書館によくみられるテキストブックコレクションも 1 階に設置されており，個人閲覧室やセミナールームなども用意されている。新館だけでも数多くの教職員や学生などの利用者（毎日約 4,000 名が利用しているという）が利用している。また，中央図書館の新館から少しばかり離れたゲッチンゲン駅にほど近い旧市街地には旧館（Historisches Gebäude）があり，写本やインクナブラ，稀覯書，地図などを所蔵している。このほか，ゲッチンゲン大学の複数の学部や大学病院に設置されている 5 つの部局図書館も存在する。ゲッチンゲン大学図書館では年間 100 万件を超える貸出があるという。

　ゲッチンゲン大学図書館では，所蔵資料の検索や各種データベース，電子ジャーナル，デジタル化された学位論文などを提供し，インターネットガイドとよばれるインターネット情報資源の紹介サイト，「仮想専門図書館」とよばれる電子図書館を開発している。また，所蔵資料の遡及デジタル化を推進するセンターも全国に先駆けて設置された。そのほか大学計算機センターとの協力で設置された，情報リテラシーや e ラーニングの支援に携わるセンターがゲッチンゲン大学図書館の内部に設置されているほか，ベルリン・フンボルト大学のコンピュータセンターと共同でプリント・オンデマンドサービス（ProPrint Service）を開発したこともある。

　このように近年のゲッチンゲン大学図書館は，大学図書館が直面する情報通信技術にかかわる新しい課題に積極的に取り組んでいる。こうした活動が評価されて，ゲッチンゲン大学図書館は 2002 年にドイツの"ライブラリー・オブ・ザ・イヤー"（Bibliothek des Jahres）という賞を受賞している。この賞はドイツ図書館協会（Deutscher Bibliotheksverband: DBV）と財団（ZEIT-Stiftung Ebelin und Gerd Bucerius）によって創設されたもので，2000 年から毎年ドイツ国内の優れた図書館に贈られている。ゲッチンゲン大学図書館が受賞した際には，「歴史と現代技術」の模範的な結合が賞賛されている。ゲッチンゲン大学図

書館では伝統を踏まえつつ，後述するインターネットポータルや電子図書館などの新しい領域における活動を積極的に推進しており，そのことが評価された理由であろう。貴重なコレクションを豊富に抱える大規模な大学図書館が，その伝統に基づきつつ，現代の情報通信技術をいかに活用していくのか，ゲッチンゲン大学図書館はその興味深いひとつの事例を提供している。

ゲッチンゲン大学図書館（旧館）

(2) 全国的,地域的な事業への関与

ゲッチンゲン大学図書館は，学内を対象とする業務にとどまらず，さまざまな全国的，地域的な事業に関与している。ドイツ研究協会（Deutsche Forschungsgemeinschaft: DFG）による特別収集領域（Sondersammelgebiete: SSG），「ドイツ刊行物収集」（Sammlung Deutscher Drucke）プロジェクト，これらについては後述するが，その他，ゲッチンゲン大学図書館はニーダーザクセン州の政府刊行物を対象とした納本図書館に指定され，またドイツ北部地域の諸州（ブレーメン，ハンブルク，メクレンブルク・フォアポンメルン，ニーダーザクセン，ザクセン・アンハルト，シュレスヴィヒ・ホルシュタイン，テューリンゲン）における学術系図書館の総合目録データベースを提供する共同図書館ネットワーク（Gemeinsamer Bibliotheksverbund: GBV）のセンターも設置され

ている。「ニーダーザクセン・コンソーシアム」(Niedersachsen-Konsortium)，「ドイツネットワーク情報イニシアティブ」(Deutsche Initiative für Netzwerkinformation: DINI)，「ドイツデジタル雑誌アーカイブ」(DigiZeitschriften - das deutsche digitale Zeitschriftenarchiv) などの各団体の事務局も設置されるなど，ゲッチンゲン大学図書館は数多くの全国的，地域的な組織に重責をもって参加もしている。近年では，kopal や nestor のようなデジタル情報資源の長期保存にかかわる諸問題に取り組むドイツのプロジェクトにも関与している。

なお，ゲッチンゲン大学図書館が従事している各種プロジェクトについては，ゲッチンゲン大学図書館の研究開発部（Abteilung Forschung und Entwicklung）のウェブサイト[1]で紹介されているので参考になる。

(3) 貴重なコレクションの所蔵

第二次世界大戦中にも所蔵資料がほとんど被害を受けることがなかったゲッチンゲン大学図書館は，その伝統に基づいて数々の貴重な資料を所蔵している。ここでは写本・貴重書コレクション，地図コレクション，アッシュ・コレクションについて触れることにする。

a．写本・古書コレクション

ゲッチンゲン大学図書館は写本，インクナブラ（揺籃期本），遺稿，ポートレートなどのコレクションを所蔵している。ゲッチンゲン大学図書館が所蔵する約3,100点のインクナブラ・コレクションには，貴重な資料である羊皮紙に印刷されたグーテンベルク聖書（1454年頃）も含まれている。また16世紀から現代に至るまでの多彩な貴重書，稀覯書のコレクションもある。さらに西洋中世写本，東洋写本（イスラム写本，南アジア諸言語写本を含む）を所蔵し，手稿楽譜のコレクションなども所有している。

b．地図・地図帳コレクション

ゲッチンゲン大学図書館では，あらゆる地域，主題の地図や地図帳，各種

の縮尺による約120か国の地形図などを収集している。また古地図のコレクション（約65,000点）は，質量ともにドイツで屈指のコレクションであるという。地図の検索について，ゲッチンゲン大学図書館では所蔵する地図をグラフィカルに検索できるツールGeotoolが開発され，インターネットでも利用できるようになっている[2]。さらに，全国的な分担収集保存プログラムの枠組みにおいてゲッチンゲン大学図書館は特別収集領域「主題地図」を分担しており，その資料収集についてドイツ研究協会から助成金を得ている。この特殊コレクション領域に関連する電子図書館（仮想専門図書館）としてはGEO-LEOがインターネットで提供されている[3]。

c．アッシュ・コレクション

　ゲッチンゲン大学出身者から寄贈されたコレクションもある。中でもアッシュ・コレクションは，最大かつ最も価値が高いとされるもののひとつである。日本ではアッシュ男爵として紹介されているロシア帝国軍人ゲオルク・トマス・フォン・アッシュ（Georg Thomas von Asch, 1729-1807）に由来するコレクションである。同コレクションには，民族，鉱物，植物，動物に関するオブジェのほか，約2,000点の図書，250点を超える写本，さらに数多くの印刷ないし手稿による地図が含まれている。中でも歴史的に貴重なものとしてはシベリアや北極への調査遠征に関する数多くの図書，手稿本，地図があり，日本に関係ある資料としては江戸時代にロシアに漂着した大黒屋光太夫（1751-1828）が作成した手稿の日本地図がこのコレクションには含まれている。同コレクションのデジタル化された資料は，米国議会図書館とロシア国立図書館による国際的な協力プロジェクト（Meeting of Frontiers）の枠組みにおいて，その画像がインターネットで閲覧できるようになっている[4]。

d．ゲッチンゲン・デジタル化センター

　ゲッチンゲン大学図書館が所蔵する資料のデジタル化に携わっているセンターが，1997年に設置された。この年ドイツ国内で図書館資料のデジタル

化を推進する2つのセンターが設置された。バイエルン州立図書館に設置されたミュンヘン・デジタル化センター (Münchener Digitalisierungszentrum: MDZ) とゲッチンゲン大学図書館に設置されたゲッチンゲン・デジタル化センター (Göttinger Digitalisierungszentrum: GDZ) である。この全国に先駆けた事業にはドイツ研究協会 (DFG) が助成をした。これら2つのセンターの設置により期待されたことは,資料のデジタル化に関して既存の技術を結集して体系的な発展をもたらすこと,また情報の普及に貢献することである。ゲッチンゲン・デジタル化センター (GDZ) では,ゲッチンゲン大学図書館が所蔵する数々の貴重な資料の遡及的デジタル化がこれまでに実施され,同センターのウェブサイトではデジタル化された資料が閲覧できる。同館所蔵の羊皮紙に印刷されたグーテンベルク聖書もこのセンターでデジタル化され,その画像はグーテンベルク・デジタル・プロジェクト (Projekt Gutenberg Digital) のウェブサイトで閲覧できるようになっている[5]。

(4) ナショナルライブラリー任務の分担

　ゲッチンゲン大学図書館は,大学図書館としての任務のほかに,ナショナルライブラリーの任務とされるいくつかのものを全国の他の大学図書館などとともに分担して引き受けている。以下には「ドイツ刊行物収集」(Sammlung Deutscher Drucke),「特別収集領域」(Sondersammelgebiete: SSG),「インターネットガイド」(Internet-Guide),「仮想専門図書館」(Virtuelle Fachbibliotheken: ViFa) をあげている。

a．ドイツ刊行物収集

　フォルクスワーゲン財団が拠出するスタートアップ助成金で支援された「ドイツ刊行物収集」(Sammlung Deutscher Drucke) プロジェクトでは,ゲッチンゲン大学図書館を含むドイツ全国の学術系図書館6館が協力して,グーテンベルクが活版印刷を開始した15世紀以降,現代に至るまでを時代区分してドイツ語圏で刊行された印刷資料の分担収集を行っている。このプロジェ

クト事業に参加する図書館はそれぞれ分担する時代の印刷物を収集，目録作成，保存する。ゲッチンゲン大学図書館は1990年以降，このプロジェクトの枠組みの中で時代区分の18世紀を引き受けており，この啓蒙の世紀に刊行された印刷資料はゲッチンゲン大学図書館の中央図書館旧館で収集され，目録作成や修繕が取り組まれている。

b. 特別収集領域

ドイツ研究協会（DFG）は，多くの参加機関を得て全国的な分担収集のプログラムを実施し，あらゆる外国学術出版物の少なくとも1点がドイツ国内に存在し，それが相互貸借や複写サービスを通じて研究者に提供されることを目指している。日本の外国雑誌センターの事業に相当するものであるが，ドイツの特別収集領域（SSG）プログラムは，後述するインターネットガイドや仮想専門図書館（ViFa）の構想においてさらに発展させられ，目下，インターネット情報資源への対応も推進されている。ゲッチンゲン大学図書館はこの全国的な分担収集保存システムの一翼を担っている。

ゲッチンゲン大学図書館は，ドイツ研究協会（DFG）によって助成されるこの全国的な分担収集システムの中で，数学，文献学，歴史・政治学，自然

表4-2　ゲッチンゲン大学図書館が分担する特別収集領域

学問分野	特別収集領域
数　　学	純粋数学
文　献　学	アルタイ・古代アジアの言語と文学／英語と文学(一般)／イギリスとアイルランド／アメリカ英語と文学／ケルト語と文学／オーストラリア・ニュージーランド／フィン＝ウゴル語と文学／フィンランド／ハンガリー／エストニア語と文学
歴史・政治学	アメリカの歴史・政治・法律
自　然　科　学	天文学・天体物理学・宇宙研究／林学
地　球　科　学	地理学／地球物理学／主題地図

（出典：http://www.sub.uni-goettingen.de/ebene_1/1_sondersamm.html.de）
（2008年4月1日参照，一部改変）

科学，地球科学という学問分野にわたる複数の主題分野を特別収集領域として分担し，それらの分野に関する資料を収集保存している。

　これらの主題分野における資料収集の予算についてはドイツ研究協会（DFG）から助成を受けることができる。たとえば，外国で刊行された印刷資料の収集については75％，マイクロ形態資料については80％，ドイツ研究協会から助成され，この場合ゲッチンゲン大学図書館はそれぞれ25％，20％をその予算から支出しなくてはならないなど，細かくその割合が決められている。収集された新着資料はゲッチンゲン大学図書館のウェブサイトで紹介されている。

　1990年における東西ドイツの統合後，旧東ドイツ領の大学図書館などもこのシステムに参加することになってから主題分野の分担に変更が生じた。ゲッチンゲン大学が分担していた「大学制度」と「地質学・鉱物学・岩石学」という2つの特別収集領域は，それぞれ旧東ドイツ領のベルリン・フンボルト大学，フライベルク・ベルクアカデミー工科大学の図書館に移管された。

c．インターネットガイド

　ゲッチンゲン大学図書館では「インターネットガイド」とよばれる，研究に関連したインターネット情報資源の案内情報を提供するウェブサイトを開発してきた。同館では，特別収集領域として分担している主題分野に対応させて，MathGuide（数学），Geo-Guide（地球科学），ForestryGuide（林学），Anglistik Guide（アングロ・アメリカ研究），History Guide（歴史）というインターネットガイドが作成されている。これらのウェブサイトでは，従来の図書館のノウハウを活かしつつ，主題分野に関するインターネット情報資源の情報が収集，組織化され，説明を付加されて提供されている。

d．仮想専門図書館

　ドイツでは，近年，仮想専門図書館（Virtuelle Fachbibliotheken: ViFa）とよば

れる電子図書館が構築されつつある。ここでの電子図書館は特別収集領域（SSG）を土台として構築されるもので，そのポータルサイトは，日本の大学図書館が構築するポータルサイトとは異なり，特定の主題分野を対象とするものとなっている。インターネットで利用できる仮想専門図書館のポータルサイトでは，特定の主題分野を対象として，関連する特殊コレクション領域を分担する図書館の所蔵資料の検索（OPAC），相互貸借やドキュメントデリバリーの請求ができ，すでにデジタル化された資料に対してはオンラインで直接アクセスが可能となっているものもある。ゲッチンゲン大学図書館が関与して，すでにサービスを提供している仮想専門図書館には，アングロ・アメリカ文化圏の歴史と文学（Vlib-AAC: Virtual Library of Anglo-American Culture），地球科学（GEO-LEO），数学（ViFaMATH），情報科学・図書学・図書館学（b2i）を対象としたものが存在し，林学とフィンランドを対象とした2つの仮想専門図書館も準備中である。

表4-3　ゲッチンゲン大学図書館の仮想専門図書館

仮想専門図書館（対象とする主題分野）
Vlib-AAC: History/ Literature（アングロ・アメリカ文化圏の歴史と文学）
GEO-LEO（地球科学）
ViFaMATH（数学）
b2i（情報科学・図書学・図書館学）
ViFaFOrst（森林学）［準備中］
ViFafinnug（フィン＝ウゴル語研究）［準備中］

(5) 情報リテラシーやeラーニングの支援

これまではゲッチンゲン大学図書館が主に研究活動を支援する側面を紹介してきたが，最後に紹介するゲッチンゲン・ラーニング・リソース・センター（LRC）はゲッチンゲン大学図書館が学習教育面を支援する側面にかかわっている。ゲッチンゲン大学図書館は，ゲッチンゲン学術データ処理協会（Gesellschaft für wissenschaftliche Datenverarbeitung mbH Göttingen: GWDG）（大学計

算機センターに相当）と協力して，2005年にゲッチンゲン・ラーニング・リソース・センター（LRC）を開設している。ゲッチンゲン大学図書館の中央図書館，新館3階に用意された400m^{2}を超えるスペースに，ニーダーザクセン州文部科学省や民間会社（富士通・シーメンス・コンピューターズ社など）から支援を受けて設備が整えられ，40台のPCのほか，プリンタ（A4用紙からポスターサイズの印刷が可能），スキャナ等が利用できるようになっている。学生や教員はそれらを使ってスキャニング・編集・印刷・CD-ROM/DVD作成などができ，さらに遠隔会議システムを利用することもできるという。また必要な場合には職員からの助言や支援を受けることもでき，関連する各種講習会も開催される。

ゲッチンゲン大学図書館では，ニーダーザクセン州におけるニーダーザクセンeラーニング・ネットワーク（eLearning Academic Network Niedersachsen: ELAN）プロジェクトに参加してきた経緯がある。2002～2004年にかけてのELAN Iプロジェクト，2005～2006年にかけてのELAN IIでは，新しいメディアを教育学習に活用するための方法が模索されてきた。ゲッチンゲン大学図書館はこれらのプロジェクトの枠組みの中で図書館サービスとしてできることを模索してきた。大学図書館内に設置されたゲッチンゲン・ラーニング・リソース・センター（LRC）で，ビデオクリップなどのeラーニング教材を

ゲッチンゲン・ラーニング・リソース・センター

学生が視聴できることは，その一環として考えられる。

(6) 大学図書館制度を支える外部資金

　ドイツ連邦共和国の大学図書館制度では，ナショナルライブラリーの任務とされる機能が全国の大学図書館などの学術系図書館によって分担されているという特色がある。たとえば，ドイツ研究協会（DFG）が助成する特別収集領域（SSG）の事業では，外国の研究関連資料を全国の大学図書館等が分担して収集保存する役割を担っている。このような事業は過去に日本でも注目されたことがあり，外国雑誌センターがこれに相当する。近年ドイツではこのしくみをさらに発展させ，データベースやインターネット情報資源などへのアクセスの組織化においても活用することが試みられている。「インターネットガイド」や，「仮想専門図書館」という電子図書館の構想がそれであり，日本で言えば，大阪大学附属図書館が医学分野，一橋大学附属図書館が社会科学分野に関する電子図書館を構築してインターネットで提供し，主題分野に関連する情報資源へのアクセスを集約して提供するようなものである。日本でも紹介されている vascoda は，このような各主題分野の電子図書館を束ねるポータルサイトとしての位置にある。また，特別収集領域の事業が水平方向の分担だとすれば，垂直方向の分担が「ドイツ刊行物収集」プロジェクトである。フォルクスワーゲン財団の助成を得て開始されたこの事業では，グーテンベルクの印刷術の開始から現代までを対象として，ドイツで刊行された印刷物が時代を区切ってゲッチンゲン大学図書館など全国6館で分担収集保存されている。このような全国的な意義を有する事業の分担においては，政府系の助成機関や民間の財団からの外部資金が大学図書館等に提供されており，その重要性はドイツの財政事情や大学改革を背景として高まっているように思われる。これら助成機関の中でも大きな役割を果たしているのが，わが国の日本学術振興会に相当する連邦政府系の助成機関であるドイツ研究協会（DFG）である。ドイツ研究協会は，国内の学術研究活動の振興を図る上で，全国の大学図書館等のプロジェクトやサービスに対して助成

を行い，それを通じて目的を達成しようとしている。

注
1) Abteilung Forschung & Entwicklung, SUB Göttingen　http://rdd.sub.uni-goettingen.de/（2008-7-20 参照）
2) Geotool　http://www.geotool.org（2008-7-20 参照）
3) GEO-LEO　http://www.geo-leo.de（2008-7-20 参照）
4) The Georg von Asch Collection　http://frontiers.loc.gov/intldl/mtfhtml/mfdigcol/subcoll.html（2008-7-20 参照）
5) Das Projekt GUTENBERG DIGITAL　http://www.gutenbergdigital.de/（2008-7-20 参照）

主要参考文献
・Bargheer, Margo; Ceynowa, Klaus ed. *Tradition und Zukunft - die Niedersächsische Staats- und Universitätsbibliothek Göttingen: Eine Leistungsbilanz zum 65. Geburtstag von Elmar Mittler.* Göttingen: Universitätsverlag Göttingen, 2005, 379p.

（原　淳之　Atsuyuki HARA）

4.2　前館長エルマー・ミットラー博士へのインタビュー

質問1．ミットラーさん，あなたが館長を務めていた時期にゲッチンゲン大学図書館では，デジタル化の時代への道が開かれました。このデジタル化への道で最も大きな課題は何だったのでしょう。
ミットラー：
　図書館の目録をネットワーク化し，オンラインで提供すること，これをまずは，ニーダーザクセン州の中で実現し，次にブレーメン，ハンブルク，メクレンベルク・フォアポンメルン，ニーダーザクセン，ザクセン・アンハルト，シュレスヴィヒ・ホルシュタイン，テューリンゲンの7州の共通のネットワークの中で実現することでした。ベルリン国立図書館（Staatsbibliothek zu Berlin - Preußischer Kulturbesitz: SBB-PK）もすぐにこれに加わりました。この作

業は，多くの点でこれまでの見解や方式の変更を意味しました。まず，ほとんど革命的であったと言えるのは，ドイツ図書館 (Die Deutsche Bibliothek: DDB) とも連携してオランダで開発された PICA というシステムをドイツに導入したことです。もちろんドイツで標準となっていた RAK (Regeln für die alphabetische Katalogisierung) システムと一緒にということでしたが。これが成功したのは，このシステムへの参加者が次第に増えていき，これによってドイツ独特の連邦分立主義を克服することができたからです。また，利用者の方も，オンライン貸出，遠隔貸出システムと自動化された目録を備えたいわゆる「透き通った図書館」の長所を，時が経過するにつれて次第に理解するようになってきました。

　古い図書館の蔵書のデジタル化，これは，ドイツ研究協会 (Deutsche Forschungsgemeinschaft: DFG) の大型遡及デジタル化プログラムの開発に際して当館が，指導的役割を果たすことで，前進させることができました。ここでは，精神的な問題も大きな課題でした。デジタル化は，印刷された資料にとっても利用の新たな可能性なのだとは理解されず，本というメディアが廃棄に向かうものとして考えられました。2000年のグーテンベルク年に最初の試みとして，インターネット上で紹介されたゲッチンゲンのグーテンベルク聖書のデジタル化[1]のような華やかな企画は，ゲッチンゲンの範例本と組み合わせることでインタラクティブな新たな可能性を示しました。また，国際協力が必要な，専門的に高く評価されるプロジェクトを意識的に遂行していきました。たとえば，アメリカの議会図書館とサンクト・ペテルブルクのロシア国立図書館と協力し，シベリアおよびアラスカ関連の蔵書を紹介しました[2]。こうした試みのうち最大のものは，ドイツデジタル雑誌アーカイブ (DigiZeitschriften - das deutsche digitale Zeitschriftenarchiv)[3]であったことには確かです。これは，300万ページ以上のドイツのデジタル学術情報雑誌の記事を提供するもので，ドイツ書籍商組合 (Börsenverein des Deutschen Buchhandels) に加盟している出版社の支援で実現されました。

　デジタル専門図書館の提供資料を構築することが課題でした。デジタル専

門図書館は，ゲッチンゲン大学が担当する英文学，書籍・図書館・情報学，地理学，数学などの特別収集領域の多くの印刷されたあるいはデジタル版の資料を包括するもので，ネット上でそのメタデータやフルテキストへアクセスすることができます。そのためにここでも多くのパートナーと協力して活動しました。ゲッチンゲンがイニシアティブをもって行ったこのプロジェクトにとって重要だったのは，インターネットガイドの枠内で提供されるウェブページを質の点から選別することでした。これは，全世界の研究者から喜んで迎えられました。

質問2．ゲッチンゲンで開発された領域分担式のデジタル研究図書館は，国際的な研究ネットワークの重要な一部となっています。このネットワークの今後の展開をどのようにご覧になっていますか。これらのシステムは統合していくのでしょうか，それとも，さまざまなシステムが並存して発展していくのでしょうか。

ミットラー：

デジタル図書館が将来目指すべき方向は，オープンアクセス・サーバでの資料提供を支援していくことです。その点でオープン・アーカイブのメタデータ・ハーヴェスティング標準（Open Archives Initiative Protocol for Metadata Harvesting: OAI-PMH）[4]は，提供する資料の国際的互換性への決定的な道を開き，世界的にネットワーク化された資料のユーザの端末での提供を可能にしました。

特に重要なのは，図書館のサービスを Internet2 のような新たなコミュニケーション技術を用いた，インタラクティブで相互協力的に構成された新しい，"グリッド"な研究環境開発へ統合することです。ここでも，専門区分をともなった活動の統合が期待されています。

質問3．ドイツとヨーロッパには数多くのデジタル化のプログラムがあります。このようなさまざまなプロジェクトについては，十分に調整され，標

準化された意味のある統合は可能でしょうか。
ミットラー：
　技術的あるいは図書館業務上の標準化は，多くの領域で大きく前進しました。このことが，ヨーロッパデジタル図書館（European Digital Library: EDL）の構築を容易にしてくれています。ヨーロッパデジタル図書館自身も，データとプロジェクトの広範な互換性を実現するために本質的な役割を果たしていくでしょう。
　ドイツでは，デジタル出版物総合目録（Das Zentrales Verzeichnis Digitallisierter Drucke）によって，デジタルデータの透明性が大幅に高まっていくでしょう。これによって，不要な二重の仕事を避けることができるでしょう。
　総括的に言って，仕事が二重になることへの恐れから，デジタル化の（準備）作業を過大に見積もり，そのことでデジタル化の迅速な進展が妨げられてはなりません。Googleのやり方は向こう見ずなものでしたが，それなりに進展し，しかも経済的でありうることを示しています。

質問4．90年代にあなたは，旧東ドイツと西ドイツの図書館協会の統合に積極的にかかわりました。統合への過程での最も重要な経験とはどのようなものでしょう。
ミットラー：
　東西の図書館協会の統合が成功したこと，また司書・図書館職員の職業的地位の東西統合が成功した決定的な要因は，西ドイツの側の人たちが，東側の職員の高い専門能力を受け入れる用意ができていたことです。たとえば，多くの大臣クラスの人たちは反対したのですが，西側の文献を購入するための資金を東ドイツの図書館の完全な責任にゆだねる形でただちに提供することができました。さまざまな研修を行うことにより，またたとえば，教科書を収集するための教育関連中古図書リストを提供するなどの情報交換によって，さしあたっての情報の不足をいち早く克服することにも成功しました。したがって，「西側市民」によって東側の図書館が吸収されてしまったとい

った感情は、まず存在しませんでした。

　重要だったのは、この機会をうまく利用したことでした。東ドイツの大学図書館を大学建設投資プログラムへ受け入れることによって、ソビエトのシステムに従って縮小されていた大学図書館の役割を強化し、大学図書館を再び役に立つ研究図書館に変えていくことに成功しました。公共図書館についても基本法では予定されていなかった助成プログラムがあり（そのためにコール首相は個人的にも尽力しました）、これによって、統一前に「読書」の国と喧伝されていた旧東ドイツの公共図書館の貸出数は、多くの小さな図書館が閉鎖されたにもかかわらず、統一の2年後には、早くも東ドイツの時代を上回りました。

　蔵書への大きな投資が行われましたが、このことで、新たな図書館の建設が緊急の課題であることに気づかされました。東側の約85％の図書館の建物が、第二次世界大戦以前の時代のものであるということが明らかになったのです。その後間もなく、ほとんどすべての大学図書館が新しい図書館の建物をもつこととなりました。その中には、コットブスやドレスデンのような華々しい建物や、ライプチヒ大学図書館の古い建物を新たに拡張した素晴らしい建物もあります。フンボルト大学の図書館では、アドラースホーフの電算機センターと模範的に組み合わされた新しい建物が建てられています。ほかにも同様の建設の準備が進められています。

質問5．あなたは、さまざまな連盟やプロジェクトで図書館の課題にかかわり、成功に導いてきました。政治のレベルで有効なロビー活動を展開する上で重要なのは、どのような点でしょうか。

ミットラー：

　最も重要なのは団結です。声をひとつにして語ることによって、ドイツ統一の時期のドイツ図書館の諸連盟の連合体（現在ドイツ図書館情報連合会，Bibliothek und Information Deutschland: BID）の枠内で成功を勝ち得てきたのです。さらに、当時はドイツ書籍商組合との密接な協力もありました。

図書館の後押しをすることが，政治家などの決定権をもつ人たちにとって魅力あるものにすることが必要です。展示会の開会式やその他の催しものといった公的活動を展開し，政治家等が参加して彼らが一般によい印象を与えられる機会を作るなどの活動があげられます。

図書館は，大学や社会の問題を解決するものでなければならず，問題を引き起こしたり，それ自身が問題となったりしてはいけません。1968年以降の学術図書館の拡張の時期には，たとえば，教科書を収集することで研究の効率を高めるという論法が重要な役割を果たしました。公共図書館が，すべての世代を結びつける力をもつこと，そしてますます多国籍化する住民を結びつける力をもつことは，図書館の役割を強調する上での別の観点です。電子情報を扱う技能を一般に普及させることには，公共図書館も学術図書館も大きく貢献しています。

質問6.「ドイツネットワーク情報イニシアティブ」(Deutsche Initiative für Netzwerkinformation: DINI)で図書館，電算機センター，研究機関などが，研究と教育のための情報社会基盤の開発のために協力して活動しています。今後の最も重要な課題とはどのようなものでしょう。

ミットラー：

さまざまな情報社会基盤施設のサービスの統合が，将来の本質的な課題です。

この課題は，デジタル教育，学習，研究環境の構築からは区別されます。しかし，これも管理システムの統合によって強化されなければなりません。たとえば以下のようなことが実現されるべきです。

・利用者は，ひとつのパスワードで大学のシステムにログインすることができ，そこで資料を利用できる。
・研究者や学生は，世界のどこからでも図書館の情報サービスを利用できる。
・その際，文献にも，研究データにも，学習システムにも同様にアクセス

できる。
・レポートの提出から試験の結果，さらに証明書までのすべての試験の過程をデジタルで処理できる。

その場合にまた，図書館の大きな課題は，地域，国，世界レベルでネットワーク化されたシステムをそれぞれのローカルな環境へ統合していくことです。

質問 7．図書館は，Web2.0 の影響でどのように変化しますか。図書館の資料内容や分類整理システムへの利用者の積極的参加は，追求する価値のあるものでしょうか。

ミットラー：

今もうすでに，図書館のサービスの本質的な部分は，電子的に提供され，利用されています。この傾向はさらに進んでいくでしょう。しかし，このことは，図書館が学習やコミュニケーションの場として必要のないものとなることではありません。逆に学習資料センターとしての魅力は，増していくでしょう。24/7（1 日 24 時間，週 7 日間）のコンセプトでは，貴重なマルチメディアおよび情報技術関連の資料からビデオ会議に至るまでの新たなサービスも，また伝統的な図書館サービスも 24 時間提供され続けることになっています。

特に重要なのは，図書館が，その資料を図書館の利用者の通常の情報環境に統合することに成功することです。図書館は，利用者に合わせていかなくてはなりません。利用者が図書館に合わせるのではありません。こうした考えに基づく資料提供としては，個人向けサービス「マイライブラリー」があります。

利用者が図書館サービスへインタラクティブに参加できる可能性を的確にとらえていかなくてはなりません。その場合，図書館の質の高い情報をブログのようなソーシャル・コンピューティングの方法へ積極的に統合することもひとつの方法です。

質問8. あなたは,「教育と知識のための著作権」(Urheberrecht für Bildung und Wissenschaft) のような活動グループに積極的に参加しています。新たな著作権法は,どんな形で教育と知識の発展を妨げていますか。ドイツ国内および国際レベルで,教育と知識のための情報へのアクセスを確保するためには,何がなされなければならないのでしょう。

ミットラー:

　学術上の知識への自由なアクセスは,学術の進歩と情報化された民主主義社会の大前提です。図書館はずっと以前から,本であれ,雑誌であれ,商業的に取引されている出版社の刊行物を長期にわたって,すべての人に提供することを保証してきました。その際,貸出や資料提供の枠内での図書館相互の助け合いも,情報の確保の本質的前提でした。

　新たな著作権法の制定によって,電子出版の分野の出版社は,雑誌の個々の記事をデジタルで提供する場合に,提供独占権を得ることになりました。これによって,いくつかの出版社の立場は,——特に自然科学,技術,医学の分野で——はるかに強化され,現在高すぎる価格で提供していて,本来研究に役立てるべきかなりの金額を自らの利益として吸い上げています。

　商取引をしている出版社の電子文献提供の独占は,あってはならないことです。電子時代にあっても,図書館が,適切な対価で情報を提供するというその役割を果たすことができるような環境が確保されなければなりません。そのために適切な法規が見出されなければなりません。このことは,特に世界的にネットワーク化された,文献とデータの自由で協力的な利用を目的とする研究環境の枠内での利用にとって,特に必要なことです。

　現在のような著作権の商業化が,オープンアクセス運動を加速化するでしょう。オープンアクセスにはさまざまな形がありますが,これは,学術情報への自由なアクセスを長期的に確保する唯一可能な方法です。

質問9. 大学図書館の館長というのは難しい仕事だと思います。その上にあなたは,データベースとデジタル化技術の指導的専門家としても活動して

います。あなたはどのようにしてこのようなことを成し遂げたのでしょう。
ミットラー：

　ゲッチンゲン大学は，伝統的にドイツの図書館システム全体の中で革新を担う役割を果たしてきました。研究と密接な関係をもちながら，世界中の重要な文献を獲得し，それを学術のために模範的な目録システムで自由に使用できるように提供するばかりではなく，ゲッチンゲンの科学アカデミーのゲッチンゲン学識者報告のような書評組織を通じて，広く知らせていくという学術図書館の理念は，ここでは，すでに18世紀に展開されていました。現代の学術図書館も同様に，優れたデジタルサービスを提供しなければなりません。その意味でゲッチンゲンの図書館の館長を務めることは，特別な挑戦ともいうべきものです。

　その際，私は，情報技術者になろうとしたのではなく，意識して，専門家たちとの密接な協力の中で新たなサービスを開発しました。私の変わらぬ方針は，すでに有効な開発が行われているのであれば，独自の開発を断念することです（PICAの導入は，おそらくそのことの最も顕著な実例です）。さらに私は，パートナー関係を構築し，たとえばハイデルベルクの計算機センター，あるいはゲッチンゲン学術データ処理協会（GWDG）で図書館情報システムへの投資を実現するように努力しました。個々の図書館情報システムは，非常に効率的に，しかもそれほどの費用をかけずに機能させることができました。協力という方法によってのみ，私は，データベースに関しても，デジタル化に関しても質の高いプロジェクトを実現することができたのです。その際プロジェクトに参加し，協力してくれた私の同僚たちも，もちろん私のかけがえのないパートナーとなってくれました。

注
1) Das Projekt GUTENBERG DIGITAL　http://www.gutenbergdigital.de/ （2008-7-20 参照）
2) Collections from Goettingen State and University Library (SUB)　http://frontiers.loc.gov/intldl/mtfhtml/mfdigcol/subcoll.html （2008-7-20 参照）

3) DigiZeitschriften - das Deutsche digitale Zeitschriftarchiv　http://www.digizeitschriften.de/（2008-7-20 参照）
4) Open Archives Initiative Protocol for Metadata Harvesting.　http://www.openarchives.org/OAI/openarchivesprotocol.html（2008-7-20 参照）

（エルマー・ミットラー博士　Prof. Dr. Elmar MITTLER　ニーダーザクセン州立＝大学図書館ゲッチンゲン（Niedersächsische Staats- und Universitätsbibliothek Göttingen）前館長，ゲッチンゲン大学図書および図書館学教授　翻訳：吉次基宣）

4.3　現館長ノルベルト・ロッソウ博士へのインタビュー

質問 1．ロッソウさん，あなたは，ドイツでも最も革新的な図書館のひとつであるゲッチンゲン大学図書館の館長を 2006 年以来お務めになっています。今後ゲッチンゲンのこの図書館の活動は，どのような方向に展開していくのでしょうか。

ロッソウ：
　ニーダーザクセン州立＝大学図書館ゲッチンゲンは，次の 3 つの戦略的目標を追求していきます。
  1. 大学のために中心となるサービス提供者であること。すなわち，オープンアクセス，e ラーニング，デジタル長期資料保存などを含む情報の整備，電子出版において中心的な役割を果たすこと。
  2. 大学の枠を越えてドイツ国内および国外に働きかけ，デジタル研究基盤のさらなる開発における中心的推進者であること。
     EU プロジェクトとしての DRIVER のようなリポジトリのネットワーク化，e-Humanities 分野の DARIAH への EU 提案などのような精神文化科学における基盤，IMPACT- プロジェクト EU のようなヨーロッパにおけるデジタル化センターのネットワークづくりなどがある。
     また，第三資金（Drittmittel）の獲得と管理を専門的視点で拡大し統合すること。

3. ゲッチンゲン大学図書館内部については，新たなサービスと戦略の開発や，継続教育，内部の特定テーマでのワークショップ，たとえば新たな「電子出版部門」の創設のような組織再編に職員を参加させること。

質問2. ゲッチンゲン大学図書館は，ドイツ国内および外国の図書館や情報施設と協力しています。将来どのような戦略的協力関係が重要になってくるでしょう。

ロッソウ：

　マックス・プランク研究所のような研究機関，ないしその新たなサービス機関マックス・プランク・デジタル図書館（Max-Planck-Digital Library）などとの協力が重要になるでしょう。ドイツの D-Grid コミュニティ，ドイツの国内および国外の大学関連の団体，たとえばドイツ大学長会議（Hochschulrektorenkonferenz: HRK）やヨーロッパ大学協会などとの協力も大切です。また，e-Humanities の領域で活発に活動している精神文化科学関連の研究者や，柔軟で信頼性のあるデジタル基盤を構築するための支援をしてくれる情報技術者との協力なども重要になってくるでしょう。

質問3. 商業目的での情報提供者，たとえば Google などと図書館の協力についてはどう思いますか。

ロッソウ：

　条件さえ整えば，そうした協力は，私にとってなんら問題ではありません。その条件とは，とりわけ情報の質がよいこと，その協力が，他のパートナーとの協力関係を排除するものではないこと，デジタル化された当館の資料を自由に使用できることです。

質問4. 学術出版が，オープンアクセスや大学の出版社などの登場によってドイツでも変わってきています。これにともなって，図書館の役割はどう変わっていきますか。

第4章　ニーダーザクセン州立＝大学図書館ゲッチンゲン　*143*

ロッソウ：

　これまでの定期購読のライセンス処理業務として，出版物のための自由なアクセスと無制限の透明性を少なくとも自分の大学については確保していくような業務が，追加されるでしょう。たとえば，出版された記事のコピーを大学のリポジトリに保存するためです。多額の費用のかかる雑誌の定期購読を吟味検討し，不要な部分は取り止め，オープンアクセス出版社との契約を結んでいきます。新たサービスを行う部署（電子出版部）が，新たな基本設備（洗練され標準化された確かなリポジトリ，大学などの研究データベースへのアクセスなど）と同様に必要となります。

質問5．図書館はますます増加する知識の断片化と個人化にどのように対応していきますか。図書館は利用者の新たな要求にどのように対応していきますか。

ロッソウ：

　a) 知の基盤とのリンク，すなわちリポジトリとのリンクによって対応していきます。5年後には，かなりの割合の学術的に重要な情報が，リポジトリ上に置かれるようになります。これは，大学やマックス・プランク協会（Max-Planck-Gesellschaft zur Förderung der Wissenschaften: MPG）のような研究組織が，学術コミュニティ（天文学者，気候および地理学者，物理学者，言語学者，考古学者等）との緊密な協力のもとに実現していきます。最低基準を満たしていれば，出版社もそのリポジトリを投入することができます（技術的接合，データアクセスプロトコルなどは未定）。

　b) 図書館が利用者のためにではなく，利用者とともに活動することによって対応していきます。各専門レベルでも，特定分野担当者は，本質的にこれまで以上に専門分野を代表し，その分野の研究者や学生の研究プロセスに精通しなければなりません。図書館は，地域の枠を越えた国際的なレベルでも専門コミュニティと協力して活動していかなければなりません。このようなことをゲッチンゲン大学図書館は，ドイツではD-Gridの枠内でやってい

ます[1]。

質問6. 専門雑誌で「セマンティック Web」について読んだのですが，これまでのメタデータは，記述と索引の新たなシステムによってとって代わられてしまうのでしょうか。
□ッソウ：
　最低限の公式なメタデータは，オンラインの世界でも必要でしょう[2]。しかし，このようなメタデータの（半）自動的な抽出機能はますます向上していくでしょう。情報内容の分類整理にもますますソフトウェアが導入されていくでしょう。たとえば，テキスト処理プログラムからオントロジーへの概念抽出です。しかし，人間の知的活動がしばらくは必要でしょう。これは，個々の分野を越えて活動が行われ，意味論的多義性が同じ概念について現れてくるところでは特に必要となるでしょう。

質問7. 多言語分類整理システムと検索マシーンは，どのように開発されていくのでしょう。これによって，日本語のような非ヨーロッパ言語をこのシステムのうちに組み入れることができるのでしょうか。
□ッソウ：
　そのようなシステムは，迅速に開発されるでしょう。インターネットが巨大な市場を作り出し，Google などはすでに年間 2 桁の売上の伸びを可能にするような状況だからです。日本語，中国語，ヒンズー語，その他の非ヨーロッパ言語も導入されます。その背後にある市場や研究機関は，間違いなく西欧諸国の市場や研究機関と競争できるし，したがって国際的に見て魅力があるからです。

質問8. ゲッチンゲン大学図書館は，革新的で将来を見据えた活動をしていますが，同時に伝統的図書館の役割も果たしています。伝統的機能と新たな発展のバランスはどのようなものになるでしょうか。

ロッソウ：

　伝統的機能と新たな活動についてのご質問ですね。多くの伝統的な活動，たとえば，これまでの目録作成業務などは減っていくでしょう。新たな活動，たとえば，出版物を組織されたリポジトリへ安定的に保存し管理したりすること，すなわち電子出版は重要度を増してくるでしょう。今後は，新たな活動が伝統的活動をしのいでくるでしょう。

　伝統的な機能は，別の姿をとるようになるでしょう。迅速なアクセスのための情報のフィルタリング，情報の保存と管理，吟味された信頼性のある情報の管理者であること，長期保存，これらの機能は，デジタルの世界に移していかなければならないのですが，このような機能そのものは変わらずに残り続けます。

質問9．2015年，教育と研究にとって大学図書館はどのようなものになっていますか。

ロッソウ：

　2015年には大学図書館では，小グループに適当な大きさの空間で，主に電子メディア，ノートブックあるいはスマートボードなどのモバイル機器を使って作業できるような学習室や研究室を提供します。すべての大学関係者が，キャンパス内のみならずヴァーチャル教育という形で学外でも互いにネットワークにつながれます。情報技能の面で学生や研究者にどの程度の支援が必要か，その点はまだ不透明です。

　印刷版の図書の購入は，かなり減るでしょう。その代わり，電子ブックの割合がかなり増加するでしょう。雑誌は原則的に電子版で入手できるようになり，希望に応じて，プリント・オンデマンド方式で素早く印刷もできるようになるでしょう。場合によっては，伝統的な単位ではなく，さまざまな雑誌から記事を抜粋したような綴じ方なども可能になるでしょう。

　自然科学の研究者も精神科学の研究者も，研究の接合（分野の揺れ）の中で研究を行っており，既成の研究組織に対抗してヴァーチャルな研究組織

(Virtual Organizations: VO's)を形成します。大学図書館は，学術図書館によって管理されているリポジトリの世界的ネットワークを通じて自身の大学の学術的成果を世界に伝え，広く知らしめることに力を入れていきます。学術情報の作成のための，たとえばAnnotation, Bildsequenzierungなどの国際サービスプラットフォームのソフトウェアプログラムは，大学図書館を通じて大学全体で知られるようになっています。

　文書形式の研究内容は，第一次データや写真などとともに圧縮し，他のサービスやソフトウェアプログラムと同様に大学図書館が提供していきます。

注
1) Die Deutsche Grid-Initiative (D-Grid)　http://www.d-grid.org（2008-7-20 参照）
2) Open Archives Initiative Protocol for Metadata Harvesting　http://www.openarchives.org/OAI/openarchivesprotocol.html（2008-7-20 参照）

（ノルベルト・ロッソウ博士　Dr. Norbert LOSSAU　ニーダーザクセン州立＝大学図書館ゲッチンゲン（Niedersächsische Staats- und Universitätsbibliothek Göttingen）現館長，2007年8月6日インタビュー　翻訳：吉次基宣）

第5章

ドイツ研究協会――情報基盤の拡充

5.1 中心課題としての学術振興

　ドイツ研究協会（Die Deutsche Forschungsgemeinschaft: DFG）は，ドイツの学術振興の中核を担う自治組織である。その構成メンバーは，大学，科学アカデミー，大規模な研究機関，学術関連の協会や連盟などである。ドイツ研究協会は，公益を旨とする政治的に中立の組織であり，研究プロジェクトに資金を提供したり，研究者の相互協力体制を構築したり，後続の研究者を育成したりする形で，あらゆる分野の学術を支援している。ドイツ研究協会は現在2万以上の個別の研究プロジェクトの助成を行っている。研究助成は，連邦（国）および州の資金，あるいは，「ドイツの学術のための寄贈者連盟」（Stifterverband für die Deutsche Wissenschaft）のような寄贈組織の資金によって賄われている。現在の通常予算は約13億ユーロとなっているが，その他に，たとえばエクセレンツイニシアティーヴェ（Exzellenzinitiative）といわれるドイツの大学の先駆け的研究コンセプトのコンクールにも特別資金も提供している。

　博士の学位をもっているドイツの研究者，あるいはドイツで活動している研究者であれば誰でも，テーマと研究期間を定めた研究計画への資金提供を求める申請をすることができる。申請の審査はピアレビュー（peer review）で，申請者の名前を伏せた上で専門知識のある同等の決定権をもつ審査担当者によって行われる。助成の決定は，審査担当者の投票結果を受けて協会の中央委員会が行う。中央委員会は，研究者側の代表と資金提供元の代表によって構成されているが，投票権をもつ成員の数は，研究者側の代表の方が多くな

っている。またドイツ研究協会は，国際的協力も含めた大学と大学外の研究者との協力も支援している。たとえば，日本の科学技術振興機構（Japan Science and Technology Agency: JST）とは緊密な協力関係があり，特にナノエレクトロニクスの分野では共同で研究助成を行っている。そのための前提として2006年に新たな協力の合意が取り交わされた[1]。

5.2　学術情報基盤の拡充

　ドイツ研究協会（DFG）は，ドイツを学術研究の現場としてより強化していくために，ドイツの学術情報基盤を整備拡充していくための多くのプロジェクトを支援している。そのために特に学術専門図書館や資料館，博物館，大学の電算機センターやメディアセンターの活動に助成を行っている。この分野では，年間200弱の個別プロジェクトが，約6千万ユーロの助成資金を受けている。以下にあげる5つのテーマを見ると，ドイツ研究協会の学術情報提供の分野での助成の方向がおよそ見てとれるだろう。

a) 電子ジャーナルのナショナルライセンスの確保
b) ドイツ国内の文献提供
c) アナログ文化財のデジタル化
d) オープンアクセス
e) 第一次データ

(1)　電子ジャーナルのナショナルライセンスの確保

　ひとつの実例をあげてみよう。ドイツに住む政治学を学ぶ女子学生が，1945年以降のアメリカ合衆国の安全保障政策についての博士論文の準備を進めていた。そして，その資料を探すために北米の図書館や資料館で数か月間資料を探したいと考えていた。ところが2005年に，このドイツの若い研究者は，自宅のコンピュータの前で期待もしていなかった可能性に気がつい

た。このとき彼女がオンラインで検索していたのは，アメリカ合衆国の「デジタル・ナショナル・セキュリティ・アーカイブ」で，これは5万件以上の公開されている資料を集めたインターネット上のデータベースである。ここには，合衆国大統領の通達，会議のメモ，ホワイトハウスの告示，CIA 関連資料などが集められている。研究のための第一級の資料の宝庫である。ドイツに住むすべての市民は，無料でこれにアクセスでき，ドイツの大学のコンピュータネットワークからもアクセスできる。以前は，数週間あるいは数か月の現地での調査が必要だったものが，今では，マウスをクリックするだけで迅速かつ直接に入手することができるのである。このデータベースへの自由なアクセスは，ドイツでのナショナルライセンス（Nationallizenzen）取得によって可能になったのである。これは，ドイツ全土でのアクセスを可能にするデータ利用の権利である。2005年ドイツ研究協会（DFG）は，2150万ユーロを使ってナショナルライセンスを取得し，これによって精神科学と自然科学の分野の30の文献コレクション，および名のある国際的学術出版社が出している雑誌記事を集めたさまざまな電子出版物へのアクセスを実現した。こうして総数，2億1千万オンラインページの資料が収集された。それ以来，ドイツ研究協会（DFG）は，年間にほぼ同数のナショナルライセンスを確保している。この間にドイツ研究協会の資金提供によって，6億ページ以上のバックファイルコレクションないし完結したコレクションが利用できるようになった。ドイツ研究協会は今後，継続して刊行されている最新版刊行物の使用権の確保を支援していかなければならない。

さらにドイツ研究協会（DFG）は，ドイツ研究協会に対応する他のヨーロッパ諸国の研究支援組織，デンマークの DEF，オランダの SURF，イギリスの JISC などと協力して，国の枠を越えたライセンスモデルを開発中である。

(2) ドイツ国内の文献提供

学術文献の提供の究極の目的は，ドイツのすべての研究者が，いつでもその研究の現場から利用可能なすべての学術刊行物と学術情報にアクセスでき

るようにすることである。ここで課題となるのは，伝統的な印刷物の資料（本や雑誌）ばかりではなく，新たな形態の資料（電子出版物やデータベース）へのアクセスも可能にすることである。ドイツ研究協会（DFG）は，地域の枠を越えた文献提供の枠組みや，基本的体制を確立する課題を引き受けている。そのために，「中央に一極集中しない文献提供システム」が生み出された。このシステムは，設置場所を分散し，さまざまな図書館に委ねられた専門分野の学術文献の収集に支えられている。1949年以降ドイツ研究協会は，いわゆる特別収集領域（Sondersammelgebiete: SSG）担当図書館に助成を行っている。特別収集領域を担当する図書館は，各専門研究領域の包括的で集中的な資料収集と提供を行う学術図書館で，23の大学図書館のほか，特別に選抜された専門図書館がそれに指定されている。また，ライプニッツ協会（Die Leibniz Gemeinschaft）に属する3つの中央専門図書館（Zentrale Fachbibliotheken）は，特別収集領域文献提供システムの3つの柱となっているが，これらは，ドイツ研究協会の支援は受けていない。ドイツ研究協会は，2005年に特別収集領域の助成におよそ1400万ユーロを支出した。

　このデジタル情報の時代にあって，ドイツ研究協会（DFG）の特別収集領域参加館は，それぞれの図書館の目録データやサービスを徐々にネット上に公開する準備を進めている。このようなドイツ国内の図書館の連携は，ドイツ研究協会が2001年以降支援している「仮想専門図書館」（Virtuelle Fachbibliotheken: ViFa）という長期的目標実現への第一歩でもある。仮想専門図書館は，ネット上の中央専門ポータルサイトとして，すべての研究者に包括的な文献や情報を提供するものである。これには38の図書館が参加する予定で，そのうち31館は，すでに計画に向けてスタートをきっている。

(3) アナログ文化財のデジタル化

　インターネットの時代，またコミュニケーション技術と情報技術の急激な変革の時代である現在，「デジタル化」は緊急の課題である。ドイツ研究協会（DFG）は，計画に基づき数多くのプロジェクトを実行に移し，当該の図

書館や公文書館のデジタル化を支援し，資料の劣化や紛失を防ぐと同時に一般のアクセスを可能にし，研究に役立つよう改善をはかっている。デジタル化の際，文化を伝承する印刷によらない文書や資料等は特に重要である。たとえば中世の手書きの文書，インクナブラ，初期の印刷物などで，これらはしばしば文字どおりかけがえのない価値をもつ収集資料である。第二の重点は，書店では入手不可能な著作権のある文献，たとえば1900年から1990年までの文献である。そのために，ドイツ研究協会（DFG）ないしは，ドイツ研究協会の支援を受けたプロジェクトは，Google Book Search と緊密に協力している。

　ページを画像やフルテキストとしてスキャンするデジタル化は，多くの価値を含んでいる。テキストや情報源に，学術上の検討が加えられ，注釈がなされる場合，したがっていわゆるメタデータが追加される場合，研究者にとっては，研究の新たな基礎が提供されることになる。そして，フルテキストに「目次が付けられ」全体が見通しやすくなれば，このことがコンピュータによる電子検索への新たなアクセスを可能にもしてくれる。たとえば，2005年から始まったドイツ研究協会（DFG）のプロジェクト，ベルリン・ブランデンブルク科学アカデミー[2]における「ベルリン・トゥルファン・コレクションの中国語，チベット語，シリア語，サンスクリット語のテキストのデジタル化」があげられる。これは，20世紀の始めに考古学研究隊によって，現在の中国の新疆地域のトゥルファノアーゼや他の場所からベルリンに運ばれた文書の断片の4万点に及ぶ資料である。このかけがえのない文化財をデジタル化し，メタデータとともにデータベースのフォーマットに合わせてインターネット上で公開することによって，オリジナルの資料の保護や保全が可能になったばかりではなく，世界中からアクセスできるようになり，新たな協力やヴァーチャル合成などの可能性も開かれた。こうして，イギリス，ロシア，中国，日本との国境を越えた交流が促進された。もうひとつの実例としては，ドイツ，イギリス，イスラエル，ロシアに分散している世界最古の聖書の草稿「codex sinaiticus」のデジタル化とヴァーチャルな再構成があ

げられる。このプロジェクトの目的は，さまざまな部分をヴァーチャルに合成し，その学術版を完成することにある。

(4) オープンアクセス

研究活動が国際化し，現代化しているのに応じて，出版の形も変化している。現在では，有名な専門雑誌や学術出版社の名のあるシリーズでは，通常の印刷出版が唯一の出版形態ではなくなった。電子ジャーナルあるいは電子ブックという形のウェブ上での出版によって，研究の成果が安価にしかも迅速に地球全体に配信されるようになった。「研究の大部分は，税金によって支えられているのだから，その成果も誰でもがアクセスできるものでなければならない。」アメリカのノーベル賞受賞者で Public Library of Science（PLoS）の推進者，また学術情報への無料のアクセス（オープンアクセス）を追求する闘士ともいえるハロルド・バーマス（Harold Vermus）教授はこうアピールする。このような考え方は，国際的に大きな広がりを見せている。だが，ドイツの研究者は，オープンアクセスによるインターネット出版やそれにともなう変化にどのように対応しているのだろうか。ドイツ研究協会（DFG）が遂行し，2005 年に発表された実験的研究『変化する出版戦略』が，この重要な問いにひとつの答えを与えている[3]。この研究の結果によれば，無料でアクセスできるインターネット上のプラットフォームで研究成果を発表することについては，ドイツのあらゆる分野の大半の研究者が賛成している。しかしながら，これまでのところ自分の研究をオープンアクセスで発表したことがある研究者は，全体の 10 分の 1 程度である。このような調査結果に基づいて，また国際的な流れを考慮して，ドイツ研究協会は，ドイツ研究協会の助成を受けている研究者に研究成果をデジタルで刊行し，制限のないアクセスができるように勧めていくことを決定した。ドイツ研究協会決議委員会のこの決定を受けて，2006 年以降ドイツ研究協会は，研究プロジェクトを承認する際，それをオープンアクセスにするように勧めている。その間にも，オープンアクセス刊行物への専門家の学術的観点からの評価は高まってきて

いる。このことを示しているのは，2001年に刊行され始めたオンライン書評ジャーナル，『視点』(Sehepunkt)[4]である。その間に『視点』は歴史・芸術学のテーマでの書評や議論を2,500ほど公開している。ドイツ研究協会に支援を受けているオープンアクセス・ジャーナルは，ドイツ研究協会自身の発表によれば，毎月23万ページ以上に達している，これは，ドイツはもちろん国外でも注目を集めている。

(5) 一次データ

特に自然科学の分野の研究者の間では，素材となるデータ，一次データへの関心は高い。たとえば，それによって他の研究グループが公表した研究結果を確認し，さらにこの結果を展開していけるような実験データなどである。しかし，これまでのところ，そのようなデータを扱うデジタル刊行物，あるいは，そのために十分に調整された電子形態の出版物のモデルや基準は存在していない。そこで，ドイツ研究協会（DFG）は，時代の要求に応じた情報やデータを管理するための先駆的な研究や革新的解決策を見出す努力を助成している。その実例としては，気候・環境研究があげられる。これは多くのデータを扱う研究分野であり，この分野では「学術的な一次データの刊行と引用に耐える信頼性」などのプロジェクトが展開されている。ハンブルクのマックス・プランク気象学研究所が担当し推進しているこのプロジェクトでは，多くの研究施設に分散している気象衛星観測データ，モデル計算データ，あるいは個々の気象観測所のデータを新たな研究データとして集約しようとしている。

5.3　2015年までの助成の重点

デジタル情報システムのネットワーク化が拡大していること，学術出版や情報交換の枠組みが変化していること，そして大学で新たな体制づくりが行われていること，このような状況がドイツの研究活動と教育に本質的な変革

をもたらしている。大学や研究施設の機能の向上をはかるために，情報関連の施設の新たな位置づけがさまざまな仕方で行われている。研究者や大学の教員は，電子出版物へアクセスしたり，専門情報を新たに開拓しようとしたり，研究データや教育内容をコンピュータ管理しネットワーク化をはかろうとする場合，情報関連の施設から質の高いサポートを受けることを期待している。ドイツ研究協会（DFG）は，2015年までの助成の重点を示した政策報告書[5]で，ドイツにおける情報基盤の新たな整備のための分析と提案を行っている。変化した要求への回答として，以下のことが指摘されている。図書館，文書資料館，あるいは専門情報機関は，確かに地域の枠を越えた活動をしてはいるが，基本的には現在でもなお個々別々に活動している状況である。これらの施設は，統一的な総合システムにまで統合されて，学術研究のためにデジタル情報を提供していかなければならない。目標は，2015年までにドイツにおけるあらゆる学科，専門分野の学術情報統合デジタル環境を実現することである。そのために，総数17の助成対策が提案されている。ドイツ研究協会（DFG）は，この対策を実行するために年間2千万ユーロの追加資金を提供することになっている。これによって，2008年からは情報関連施設向けの通常予算は5千万ユーロとなり，さらにこれに約1500万ユーロの追加予算が加わる。資金配分の観点からみれば，デジタル雑誌の使用権処理，著作権のあるものとないものを含む印刷された刊行物のデジタル化が中心となっている。また，ドイツ語の歴史的文献と一部の特別収集領域のデジタル化も始まっている。さらに，法権利処理のために1回限りでの支払いに必要な費用を含む。

　情報基盤に関しても，国際的な経験の交換と協力，特に他の国の国立の助成機関の間での協力は不可欠である。それゆえに，2005年にヨーロッパのネットワーク「ナレッジ・エクスチェンジ」（Knowledge Exchange）[6]が設立された。これは政治的・戦略的な取り組みで，イギリスの英国情報システム合同委員会（JISC），そのオランダの支部（SURF），デンマーク国立図書館の電算機センター（DEF），およびドイツ研究協会（DFG）の「文献および情報シ

ステム」グループ，以上4つの組織が参加している。2007年2月「ナレッジ・エクスチェンジ」は，ドイツ研究協会（DFG）の提案に応じてこの4国のナショナルライセンスの共同の処理のために，当該の出版社との交渉を始めている。

5.4 助成プログラム

表5-1には，2005年に支出された予算額による学術情報基盤に関する助成の概要が示されている。これによると2005年の予算の総額は，3430万ユ

表5-1 ドイツ研究協会による助成概要（2005年）

種　　類	金額（千ユーロ）
助成種別認可額内訳：	
特別収集領域と専門図書館の購入資金	13,997
交換	336
文化の伝承	9,545
学術文献および情報提供における電子出版物	5,130
学術情報提供の装備と方式	1,192
テーマに応じた情報ネットワーク	717
研究情報センター	3,046
その他の助成対策	348
総額	34,311
費目別支出内訳：	
人件費	20,300　（59.2%）
文献購入費	11,000　（32.1%）
装備費	200　（0.6%）
その他の物件費	2,300　（6.7%）
旅費	500　（1.4%）
総額	34,300
特別資金内訳：	
デジタル出版物のナショナルライセンスの取得	21,592
寄贈者連盟の特別資金による特別収集の購入	405
連邦の特別資金に基づく外国の学術機関への寄贈	692

ーロである。この予算は，ナショナルライセンスの獲得，特別収集の購入，文献寄贈などに割り振られている。ここで問題となるのは，予算案では予定されていなかった追加予算である。これが，3430万ユーロに追加されなければならない。したがって，2005年の学術情報基盤の助成のために使われた資金は5700万ユーロとなる。2008年からは，6千万ユーロを確実に上回ることになる。

次にこの表で示されている助成プログラムをおおまかに説明してみたい。

(1) 特別収集領域(SSG)と専門図書館の資料購入資金

ドイツ研究協会（DFG）は，地域の枠を越えた情報提供システムによって，ドイツの高度に専門的な文献の包括的な提供と学術研究のためのデジタル情報源の提供を助成している。その目的は，個々の大学図書館の資料提供の課題を越える学術情報への高度な需要へ対応することにある。このシステムは，ドイツ研究協会の特別収集領域を担っている一連の理工系の大学図書館と選抜された，いくつかの専門図書館によって支えられている。応用の分野では，3つの中央専門図書館，すなわち，技術情報図書館・ハノーバー大学図書館（Technische Informationsbibliothek und Universitätsbibliothek Hannover: TIB），経済学中央図書館（Deutsche Zentralbibliothek für Wirtschaftswissenschaften: ZBW），医学中央図書館（Deutsche Zentralbibliothek für Medizin: ZB MED）がシステムを支える柱となっているが，この3館は前述のとおり，資料購入費に関してドイツ研究協会からの助成を受けてはいない。

文献や情報源は，ドイツの研究者には制限なしに使用できるようになっている。文献検索のインターネットを通じたサービス，遠隔貸出や資料注文の処理システム，デジタル版の資料のオンラインアクセスは，システム参加館による仮想専門図書館（ViFa）[7]という形で構築されつつある。地域の枠を越えた情報提供システムは，忍耐強い長期の構築の努力によって実現されるものである。したがって，そのようなシステムを構築することができるのは，システムに長期にわたって関与し，それに必要な組織の安定性と持続性をも

っているような施設だけである。そのための本質的な前提となるのは，システムに参加を申請している施設が十分で確実な自己予算をもち，さらにそれに対応する人員的な条件が整い，地域の枠を越えたサービスを長期間，仮想図書館のために提供できるかどうかということである。特別収集領域（SSG）については，外国の研究論文，雑誌，マイクロフィルム，マイクロフィッシュ，CD-ROM，電子出版物の購入費が助成対象である。その際，各図書館は，（電子版の資料を除いて）外国の資料購入費の総額の25％までを自己資金で賄わなければならない。各担当領域のドイツ国内の資料の購入も，自己資金で賄わなければならない。電子出版物へ助成が行われる条件は，その電子出版物の使用権がその施設に制限されず，外部からの自由なアクセスが可能であるかどうかということである。『特別収集領域（SSG）と仮想専門図書館（ViFa）の地域の枠を越えた文献提供のための基本方針　2007年4月』[8]が，専門収集領域の専門的査定と助成の基準となっている。

　一般の専門図書館は，資料の種類の特殊性あるいは専門性の掘り下げという観点から特別収集領域を補完している場合に，所定の購入プロジェクトによって助成を受けることができる。その他，一般の専門図書館は，個々の専門分野の優れた研究図書館として価値の高い所蔵資料を提供し，外部の研究者に相応の活動環境や研究環境を提供している場合に資料購入費の助成を受けることができる。また，仮想専門図書館は，「地域の枠を越えた文献提供」という助成プログラムの中でも助成を受けている。このような助成の目的は，特別収集領域参加館や助成を受けている他の専門図書館，また場合によっては，たとえば国内，国外の専門分野の情報提供機関，専門研究所，専門出版社など他のパートナーとも協力して，専門情報源の包括的提供を印刷された資料，デジタル版の資料，有償，オープンアクセスなど，出版形態の違いに関係なくインターネットで行うことのできる中心となる専門ポータルを構築することである。助成が受けられるのは，情報システム構築のための期間の限定されたプロジェクトのみである。長期にわたってプロジェクトを継続していく場合には，自己資金で行っていかなくてはならない。特別収集領域シ

ステムは，専門領域全体をカバーするシステムとして構想されている。したがって，ある専門図書館が新たに専門収集領域参加館と仮想専門図書館に参加を希望する場合，システム全体の構造的変化あるいは専門的要求の基本的変化の動向に合わせて検討される。

(2) 交換

　ドイツ研究協会 (DFG) は，協会が所持する文書の交換によって，特別収集領域 (SSG) 参加図書館，中央専門図書館，地域の枠を越えた文献提供のDFGシステムに参加している各図書館が学術文献を手に入れる際に，自ら直接サービスを提供している。その際に，特に大きな意味をもつのは，普通手に入らないいわゆる灰色文献とよばれるものである。これは研究機関，教育機関，学術連盟，あるいは外国の研究機関などによって出版され，図書館が一般の書店などを通じて入手するのが難しいか，あるいは不可能な文献である。このような文献を入手するために，ドイツ研究協会が長年培ってきた外国の図書館，公文書館，研究機関との良好な関係が大いに役に立っている。

　ドイツ研究協会は，中央ヨーロッパ，東ヨーロッパ，また中国，ベトナム，モンゴル，キューバなどと文献を交換する形で文献を入手し，それを当該の図書館を通じてドイツ国内の研究者に提供している。ドイツ研究協会からは，海外のパートナー機関に，その国の学術文献提供の役に立つ，ドイツで出版された研究論文や雑誌などを送付している。交換協力の受入れは，当該の図書館の希望があれば，ドイツ研究協会が行うこともできるし，その関心に応じて，外国の機関が行うことができる。そのための第一歩は，ドイツ研究協会が外国の協力機関と協議し，外国の機関が文献交換の枠内でどの刊行物を提供したいのか，あるいは提供できるのかを確認することである。雑誌やシリーズ物の刊行物が交換の対象になる場合には，継続的に漏れなく提供可能かどうかが検討される。提案はリストの形で提示される。また，雑誌の場合には見本が添付される。次に，外国の協力機関の提案が，ドイツのそれぞれの収集担当の図書館に送られる。各図書館は，その資料へ需要と各館の入手

能力を検討した上で，注文の希望をドイツ研究協会に伝える。そしてこの希望が，提案への回答として交換協力機関に伝えられる。この資料の提供に応じて，外国の交換協力機関は，ドイツの刊行物の中から選択した交換資料を受け取ることができる。このために，ドイツ研究協会は，さまざまな分野の文献リストや個別の特殊なテーマの目録を作成し提供している。交換にともなう費用や送料は，ドイツ研究協会が負担している。

(3) 文化の伝承

　文化の伝承というプログラム[9]で，文化の伝承にとって学術上重要な情報源や収集品の保存，整理，提供，仲介などに対し助成を行っている。助成の重点は，たとえば以下の項目である。

・手書き文書，遺稿，文書資料類，特殊資料の整理や分類
・歴史的資料の保存，特にデジタル化による保存
・地域の枠を越えた認証・アクセスシステムの構築
・ドイツの研究目的の図書館の助成

　このプログラムの戦略的目的は，ドイツの文化伝承資料を全般にわたって整理記録し，デジタル化して提供することである。個々のプロジェクトと並んで，上に示された分野で，他のプロジェクトと連動するプロジェクトも助成を受けることができる。
　さらに，以下の3つの特別なプロジェクトが，「文化の伝承」の助成の枠組みの中で行われている。

① 16，17世紀のドイツの印刷物のデジタル化（VD16/VD17）
　文化の伝承に役立つ資料の保存と仲介に際して，過去の資料のデジタル化にはひとつの別な機能が付け加わっている。すなわち，デジタル化は，単に我々の文化遺産の喪失に対抗するものであるばかりではなく，この遺産への

アクセスを非常に容易にしてくれるということである。だから，ドイツ研究協会（DFG）は，学術上重要な資料ができるだけ多く，できるだけ早く，また誰でもが自由に利用できるように，図書館，文書資料館，博物館が資料のデジタル化を行う場合にこれを助成しているのである。すでに存在する評価の高いメタデータについても，大規模なデジタル化の予定がある。ただ，作業が二重にならないように十分に事前の調整を行っておく必要がある。ドイツ語圏で16世紀と17世紀に刊行された印刷物（VD16とVD17）[10]の文献情報確認システムは，国内的に整備されたシステムの枠内で現在すでに価値の高いデータを提供している。このシステムは，存在が確認されている印刷物を協力してさらにデジタル化していくことでそのデータをより充実させていかなければならない。

②研究と結びついた図書館と文書資料館

ドイツ研究協会（DFG）は，学術情報システムにおける，図書館，文書資料館，研究機関などといった組織の枠組みを越えることを目標にしている。こうした理由から，ドイツ研究協会は，種類の異なる情報関連施設の活動方法，機能，関心をひとつにまとめるようなプロジェクトが問題となる場合にこれを支援している。このような特定の研究活動と関連させて，歴史的な意味をもつ所蔵資料や収集を整理，調査，提供していく活動が支援されなければならない。このような背景のもとで，研究者や情報関連の施設が，共通の必要性に対応した重点テーマを共同で申請できるようにすることが，重点助成の目標となっている。

③ドイツ研究協会（DFG）－特別収集領域のデジタル化

学術研究の現場としてのドイツを強化するために，ドイツ研究協会（DFG）は，ドイツの学術情報基盤の構築と拡充のための多くのプロジェクトを支援している。その際に，ドイツ研究協会が支援している地域の枠を越えた文献提供システムは，ますます重要なものになってきている。この何十年かの間

に，特別収集領域（SSG）に参加する各館の資料を合わせると，ドイツ内外で公表された学術専門情報のほとんど完全な収集が構築されたといえる。またこれらの専門的資料をデジタル化し，地域の枠を越えて電子的に提供することによって，研究者は現在，それぞれの研究現場からこれらの資料の大部分についての直接かつ瞬時のアクセスができるようになった。さらに，酸を含んだ傷みやすい紙の資料をデジタル化することによって，出版された知識の保存と維持に重要な貢献がなされたことも確かである。文献やその他の形態の資料をデジタル化するのに必要な人件費，雑費，旅費などは，「文化の伝承」プログラムでのデジタル化プロジェクトのために規定された原則に従って支出される。この助成に申請する権利があるのは，地域の枠を越えた文献提供システムないしは仮想専門図書館に参加している情報関連の施設である。このデジタル化活動のために2008年以降，さらに追加的に総額900万ユーロの支援資金が提供されることになっている。この活動は，特に所蔵資料の多い領域で展開される。特に重点が置かれているのは，以下の領域である。

- 1800年以降の歴史的意味をもつ雑誌や研究論文のデジタル化
- 一般公開されていない雑誌や研究論文のデジタル化
- 個々の出版社の専門的に重要な出版物が，特別収集領域図書館の収集方針に照らして優先して取り扱うべきものである場合に，これをデジタル化すること
- ある専門分野に関連するすべてのメディアや情報源にデジタルでアクセスするという目的に役立つその他の対策

著作権所有者や出版社との間で取り交わされるべき合意や使用権規定は，資料のオンライン提供の際に公開時期を遅らせる規則も含むことがある。

(4) 学術文献提供と学術情報提供における電子出版物[11]

　学術図書館や他の情報関連施設で，情報提供のために電子出版物を導入することは助成プログラムの対象となっている。学術と研究のために電子出版物を地域の枠を越えて整備し，より確実に利用することが助成の目的である。このような助成が優先的に行われるのは，情報基盤拡充のモデルプロジェクトやパイロットプロジェクト，電子出版の領域での出版社と情報関連施設の間の活動モデルの開発やテスト，電子情報メディアや資料の構築のための範例的プロジェクトなどである。この助成プログラムのさらなる重点は，電子情報と資料を長期間利用するために，電子出版物を出版社に依存しないで生産することに置かれている。この助成プログラムの実例としては，特に以下の領域があげられる。

- 大学出版物をデジタル版で出版し提供する方式の開発とテスト
- 信頼性のある研究データ（一次データ）などの電子情報メディアと資料の長期の保存，整備，提供のモデル開発とその運用開始時の支援
- 新たな種類の専門的で特別な情報サービスの需要分析，開発および導入
- 研究にとって重要なデジタル資料のための認証，提供システムの構築と拡充
- 電子出版物の文献の整理と評価の基準や規格の構築
- 電子情報提供と電子資料のためのナビゲーション方式の開発と評価

(5) 学術情報提供システムのツールと方式[12]

　この研究助成プログラムは，学術情報機関の利用者向けサービスの改善と向上を目的としている。「情報マネージメント」は，学術情報サービスの組織し構成する際に優先されるべき技術として受け止められている。この助成プログラムは特に，情報関連施設の大がかりなシステムの中での局所的計画やそのシステムの構成分のためのソフトウェアや処理方式の開発に関係している。その中心目的は，適切な処理方式やシステム基盤の新たな基準やモデ

ルの開発である。部門の枠を越えた諸機関のネットワーク作りが，この助成の本質的関心事である。この助成プログラムは，学術情報関連施設におけるデータ処理，情報処理，出版技術における新たな技術の投入の可能性を開いてくれる。

(6) テーマに応じた情報ネットワーク[13]

デジタルメディアの利用がますます増えていることで，学術コミュニケーションと出版の状況は大きく変化し続けている。学術情報の生産と受容は，直接相互に関係しており，同時に考察されなければならない。デジタル情報ネットワークと情報交換ネットワークは，時間や場所に限定されない協力のための技術的前提をなすものである。このことは，また情報の提供に関してもいえることである。コミュニケーションや出版の方式は，これまでの情報基盤や伝統的出版のプロセスを変化させ続けている。この新たな情報交換と出版のネットワークの構築と効果的利用にとって本質的なことは，新たな活動と出版形態を支援するための効率的な道具と基盤の整備である。「テーマに応じた情報ネットワーク」という助成プログラムで，ドイツ研究協会（DFG）は，このような基盤の構築の助成金を提供する。この助成によって以下の目的が追求されている。

①相互協力的な研究と教育，およびネットワークに基礎を置く学術コミュニケーションと出版の支援のための利用者を考慮した情報基盤の開発

目指されているのは，プロジェクトに依存せずに，持続的で地域の枠を越えた情報基盤の構築に役立つ情報基盤の原型の開発であり，また，新たな活動形態を支える基準とインターフェースのさらなる開発である。学術情報交換と出版のために開発されたソフトウェアは，後から追加的に利用できるように互換性をもち，モジュールが相互に同調しあうようになっていなければならない。

②ドイツの研究者と外国の研究者との間の情報交換と協力の強化

ドイツの研究者の研究成果の外国での利用が，明確に構成された提供方式によって支えられ，逆にドイツでの外国の研究者の研究成果の受け入れも容易になるような条件が確立されなければならない。研究情報の交換の環境が改善されなければならないということである。
　③電子メディアの導入による研究情報交換と，出版の変化に関する知識の獲得

(7) 研究情報センター[14]

　「研究情報センター」は，ドイツの大学を対象とする公募プログラムで，これに応募して認められた大学では「研究情報センター」の設置に助成を受けることができる。これによって，学術情報マネージメントの模範となる新たなコンセプトが実現される。2006年以降，新たな応募の受付はないが，2012年まで継続するプログラムである。この助成は，以下のテーマのもとに行われている。

- 電算機センター，図書館，メディアセンター，専門分野の情報関連施設や研究所を結びつけた新たな組織モデルによる大学の集積情報マネージメント
- 研究と教育のためのデジタル情報源と基礎データの収集，保存，提供のためのデジタルテキストとデータセンター

　募集のやり方は，二段構えになっていた。第一段階の企画としては，コンセプトの革新性が問題となった。提出された申請の中から，提案の質が吟味され，しかるべき企画が選び出され，5万ユーロまでの補助金が出された。補助金は，コンセプトを実現するための計画の詳細な練り上げのために使われた。第二段階として，調整された計画コンセプトの中から総数8つの研究情報センターが実際の設置のために助成を受けられるものとして選ばれた。助成は最長で5年間にわたり，年間支援額は最大で50万ユーロである。

(8) 電子出版物のナショナルライセンスの獲得

電子出版物の使用権は，ドイツの大学や研究機関の関係者については問題なく，キャンパスネットワークを通じて無料でアクセスすることができる。場合によっては，ドイツに居住地のある一般市民が，これに利用者登録をすることも可能である。これまでは，主に完結したテキストやバックファイルの資料が購入されてきた。各図書館は，遅くとも 10 年以内に資料の内容をそれぞれのサーバにダウンロードし，契約条件に応じて提供する権利をもっている。これまでの支援対策における「使用権（ライセンス）」の概念は，「購入」という概念に置き換えた方がわかりやすかった。というのも，文献にアクセスできる期間の制限なしで購入されてきたからである。

学術研究機関で，カレントな雑誌や出版物への電子的アクセスが可能となるかどうかは，興味深い問題である。ライセンスと助成のための最初のモデルが現在準備されていて，網羅的な文献の使用権，文献を選別した使用権 (Opt-In-Modelle)，利用分手数料モデルなどが検討されている。2008 年以降，最新の刊行物についてのナショナルライセンスの獲得も，行っていかなければならない。

(9) 特別収集の購入

ドイツの学術のための寄贈者連盟は，特定の収集や遺稿などの購入に際してドイツ研究協会にある程度の額の資金を提供している。この資金は，ドイツの学術図書館と研究施設の高価な収集や遺稿を確保し，外国への持ち出しや散逸に対処するためのものである。

(10) 図書と雑誌の寄贈

ドイツ研究協会 (DFG) は，ドイツ外務省と経済協力開発省と協力して，ドイツの学術研究の成果を外国に紹介する際に助成を行い，研究のために重要なドイツの刊行物を外国の研究機関が入手しやすくしている。申請に応じてドイツ研究協会は，ドイツ語や外国語で書かれたドイツの著者の研究論文，

シリーズ物の著作，ハンドブック，CD-ROM などを調達すると同時に，ドイツの出版社が刊行している雑誌も調達している。さらに，発展途上国の研究機関のためには，外国で出版された研究論文も調達している。ただし，その際，申請者の国の刊行物は対象にはならない。対象となるのは，書店で購入できる出版物である。雑誌の定期購読に関しては，支援開始時から3年から4年間助成を受けることができる。この期間を経過した後は，受益者自身の負担となる。

5.5　図書とデジタル情報の間にある図書館

　知識のデジタル化がますます進行する中でも，通常の印刷の形で出版される図書の数は増加している。これらの図書は，やはり図書館で購入され，保管されなければならない。この2つの動向，デジタル情報の利用の増加と通常の図書の出版の増加はどのように関連しているのだろうか。文字の保管者という伝統的な課題に加えて，デジタル情報への世界規模でのアクセスを可能にする課題をもつ将来の図書館はどのようなものになるのか。図書館ばかりではなく博物館や公文書館も，ここ何年かで，その収集のコンテンツを互いに結びつけ，新たな知の連携を目指そうとしている。このような状況の中，目録，データベース，テキスト，画像などが並存し，非常に複雑なデジタル図書館の要素を構成している。今日すでに，個々の図書館の評価は，蔵書の豊富さのみではなく，世界規模での情報ネットワークのためのサービス機能に基づいて行われている。問題となるのは，物理的に存在する図書や雑誌を越えた，世界規模でのデータへのデジタルアクセスの新たな可能性である。さまざまな資料やメディアが，共通の情報提供プラットフォームに統合される。デジタル情報システムの地域の枠を越えたネットワーク化と平行して，各地の専門的な研究関連の図書館や公文書館が，先取的研究やより進んだ研究のためにその重要性を増すことになる。それらの図書館の最新の研究文献の包括的収集や歴史的価値をもつ情報源への優れたアクセスによって，これ

らの図書館は，研究を可能にし，情報交換を支え，まさにこのデジタル化の時代にあって欠かすことのできないものとなるのである。

　だが，国単位の視点だけが重要なのではない。ヨーロッパのレベルで，研究と教育に相当の投資が行われなければ，ヨーロッパという経済圏は危険にさらされるだろう。ヨーロッパ連合（EU）参加国のこのような見解の転換は，ヨーロッパ・リサーチ・カウンシルの創設やヨーロッパデジタル図書館の創設のためのヨーロッパ委員会のイニシアティブにも現れている。あらゆる市民の平等で公平な教育の機会を実現することによってのみ，ヨーロッパは，このグローバル化した世界で自らを主張し，経済的にも成功することができる。確かなことは，ヨーロッパの市民の大半が情報の検索をする場合には，まずはGoogleなどの検索マシーンを使って行うことである。このことは，ヨーロッパで教育を受けている次の世代にも言えることである。学生の90％弱は，学術に関する検索を行う際にはじめにインターネット検索マシーンを使っている。図書館のサイトの文献検索で検索をはじめるのは，わずか2％にすぎない。図書館はこのような挑発的状況の前に立たされており，そのコンテンツを利用者によって頻繁に利用される情報環境のうちに持ち込まなければならないのである。

　こうしたことを背景として，ドイツ研究協会（DFG）は，ドイツ全体を統合するデジタル情報環境の実現をドイツにおける戦略的目標として掲げ，次にこれをヨーロッパデジタル図書館に統合しようとしている。以上を総括して言えば，「図書館」は，ドイツにおいて，またヨーロッパにおいて，そしてまた世界において，学術と文化の駆動力であり，教育と文化の保証人であり，あらゆる市民の自由と機会の平等のための前提となるものなのである。

注・参考文献
1) ドイツ研究協会と科学技術振興機構と間の科学協力プログラムについての合意の覚書（2006年10月）　http://www.dfg.de/en/international/partner/list.html（2008-7-20参照）
2) Turfanforschung: Digitales Turfan-Archiv　http://www.bbaw.de/forschung/turfanforschung/

dta/index.html（2008-7-20 参照）
3) Publication Strategies in Transformation? 2005　http://www.dfg.de/en/dfg_profile/facts_and_figures/statistical_reporting/open_access/index.html（2008-7-20 参照）
4) この雑誌はドイツ語のみで提供されている。http://www.sehepunkte.de（2008-7-20 参照）
5) DFG Position Paper: Scientific Library Services and Information Systems - Funding Priorities Through 2015. Bonn, Deutsche Forschungsgemeinschaft, 2006, 9p.
http://www.dfg.de/forschungsfoerderung/wissenschaftliche_infrastruktur/lis/download/pos_papier_funding_priorities_2015_en.pdf（2008-7-20 参照）
6) Knowledge Exchange　http://www.knowledge-exchange.info（2008-7-20 参照）
7) 仮想専門図書館（ViFa）の実例としてたとえば以下のものがある。
・vascoda　http://www.vascoda.de（2008-7-20 参照）
ますます増大するさまざまな専門情報を問い合わせるための，ドイツの中心となるポータル。このプロジェクトは，連邦研究教育省（Bundesministerium für Bildung und Forschung: BMBF）と DFG によって共同で支援されている。
・MathGuide　http:// www.mathguide.de（2008-7-20 参照）
数学のオンライン情報のための専門ポータルで，vascoda に統合されている。
8) Richtlinien zur überregionalen Literaturversorgung der Sondersammelgebiete und Virtuellen Fachbibliotheken, April 2007.
http://www.dfg.de/forschungsfoerderung/wissenschaftliche_infrastruktur/lis/download/richtlinien_lit_versorgung_ssg_0704.pdf（2008-7-20 参照）
9) プロジェクトの実例として，下記の『デジタル化出版物総合目録』がある。
Zentrales Verzeichnis Digitalisierter Drucke (ZVDD)　http://www.zvdd.de（2008-7-20 参照）
デジタル化されたドイツの印刷物を原則網羅しており，インターネットでアクセス可能で，また学術的資料もある程度満たしている。
10) VD17: das Verzeichnis der im deutschen Sprachraum erschienenen Drucke des 17. Jahrhunderts　http://www.vd17.de（2008-7-20 参照）
11) プロジェクトの実例として，下記の GAP プロジェクトがある。
GAP project　http://gapworks.berlios.de/（2008-7-20 参照）　新たな電子出版方式の革新的モデルを開発している。
12) プロジェクトの実例として下記がある。
Manuscripta Mediaevalia　http://www.manuscripta-mediaevalia.de（2008-7-20 参照）　革新の中核をなすのは，手書き目録作成のためのデータベースに支えられた XML エディターの開発である。さらに手書き目録検索のためにインターネット表示が開発され，学術情報交換の手段が構築される。英語の画面表示が準備されている。

13) プロジェクトの実例として下記がある。
http://www.glycosciences.de/ （2008-7-20参照） このプロジェクトは，グリコ生物学の分野での情報システムを相互に使用できるウェブ上の作業環境の開発を目標としている。

14) プロジェクトの実例として下記がある。
Digitale Mechanismen- und Getriebebibliothek http://www.dmg-lib.org （2008-7-20参照）
伝動装置技術の分野の知識は，これまでなかなか入手することができなかった。デジタル機械装置および伝動装置図書館は，ネット上のプラットフォームに多様な資料をデジタル化し収集することによって新たな可能性を開いた。

（ラルフ・ゲッベル　Dr. Ralf GOEBEL　ドイツ研究協会企画長，学術文献提供システムおよび情報システムの分野統括責任者，「文化の伝承」助成プログラムおよびデジタル化担当　翻訳：吉次基宣）

第6章

学術図書館における協力事業

6.1 ドイツにおける学術図書館の相互協力

　ドイツは，連邦制の体制をとっていて各州の自立性が高い。このことを背景としてドイツの図書館の体制も中央集中型ではなく，分散型の体制になっている。この点に関しては，学術専門図書館の体制についても同様である。フランスやイギリスでは，学術専門図書館は，フランス国立中央図書館や大英図書館の傘下に収められているが，ドイツでは個々の専門分野においてさえ，そのような統括的な図書館は存在しない。このような状況下で，学術情報を，ネットワークを通じて提供し，資料をデジタル化して集約することが求められる時代を迎え，ドイツでは学術図書館相互の協力がこれまで以上に求められている。そして，実際ドイツの学術専門図書館は，新たな形の協力を目指す活動を展開している。その一例をあげてみよう。

　ドイツには，ハノーバーの技術情報図書館（Technische Informationsbibliothek: TIB），ケルンのドイツ医学中央図書館（Deutsche Zentralbibliothek für Medizin: ZB MED），キールのドイツ経済学中央図書館（Deutsche Zentralbibliothek für Wirtschaftswissenschaften: ZBW）の3つの中央専門図書館が置かれている。これらの図書館は，それぞれの分野で国際的に見ても規模も大きく，先進的な活動をしている学術専門図書館である。この3館はライプニッツ協会に所属し，これまでももちろんいろいろな協力を行ってきた。しかし，これまでの協力は，基本的にはそれぞれの図書館の新たな動きについての情報交換や資料提供サービス subito，あるいは学術情報ポータルサイト vascoda などでの協力に限られていた。

しかし，現在この3館は，質の違う新たな協力を目指して活動を始めている。これまでと違うところは，これらの専門図書館が，これからは共通の戦略を追求し，実現可能なひとつの運営モデルに基づいて活動していくことである。その際，各館は，自らの将来の存続だけに関心を払うのではなく，まずなによりも利用者のニーズに注目し，利用者により多くの価値を提供していこうとしている。そのひとつの例が，シングル・ポイント・オブ・アクセスとしてのGoPORTIS[1]である。このサービスは，3館の協力による最初の成果で，3館の資料がひとつのサイトで同時に検索でき，見つかった資料も直接請求できるようになる。

このポータルサイトは，限られた時間しかない企業や経済界の利用者のニーズに対応している。今後，利用者は，探している資料名をこのサイトに入力するだけでよくなり，さまざまなサイトやデータベースでの検索は，図書館の専門家にまかせることができるようになる。さらにこの新たな情報ポータルは，GetInfo，MEDPILOT.DE，EconBizという3館のそれぞれの評価の高い3つのポータルサイトを統合していく。したがって，図書館の資料目録だけではなく，データベースのコンテンツももつことになる。このポータルを通じて，利用者はいわゆる灰色文献[2]へもアクセスすることができる。新たな大きな統一体としての3館は，1400万ユーロの予算を獲得し，技術，医学，経済学を包括する活動を展開しようとしている。

このような協力は，ドイツの図書館の世界では新しい形の協力である。以前のこのような統一の動きが起こった場合，たいていは組織の解体をともなっていたが，この新たな協力は，組織の解体や他の協力関係を妨げるものではない。逆に，これは他の施設との協力をさらに促進することを目指している。一方で，これは学術情報を求めるニーズが現在では個々の施設だけでは対応できない状況にきていることの反映でもある。このような状況下で，ドイツの各施設は，より質の高いサービスを実現するためにさまざまな形の協力を模索している。その例として，この章では電子ジャーナル図書館，カールスルーエ・ヴァーチャル目録，技術情報図書館の活動を紹介しておこう。

注
1) GoPORTIS　http://www.goportis.de/（2008-7-20 参照）
2) Gray Literature　一般の流通ルートにのらない入手しにくい文献。

(吉次基宣　Motonori YOSHITSUGU)

6.2　電子ジャーナル図書館（Elektronische Zeitschriftenbibliothek: EZB）──電子版フルテキスト雑誌利用のための協力サービス

(1) 電子ジャーナル図書館（EZB）

　電子ジャーナル図書館（EZB）[1]は，電子版雑誌を利用するためのサービスを提供するポータルサイトで，レーゲンスブルク大学図書館（Universitätsbibliothek Regensburg）が1997年に将来的な利用の増加を見越して創設したものである。電子ジャーナル図書館は，その後も継続的に発展拡大し，この間に400以上の図書館や研究施設で利用されようになっている。

　電子ジャーナル図書館（EZB）は，個々の出版社の枠を越えた統一的なプラットフォームをドイツ語と英語で構成しており，利用者は，学術オンライン雑誌を目的に応じて専門別に選択し，迅速に利用することができる。電子ジャーナル図書館のサイトは，明確に構成されていて見やすく，多彩で豊富な雑誌へのアクセスを実現している。現在，フリーアクセスの1万4千誌を含む2万1千タイトルの雑誌を登録し，電子版学術情報雑誌の世界最大のデータベースとしての地位を確立している。

　個々の雑誌をタイトル別に探せるのはもちろんだが，アルファベット順および専門分野別の雑誌リストを一覧できることが，利用者に特に重宝がられている。電子ジャーナル図書館の特徴は，アクセス権を表示するシステムにある。これは，色分けによるシグナルシステムで，利用者はシグナルの色で，ある雑誌の記事の呼び出しが可能かどうかを一目で知ることができる。緑色のシグナルが付いた雑誌は，そのフルテキストを無料で提供している。黄色

は，ある特定の図書館のだけがアクセス権を獲得したライセンス義務のある雑誌を意味している。赤は，ローカルでは利用できない雑誌を示している。また，信号が黄色から赤に替わることもあるが，それは，ある施設がその雑誌のオンライン定期購入を取り止めたことを意味している（図6-1）。

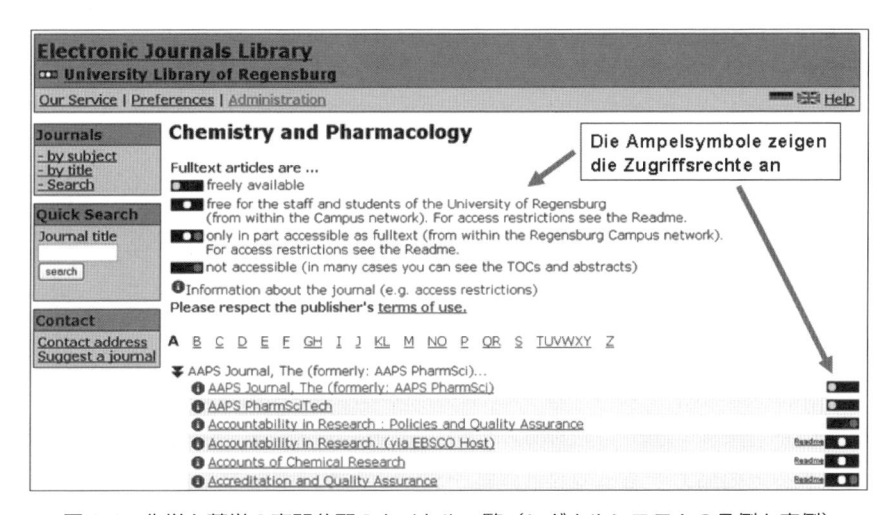

図6-1　化学と薬学の専門分野のタイトル一覧（シグナルシステムの凡例と実例）

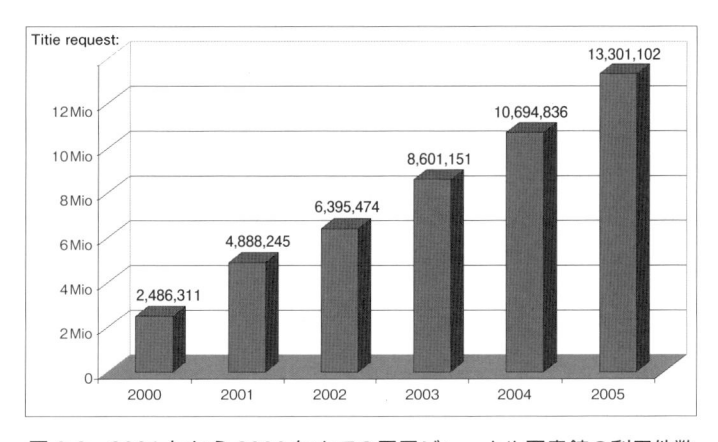

図6-2　2001年から2006年までの電子ジャーナル図書館の利用件数

電子ジャーナル図書館（EZB）が利用者の需要に的確に対応していることは，利用件数が示している。電子ジャーナル図書館の利用件数は毎年増加していて，2006年だけでも1520万件の雑誌へのアクセスを記録している（図6-2）。

　電子ジャーナル図書館（EZB）の成功は，多くの雑誌へアクセスしやすいというだけではなく，他の機関との協力が確立されていることにも起因している。電子ジャーナル図書館は，現在ドイツのほか9か国の400以上の図書館に導入されている。電子ジャーナル図書館に参加しているパートナーと効果的な協力を行うために，レーゲンスブルク大学図書館は，適切な技術・組織基盤を整備した。電子ジャーナル図書館は，端末で操作可能なデータベースシステムとして実現されている。データはレーゲンスブルクのデータベースにすべて保存されているが，集中管理ではなく，参加図書館のすべてから，データを入力し管理することができる。また，すべての参加図書館は，電子ジャーナル図書館でライセンスを自ら独自に管理することができ，各参加館がローカルでライセンスを得た雑誌を他のフリーアクセスの雑誌とともにひとつの統一的なサイトで利用者に提供できるようになっている。数多くのパートナーとの協力があってこそ，電子ジャーナル図書館でこれほど多くの雑誌の検索，閲覧が可能となり，また，それを常に最新の状態に保つことができるようになったのである。

(2) 電子ジャーナル図書館（EZB）と他のオンラインサービスとのリンク

　各参加図書館が，電子ジャーナル図書館（EZB）をローカルなサービスとして提供するためには，ローカルでライセンスをもつ雑誌を検索，閲覧できることが前提となる。その場合に，多くの図書館では，電子ジャーナル図書館が，単独のサービスとして提供されるのではなく，しばしば他のオンラインサービスと結びつけられていて，利用者が電子版の雑誌へさまざまな形でアクセスできるようになっている。こうした図書館目録や専門データベースとのリンクは拡大の傾向にある。

a．図書館目録とのリンク

多くの図書館では，電子ジャーナルと印刷体の所蔵資料がともに図書館目録に登録されていて，一緒に検索できるようになっている。これによって，電子ジャーナル図書館（EZB）のシステムを通じて，電子ジャーナルを直接利用するほかにも，別な形で電子ジャーナルを検索できるようになっている。登録作業が二重になるのを避けると同時に，それぞれの図書館の目録検索システムから電子ジャーナル図書館にあるライセンス情報やアクセス情報を利用できるようにするために，電子ジャーナル図書館と各図書館の目録との間にリンク付けが行われている。電子ジャーナル図書館へのリンクは，長期的に安定したURLを利用していて，このURLが各館の目録中の電子ジャーナルと電子ジャーナル図書館との結び目として機能している。図6-3は，そのようなリンクをレーゲンスブルク大学図書館の目録システムの実例で示している。

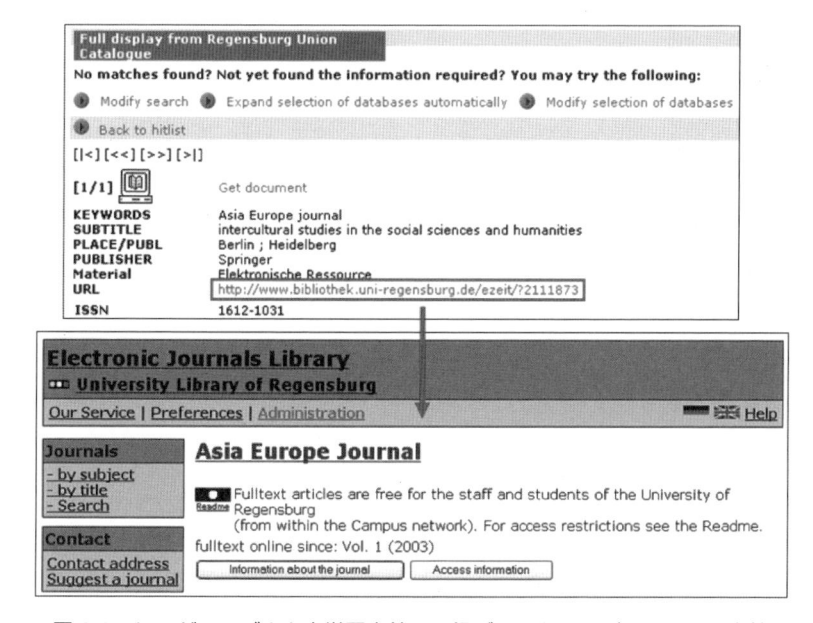

図6-3　レーゲンスブルク大学図書館の目録データと電子ジャーナル図書館（EZB）とのリンク

図書館の目録に張られたリンクは，雑誌のホームページに直接つながっているのではなく，電子ジャーナル図書館（EZB）のシステムによって自動的に形成される中間サイトにまずつながる。この電子ジャーナル図書館のサイトは，アクセス権についての情報とアクセス情報を伝える。このサイトを経由して最終的に目的の雑誌に行き着くのである。

　このような各図書館の目録と電子ジャーナル図書館（EZB）のリンクには，いくつかの長所がある。まず，このリンクは図書館側の仕事を軽減してくれる。図書館側は，URLの変更やアクセス権の変更などをもっぱら電子ジャーナル図書館側で片づけてもらえばよく，これに加えてさらに各館の目録で変更する必要はないからである。また，利用者にとっても電子ジャーナル図書館を経由する小さな回り道には意味がある。電子ジャーナル図書館の雑誌へのリンクは，多くのパートナーの協力やアドレス点検の新技術の導入などによって非常によく管理され，常に最新のアクセス情報や利用者情報が提供されているからである。

b．デジタル図書館ないし専門図書館とのリンク

　最近の開発の進展によって，電子ジャーナル図書館（EZB）には他のデジタルサービスとのリンクも張られている。電子ジャーナル図書館は，ドイツではたとえば領域の枠を越えた学術ポータル vascoda[2]とのリンクが張られているし，また多くの専門図書館とのリンクも張られている。さらに電子ジャーナル図書館は，専門データベースとの連動も可能である。このような形のネットワーク化によって，文献検索してヒットした雑誌タイトルから，雑誌のサイトへ切り替え，アクセス権をもつ場合にはフルテキストを呼び出すことができる。このようなリンクサービスは，技術的には電子ジャーナル図書館のOpenURLインターフェースに基づいて実現されている。多くの場合，電子ジャーナル図書館は，電子ジャーナルの論文に直接リンクを張ることができる。論文へ直接リンクを張ることができない場合には，その次のレベル，すなわち目次や巻号一覧，あるいは雑誌のホームページなどへ導く。このよ

うな場合に利用者は，フルテキストを迅速に入手するため個別の指示を得ることができる。

図6-4は，データベース GeoDok の実例でこのしくみを示している。文献検索の結果から EZB-Fulltext のボタンをクリックすると，電子ジャーナル図書館（EZB）のサイトに入り，ここから電子ジャーナルのフルテキストに進むことができる。その際，電子ジャーナル図書館に参加している図書館がもっている資料のアクセス権が表示される。これによって利用者は，フルテキストを呼び出せるかどうかについての情報を得て，最終的にローカルなアクセス権をもっている出版社ないしは記事提供者のサイトへ進むことができる。このデータベースでは，利用者の IP アドレスは，すでに文献検索した段階で，電子ジャーナル図書館によって識別されていて，シグナルの色によってその利用者がフルテキストにアクセスできるかどうかが表示される。

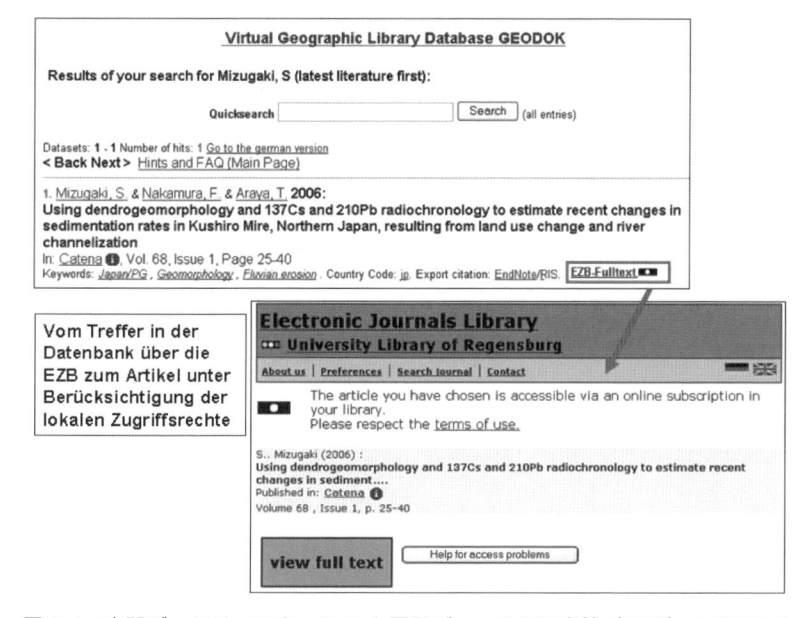

図 6-4　専門データベース GeoDok と電子ジャーナル図書館（EZB）とのリンク

ここで，電子ジャーナル図書館（EZB）へのリンクは，電子ジャーナル図書館で検索可能な電子ジャーナルのすべてに張られている。電子ジャーナル図書館に登録されているすべての雑誌は，リンクを張るのに必要な最小限のメタデータが存在する限り（これは通常 ISSN である），少なくともその雑誌のホームページとのリンクが張られているが，利用者がフルテキストへアクセスするのを支援するために，論文への直接のリンクをできるだけ提供するようにしている。2007 年 6 月現在のレベル別のリンクの概況は以下である。

- 50 の出版社とその他の提供元の約 11,000 誌の論文へのリンク
  = 電子ジャーナル図書館（EZB）の雑誌の約 25％
  = 電子ジャーナル図書館（EZB）でライセンスを得ている雑誌の約 75％ である。
- いわゆるアグリゲーターの約 21,000 誌への追加リンク
- 4 つの出版社および資料提供者の約 400 誌への冊子レベルでのリンク
- 論文または冊子レベルへのリンクも不可能な場合，雑誌ホームページへのリンク

　2006 年には，利用者がアクセス権をもつ論文への請求のうち 80％で，電子ジャーナル図書館（EZB）のリンクサービスを通じてフルテキストにアクセスすることができるか，データベースから論文を取り出すのに十分な情報が与えられてフルテキストが直接提供された。データベースと電子ジャーナル図書館とのリンク付けは，利用者から大きな支持を受けている。2006 年に電子ジャーナル図書館のリンク経由でデータベースからの呼び出しが行われたのは，180 万件であった。

c．専門ポータルの資料に組み込まれた電子ジャーナル図書館（EZB）
　ドイツでは現在，さまざまな図書館によって多くの学術ポータルやいわゆる仮想専門図書館（Virtuelle Fachbibliotheken: ViFa）が構築されている。その目

的は，図書館が，各専門分野的に重要なインターネット資源を収集し，それを専門的に分類整理し提供することである。とりわけ電子ジャーナルは，このような専門ポータルに組み込まれる資料として重要である。このような状況の中でレーゲンスブルク大学図書館は，専門ポータルの管理者に特別なサービスを提供している。電子ジャーナル図書館は XML のデータ形式によって，仮想専門図書館の枠内でも利用できる。仮想専門図書館では，電子ジャーナル図書館（EZB）からさらにテーマに応じた特定の雑誌を選択することもできる。また，利用者の必要に応じた記事タイトルリストを作成することもできる。

　図6-5は，上記で説明した電子ジャーナル図書館（EZB）と専門ポータルのリンクをsavifaという南アジアのための仮想専門図書館[3]を例に紹介している。

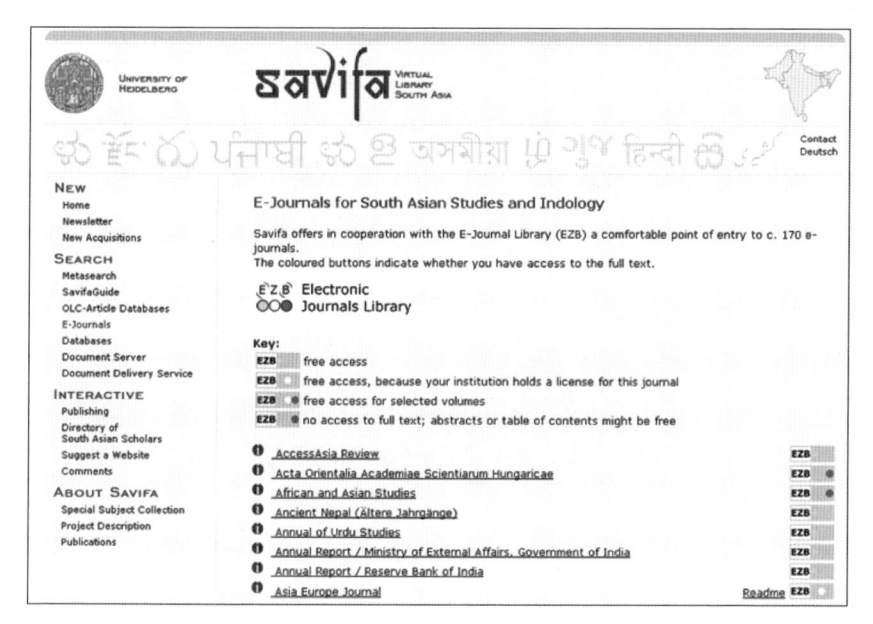

図6-5　専門ポータル南アジアのための仮想専門図書館 savifa と電子ジャーナル図書館（EZB）とのリンク

電子ジャーナル図書館（EZB）のXMLデータを用いて，専門ポータル上で電子ジャーナルのタイトルリストを検索，閲覧することができることによって，多くの利点がある。まず，仮想専門図書館（ViFa）の管理者は，よくメンテナンスされた広範囲の電子ジャーナルリストに常にアクセスでき，自ら専門別に電子ジャーナルを収集したり，雑誌ホームページのURLや発行状況のような情報を収集したりする必要がない。また，仮想図書館のサイトに，各々の機関のライセンス情報を示す電子ジャーナル図書館の特徴的なシグナルを表示することができる。このシグナルは，検索をしている利用者のコンピュータのIPアドレスによって制御されている。

また，仮想専門図書館（ViFa）の利用者も，この電子ジャーナル図書館（EZB）と専門ポータルとのリンクから利益を受けている。電子ジャーナル図書館の雑誌リストを呼び出す場合に，利用者は，仮想専門図書館のナビゲーションメニューから離れる必要はなく，電子ジャーナル図書館の検索を仮想専門図書館の枠内で完全に行うことができる。利用者は，もちろん電子ジャーナル図書館の特徴的なシグナルとロゴによって，それが電子ジャーナル図書館に登録されている資料であると確認することができる。利用者が，電子ジャーナル図書館についてあらかじめ知っていれば，仮想専門図書館のサイトで示されたシグナルの意味を理解することができる。

(3) 今後と発展と展望

現在，レーゲンスブルク大学図書館は，ベルリン国立図書館（Staatsbibliothek zu Berlin: SBB）とドイツ国立図書館（Deutsche Nationalbibliothek: DNB）と協力して，ドイツの図書館のための印刷および電子版の雑誌の入手可能性を確認することを目的とした，公的助成を受けたプロジェクトを立ち上げている。この新たな機能によって，雑誌論文が電子版であれ，印刷版であれ，利用者は地元の施設でどういう形でその記事が入手できるのかを，迅速かつ的確に知ることができるようになる。

独自のサービス形態を整備し，さらに開発していくことと並んで，電子ジ

ャーナル図書館(EZB)と他のサービスとのリンクを強化し改善していくことも将来の重要な課題である。

注・参考文献
1) Elektronische Zeitschriftenbibliothek: EZB　http://ezb.uni-regensburg.de（2008-7-20 参照）
2) vascoda　http://www.vascoda.de（2008-7-20 参照）
3) Die Virtuelle Fachbibliothek Südasien　http:/ www.savifa.de（2008-7-20 参照）

（エヴェリンデ・フッツラー　Dr. Evelinde HUTZLER，マルティン・ショイプレイン Martin SCHEUPLEIN　翻訳：吉次基宣）

6.3　カールスルーエ・ヴァーチャル目録
（Karlsruher Virtueller Katalog: KVK）

(1) カールスルーエ大学図書館（Universitätsbibliothek Karlsruhe）

　カールスルーエ大学は，1825年パリの理工科学校を模範として，カールスルーエに理工科学校として設立された，ドイツの最も古い工科大学である。研究教育の重点は，もちろん機械工学と自然科学に置かれているが，経済学および精神科学もさかんである。カールスルーエ大学では，1万8千人の学生が学び，2千人の研究者が研究活動を行っている。大学は，技術系の大学としては当然のことではあるが，非常に充実した技術研究基盤が整備されている。2006年からは，ドイツ研究協会（Deutsche Forschungsgemeinschaft: DFG）から特別な支援を受ける3つのエリート大学のひとつになっている。
　カールスルーエ大学図書館は，こうした研究環境に対応して図書館情報技術サービスの分野では，ここ数年間でドイツで最も技術革新の進んだ図書館となった。その最新の実例としては，24時間開館システムの導入があげられるだろう。システムは高度に自動化されていて，閲覧室の利用ばかりではなく，図書や資料の貸出や返却，ロッカーの鍵の管理まで24時間休みなく

無人で行われている。

(2) カールスルーエ・ヴァーチャル目録の成立
a. 出発点　メタ検索エンジン

　カールスルーエ・ヴァーチャル目録（KVK）[1]のシステムの開発者は，1991年から大学で情報学の専門講師として働き，90年代半ばに登場したインターネット検索エンジンに当初から積極的に取り組んでいた。検索エンジンが，伝統的な情報環境と図書館の状況を完全に変えてしまう可能性があることが予測されたので，このような取り組みは当然なすべきことと評価されていた。この予測が正しかったこと，そして，検索エンジン開発のプロセスがまだ終わっていないことは，Googleのドイツの図書館への参入に関する最近の議論も示している。

　特に興味深いのは，その当時，新たなタイプの検索エンジン，メタ検索エンジンが登場したことである。メタ検索エンジンは，古典的なインターネット検索エンジンとは違って，独自のデータベースはもっていないし，索引仲介システムももっていない，基本的に利用者用のインターフェースがあるだけである。ここで入力された検索語は，自身のデータベースに送られるのではなく，他の多くの「本来の」検索エンジンに送られるのである。利用者にとっては，1回の検索で，ネット上の多くの検索エンジンに問い合わせることができるという長所がある。メタ検索エンジンは，検索結果を一括してリストの形で返す。90年代半ばのよく知られたメタ検索エンジンは，Metacrawler や Internet Sleuth であった。現在も存在しているメタ検索エンジンとしては，MetaGer[2]がある。

　あらゆるメタ検索エンジンに共通のコンセプト上の欠点は，検索の多様性が制限されていることである。複数の検索システムに問い合わせがいくので，これらの検索システムの回答可能性の最小の共通部分のみが提供されるからだ。もうひとつの欠点としては，さまざまな情報源に問い合わせるので，検索結果リストに同じものが繰り返し表示されてしまうことである。

b．出発点2：ドイツ全国総合目録の欠如

　誰もがどこからでもアクセスできるオンライン目録（OPAC）が登場した後，多くの図書館利用者が改めて気づいたことは，ドイツの図書館の環境では，そのシステムが図6-6に見られるような，いくつかの「統合地域」に分けられているということである。これは，特に文化の領域を性格付けているドイツの連邦制という体制に起因する状況であった。これは，当時も現在も文献を探している者にとっては欠点であるように思われた。文献検索をする場合に，それぞれの統合地域の総合目録を次々に検索しなければならないからである。それぞれの総合目録には，異なった情報処理システムが用いられていたので，利用者はまったく違う検索方法，索引，検索結果リストの提示法などをもつ，さまざまな情報処理システムの操作を克服しなければならなかった。

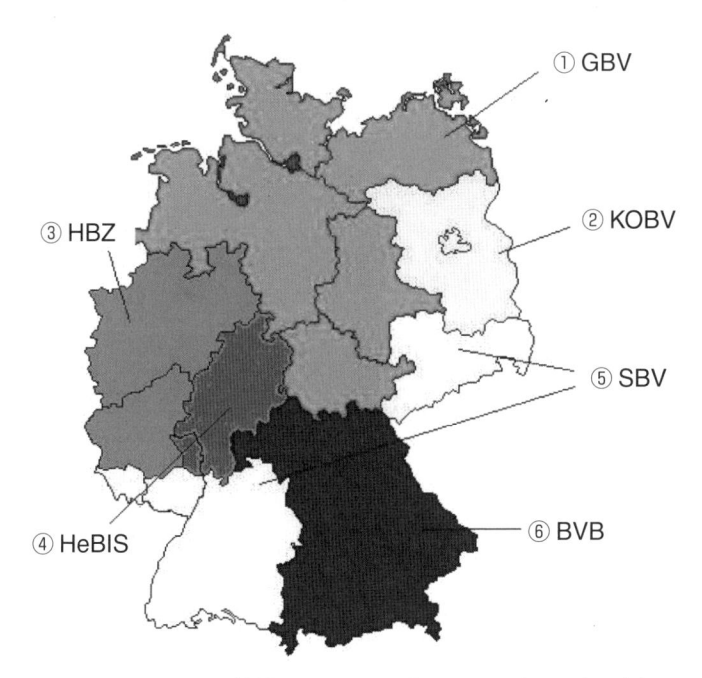

図6-6　ドイツの地域ネットワーク諸システム（2005年現在）

①共同図書館ネットワーク

　Gemeinsamer Bibliotheksverbund: GBV

　本部所在地：ゲッチンゲン

　協力パートナー：ブレーメン，ハンブルク，メクレンベルク・フォアポンメルン，ニーダーザクセン，ザクセン・アンハルト，シュレスヴィヒ・ホルシュタイン，テューリンゲンの各州

②ベルリン・ブランデンブルク協力図書館ネットワーク

　Kooperativer Bibliotheksverbund Berlin-Brandenburg: KOBV

　本部所在地：ベルリン

③ノルトライン・ウェストファーレン大学図書館センター

　Hochschulbibliothekszentrum des Landes Nordrhein-Westfalen: HBZ

　本部所在地：ケルン

　協力パートナー：コブレンツ行政区域，ラインラント・プファルツ州トリーア

④ヘッセン図書館情報システム

　Hessisches Bibliotheksinformationssystem: HeBIS

　統合センターの所在地：フランクフルト・アム・マイン

　協力パートナー：ラインラント・プファルツ州の北部ラインラント・プファルツ行政区域

⑤南西ドイツ図書館ネットワーク

　Südwestdeutscher Bibliotheksverbund: SWB

　統合センターの所在地：コンスタンツ

　協力パートナー：バーデン・ヴュルテンベルク，ラインラント・プファルツ州の南部ラインラント・プファルツ行政区域，ザールラント，ザクセン（ザクセン図書館ネットワーク）

⑥バイエルン図書館ネットワーク

　Bibliotheksverbund Bayern: BVB

　統合センターの所在地：ミュンヘン

ドイツ全体を包括する文献検索システムは，当時は雑誌総合目録データベース（Zeitschriftendatenbank: ZDB）[3]の形でのみ存在した。これは，定期刊行物のみを検索できるシステムであった。当時からたとえば，長年にわたって展開されてきたプロジェクト DBV-OSI[4] などで支援システムを構築したいという期待はあったが，決して満足のいく結果をもたらさなかった。総合目録データベースをひとつに結集すること，あるいは少なくともデータベース間で短期間のうちにデータの交換をすることは，今日に至るまで完全には行われていない。現在，図書館ネットワークのレベルでのデータの集約に向けての取り組みが，「共同新目録作成」グループ（Kooperative Neukatalogisierung）によってなされている。

さて，メタ検索エンジンとかかわったことによって刺激を受け，メタ検索の原理をオンライン目録にも応用してみようという構想が出てきた。情報学科においてこのような構想に基づいた原型となるシステムを作成しテストをする研究活動が承認された。このやり方は非常に見込みがあり，「ヴァーチャル目録」の構想はカールスルーエ大学のためのサービスとして実現可能性が高いことがすぐに明らかになった。そして，このサービスは，当初考えられたように大学のキャンパス内に限られたものとしてではなく，ネット上で提供されるべきものであるとの決定がなされた。

こうして，1996年7月26日，カールスルーエ・ヴァーチャル目録（KVK）は，kvk.uni-karlsruhe.de というアドレスで，南西ドイツ図書館ネットワーク（SWB），ノルトライン・ウェストファーレン大学図書館センター（HBZ），バイエルン図書館ネットワーク（BVB）の，ドイツ出版図書目録（Verzeichnis lieferbarer Bücher: VLB），書店図書目録（KNO）およびカールスルーエ自身の目録が統合されてスタートした。最初の立ち上げ段階において，バイエルン統合システム，ドイツ出版図書目録（VLB）および書店図書目録（KNO）が，当時カールスルーエにあったイノヴィス社（Inovis）によって構築されていて，カールスルーエ大学図書館と同じウェブインターフェースを基盤にしていたことも有利に働いた。こうしたことが，最初の原型を作る際の問題を軽減し

てくれた。時間の経過とともに，雑誌総合目録データベース (ZDB)，共同図書館ネットワーク (GBV)，ヘッセン図書館情報システム (HeBIS)，米国議会図書館目録 (LOC)，COPAC，オーストリア図書館ネットワーク，大英図書館，ドイツ図書館 (DDB) も加わった[5]。

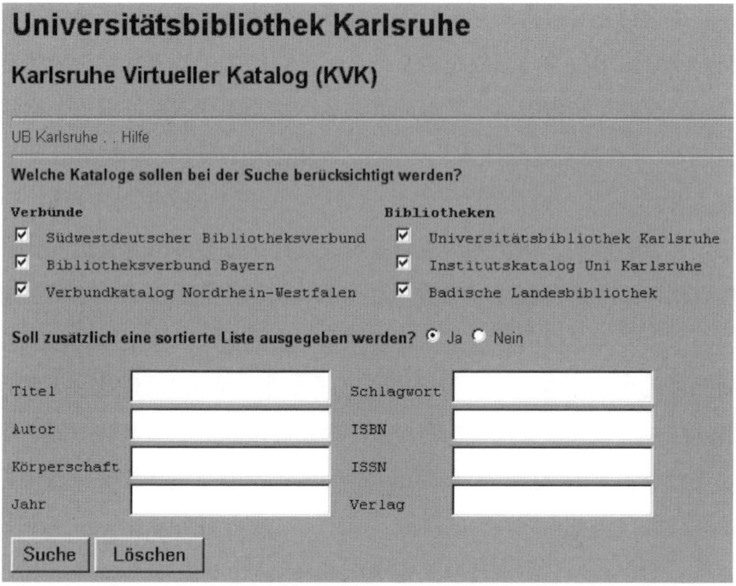

図 6-7　カールスルーエ・ヴァーチャル目録 (KVK) 1996 年の検索画面

このシステムは，インターネット初期の大学図書館の構想として成立し，また情報学の学生の研究活動として実現された。利用者にとっては，ドイツでも最も重要な図書館の文献，少なくとも新しい文献を統一的な検索画面で検索できる，簡単で便利な方法であった。したがって，このシステムが，すぐさまドイツにおける最も重要な文献検索の手段となったことは驚くにあたらない。この際立った成功の主な要因は，カールスルーエ・ヴァーチャル目録が，当時の全国総合目録の欠如という重大な欠落を補うことができた点にあった。

(3) カールスルーエ・ヴァーチャル目録の利用

　カールスルーエ・ヴァーチャル目録は，利用者のニーズと合致していたばかりではなく，常に改善されていたので，さらに受け入れられていくことにつながった。すなわち，登録されている目録の種類を増やし続け，絶えずシステム動作の改善をはかり，検索画面の使い勝手を常に向上させていたのである。このヴァーチャル目録にとってどのようなデータが重要であるか，という意見を寄せてくれた利用者からのフィードバックも大変役に立った。稀な文献を検索したり図書の所在を素早く確認したりする場合に，カールスルーエ・ヴァーチャル目録に代わるようなものは，今まで現れていない。

　現在，カールスルーエ・ヴァーチャル目録が広く受け入れられていることは，約150万件という月間アクセス数が示している。興味深いのは，国ごとのアクセス数の割合で，ドイツ国外からのアクセスの割合が増え続けていることである。10年前には低かった国外からの利用率が多くなっていることが，表6-1（2007年6月）と表6-2（1998年6月）の比較でわかる。すなわち，現在ではカールスルーエ・ヴァーチャル目録は，国外でもドイツ全体の図書館総合目録と認識されているのである。

　利用者がカールスルーエ・ヴァーチャル目録を，感激をもって受け入れたとすれば，それは各地域の総合目録の管理者のおかげである。カールスルー

表6-1　KVK 国外からの利用（2007年6月）

国	検索件数の割合（％）
イ タ リ ア	4.7
ス イ ス	4.3
オーストリア	3.8
ポーランド	1.7
フ ラ ン ス	1.5
ルーマニア	1.5
日　　　本	1.0

表6-2　KVK 国外からの利用（1998年6月）

国	検索件数の割合（%）
イタリア	0.6
オランダ	0.4
イギリス，ノルウェー	それぞれ 0.2
フランス，スェーデン，スペイン，CSR, edu	それぞれ 0.1
デンマーク，ハンガリー，日本	それぞれ 0.1 以下

エ・ヴァーチャル目録の利用者は，最終的には書誌データの提供者である各地域の総合目録にたどりつく。しかし，カールスルーエ・ヴァーチャル目録というメタ検索システムによって，地域の総合目録は背後に隠れてしまうのである[6]。したがって，カールスルーエ・ヴァーチャル目録は，個々の統合システム管理者や国立図書館からは，はじめからよく思われてはいなかった。しかし，この新たなサービスへ利用者側の期待はとにかく大きく，統合データベースの管理者は，カールスルーエ・ヴァーチャル目録が，彼らのデータベースにアクセスすることを拒むことはできなかった。文献を探している研究者にしてみれば，なぜ今後もいくつもの統合データベースを次々と検索し続けなければならないのかがわからないだろう。カールスルーエ・ヴァーチャル目録側は，そのシステム実現にいかなる技術的障害もないことを説明した。ドイツでは連邦制の体制があるとはいえ，各図書館の側も，公的資金によって運営されているサービス機関として，利用者に自らの存在価値を積極的に示していくことに興味をもたなければならない。そのためにカールスルーエ・ヴァーチャル目録は，電子ジャーナル図書館（EZB）や subito のような文献貸出資料提供サービスと同様に本質的な貢献を果たしている。

　カールスルーエ・ヴァーチャル目録は，他の数多くのネット上のサービスやポータルサイトとも結びついている。たとえば，ドイツのウィキペディア（Wikipedia）[7]は，カールスルーエ・ヴァーチャル目録を文献検索に利用している。ウィキペディア個々の記事の最後の参考文献の部分のISBNは，カー

ルスルーエ・ヴァーチャル目録の検索にリンクを張っているのである。

　カールスルーエ・ヴァーチャル目録を通じて実際にどのくらいの数の本が検索できるのか，という質問がよく聞かれる。しかし，これにはそう簡単に答えることはできない。まず，検索がたどりつく個々の総合目録がその数値をあげていないし，また，多くの図書館の所蔵が複数の総合目録に表示されるからである。たとえば，独自の検索システムとして地域の枠を越えた意味をもつハノーバーの技術情報図書館（TIB）の所蔵資料は，共同図書館ネットワーク（GBV）の総合目録にも含まれている。また，総合目録それ自身の中にもしばしば二重登録が見られるので，個々の総合目録の件数を単純に加算するわけにはいかない。また，総合目録には本ばかりではなく，他の形の資料，視聴覚資料，コンピュータのデータ，引用文献などを含んでいる。このような理由で，カールスルーエ・ヴァーチャル目録では「図書館と書店の目録での5億タイトル以上の図書と雑誌の検索ができる」とされるが，この数字は，正確な数字としてではなく，だいたいの目安として受け取っていただきたい。

(4) カールスルーエ・ヴァーチャル目録の技術
ａ．技術的コンセプト
　カールスルーエ・ヴァーチャル目録のコンセプトは非常にシンプルなもので，システムは次のように機能する。

1) カールスルーエ・ヴァーチャル目録の検索画面に書き込まれた検索語が，それが到達する多くの総合目録に対応するように書き換えられる。
2) この検索語が，同時にすべての総合目録検索システムに送られる。
3) ヒットしたデータがリストアップされ，分析される。
4) 最後にそれぞれのヒットリストが総合され，統一的な形で作成される。この総合検索結果リストは，連続的に作成される。個々の総合目録での検索結果が，完全に提示されるごとに，すぐにそれがリストに追加され

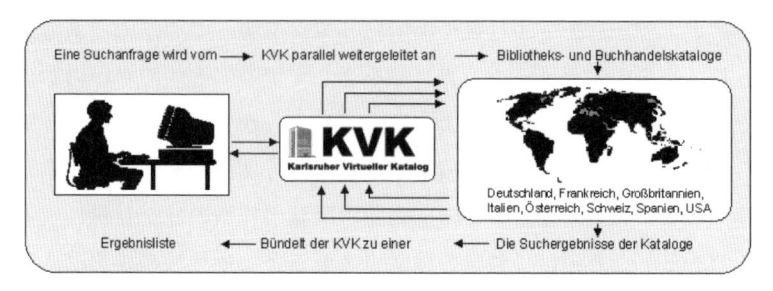

図6-8　カールスルーエ・ヴァーチャル目録の機能図解

て表示される。

　実際のところ，このようなメタ・コンセプトを実行する場合もちろん，それがたどりつく総合目録で，技術的な問題がしばしば起こってくる。これらのシステムで，たとえば，Cookie，Java Script，相対 URL などが使われているからである。多くの目録をカールスルーエ・ヴァーチャル目録に統合する過程で，メタ目録の実現に際しての問題に関する深い知識がカールスルーエ大学に蓄積された。したがって，カールスルーエ大学図書館が，vascoda[8]やヨーロッパ図書館[9]のようなドイツやヨーロッパの大型プロジェクトに参加できなかったのは大変残念なことである。

b．利用者インターフェース

　利用者は，どの目録を検索対象とするかを選ぶことができる。現在登録されている目録は，ドイツからは図書館と総合目録が14，ドイツ語圏の国から10，外国の国立中央図書館と総合目録が24，書店の目録8種類である。検索対象となる目録は，個別またはグループ別で選択できる。また，この対象目録の選択はCookieによって利用者のコンピュータに保存されるので，いつでもこれを再利用することができる。さらに利用者は，検索結果リストを新しいウィンドウに表示するかどうか，あるいはタイムアウト時間の変更などをすることができる。これは，検索回答に非常に長い時間がかかるのを経験した場合には有効である。

検索画面は，ドイツ語，英語，フランス語，スペイン語，イタリア語が用意されている。画面は意識的に必要最低限のものに限定している。入力欄は，タイトル，著者名，団体，キーワード，出版年，ISBN および ISSN 番号，出版社名からなっている。すべての目録がこれらの項目すべてによる検索のしくみを提供しているわけではないので，その場合は検索結果リストに"HeBIS-Retro：あなたが選択した検索画面では出版社を検索語とした検索はできません"というようなメッセージが表示される。

2005 年に導入されたフリーテキスト検索に入力された検索語の分析によると，その 90％は著者と ISBN 番号に関係するものである。Google の検索

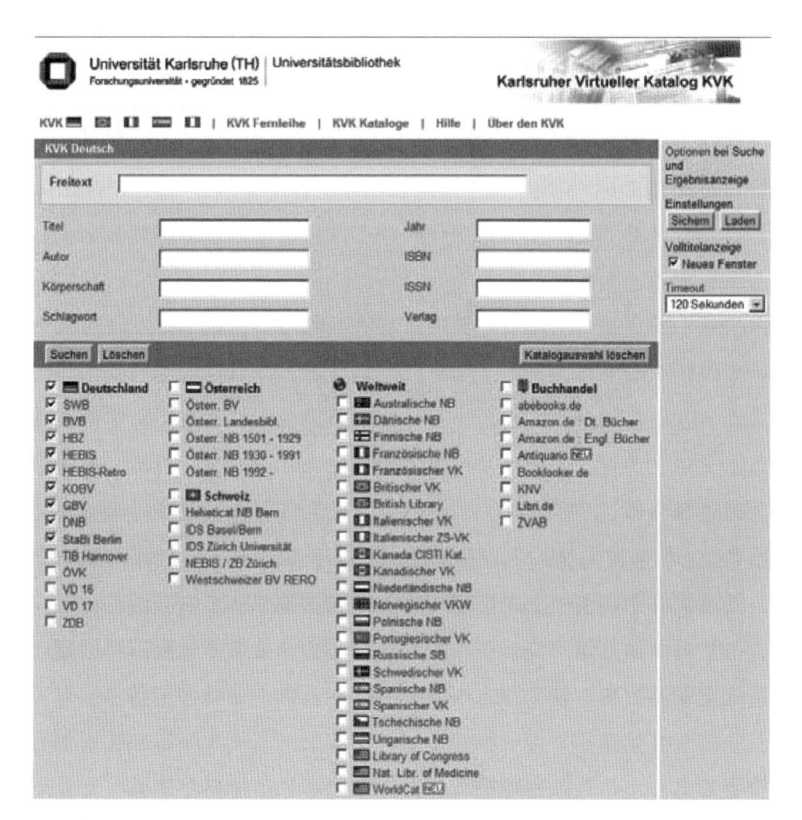

図 6-9　カールスルーエ・ヴァーチャル目録検索画面（2007 年 6 月）

インターフェースの成功によって，ひとつの入力欄の簡潔な検索画面が求められる傾向を受けて，カールスルーエ・ヴァーチャル目録も重要な入力欄だけに絞った広範な検索のできる検索画面を提供するべきであろう。しかし，これを実現するのはそう簡単なことではない。多くの目録システムが，フリーテキスト検索をサポートしていないからである。このような場合，カールスルーエ・ヴァーチャル目録は，個々の目録システムを内部でブール代数論理和と結びつけた多くの入力欄をつくっているが，利用者がこれに気づくことはない。フリーテキスト検索は，タイトル，著者，キーワード，ISBN番号のフィールドに対して実行されている。

検索画面で利用者の目に見える改善と並んで，カールスルーエ大学図書館の基本技術も常に開発されている。特にここであげておきたいのは，負荷分配方式によるカールスルーエ・ヴァーチャル目録の応答時間の削減と，個々の総合目録へのデータ接続の非同期検査である。多くの技術的変更が，個々の総合目録ごとの同時検索数を制限したり，Z39.50プロトコル経由のアクセスを制限したり，実際に検索が行われる個々の総合目録の負荷をなるべく少なくするために実行されている。

検索結果の総合リストは，連続的に作成される。検索が行われる個々の総合目録での検索結果が出ると，すぐにリストが作成され表示される。実際この方式は，利用者が遅れて到着する検索結果を待つことなく，すでに到着している検索結果から，次々とリストアップされたデータを見ることができるという利点がある。

利用者が，検索結果リストの希望個所をクリックすると，カールスルーエ・ヴァーチャル目録のサイトから離れて，検索対象システムの詳細目録表示に移る。これは画面表示が変わるのですぐわかる。ここで，利用者は個々の総合目録の機能をすべて使うことができる。これは，他の図書館ポータルの通常のやり方とは異なる，カールスルーエ・ヴァーチャル目録の技術がもつ大きな長所である。それぞれの総合目録の特徴もここで再び現れてくるのである。

(5) ヴァーチャル目録の導入領域

　カールスルーエ・ヴァーチャル目録の運営開始以降，その基礎となっている技術がさまざまな別の目的にも用いられるようになった。カールスルーエ大学図書館は，ひとつには自らの関心から，またさまざまな方面からの委託を受けて，この間に総数14の異なるヴァーチャル目録を作成し，世界の120以上の図書館目録へアクセスを実現した。このようなヴァーチャル目録を大別すると，4つのグループに分けることができる[10]。

①地域目録
　　特定の地域に集中している，いくつかの図書館の所蔵資料を包括する。
②特殊目録
　　空間的には離れているが，特定の専門領域の図書の所蔵資料を結びつける。
③ヴァーチャル書誌
　　ここでは，図書館の所蔵資料が集約されているのではなく，書誌データベースが集約される。
④文献提供システム
　　ここでは，ヴァーチャル目録が資料検索のためにだけ使われるのではなく，文献提供の窓口としても機能する。たとえば，遠隔地貸出などである。

以下にそれぞれのタイプの若干の実例をあげておこう。

a．地域目録

・カールスルーエ図書館ポータル　www.bibliotheksportal-karlsruhe.de
　カールスルーエ地域の重要な図書館の所蔵資料を検索することができる。特にカールスルーエ大学の目録，カールスルーエ・バーデン州立図書館の目録，カールスルーエ市立図書館の目録を包括している。

- ユタ州目録　www.lib.utah.edu/kvk
  米国ユタ州の図書館の総合目録。
- スイス雑誌ポータル（SZP）　www.swiss-serials.ch
  スイスの図書館の雑誌の検索ができる。
- スイス・ヴァーチャル目録　www.chvk.ch
  州立図書館，大学図書館，市立図書館を含むスイスの図書館の図書，雑誌，電子メディアの検索のためのメタ目録

b．特殊目録
- 美術史ヴァーチャル目録 artlibraries.net　www.artlibraries.net
  美術史分野の重要な図書館目録，およびデータベースのデジタル文献検索などへの統合アクセスのための国際的な総合専門目録である。もともとドイツ研究協会（DFG）が助成した地域の枠を越えた文献提供システムに参加した芸術関連の図書館の活動から始まったものである。
- 神学および教会ヴァーチャル目録（VThK）　www.vthk.de/
  ドイツとオーストラリアの40以上の教会－学術図書館の300万タイトルの図書と雑誌を検索できる総合目録
- 科学文献オープンアクセス OASE　www.ubka.uni-karlsruhe.de/oase
  OASE（Open Access to Scientific Literature）は，ドイツおよび外国の大学や他の研究機関の最も重要な書誌データへのアクセスを提供する，カールスルーエ大学が行うオープンアクセス支援活動のひとつである。

c．ヴァーチャル書誌
- ヴァーチャル・ドイツ州の書誌　www.landesbibliographie.de
  ドイツ連邦共和国は，連邦制の体制をとり州のまとまりが強いのに対応して，図書館についても州ごとにまとまる傾向があるが，そればかりではなく，州の書誌も州別に集められている。州の書誌は，各州の特定の場所や地域，州関連の人物についてのあらゆる分野と知の領域の文献を

図6-10 OASEのトップページ

網羅し，また，あらゆる種類の資料を集めている。雑誌，年鑑，その他の双書や全集からの記事や論文が書誌全体の3分の2を占めている。ヴァーチャル・ドイツ州の書誌によって利用者は，各州の書誌を一度に検索することができる。現在16州の書誌がオンラインで検索できる。ヴァーチャル・ドイツ州の書誌は，地域図書館研究会活動グループの委託に基づいて運営されている。

d．文献提供

ヴァーチャル目録は，検索のための道具としてだけでなく，遠隔地貸出のために利用されることもある。遠隔地貸出を希望する利用者用のための書誌データとして，また特定の地域の遠隔地貸出を行う図書館の書誌データとし

て利用される。

・カールスルーエ・ヴァーチャル目録・遠隔地貸出

カールスルーエとマンハイムの大学図書館の利用者は，カールスルーエ・ヴァーチャル目録の書誌データをオンライン貸出申込書へ入力することのできる，カールスルーエ・ヴァーチャル目録の特別な機能を使うことができる。データの入力は，共通のデータフォーマットを使用しているすべての総合目録で可能である。現在，南西ドイツ図書館ネットワーク（SWB），バイエルン図書館ネットワーク（BVB），ノルトライン・ウェストファーレン大学図書館センター（HZB），共同図書館ネットワーク（GBV）などで可能である。カールスルーエ・ヴァーチャル目録の遠隔地貸出は，いずれかの図書館の貸出システムへの接続を前提としている。

・ラインラント・プファルツ・ヴァーチャル図書館　VBRP express
www.ubka.uni-karlsruhe.de/vbrp

ラインラント・プファルツ州で機能している州の図書館利用者のための資料提供サービスである。VBRP express を通じて，ラインラント・プファルツ州の 100 の公共図書館と学術図書館の図書，視聴覚およびデジタル資料（カセットテープ，ビデオ，CD-ROM など）が検索でき，また貸出請求ができる。利用者はヴァーチャル目録での検索に続けて，希望の本を送ってもらう図書館を選択する。

(6) 新たな展開：KVK推薦システム（KVK-Recommender）

"Recommender" は推薦する人を意味する。知り合いによい酒場やレストラン，よい本などを尋ねる人はもうすでに推薦者 "Recommender" を求めているのである。インターネット，特にオンラインショップでは，Recommender として現れ，人を介さず自動的に推薦を行うシステムが増えている。よく知られた例としては，Amazon の推薦システムがあげられる[11]。ほとんどすべての図書データには，「この本を購入した人は，この著者のこんな本も購入

しています」というリンクが張られている。

　図書館でも，そのような推薦システムを導入することもできる。このようなシステムは，文献検索に際して利用者を助けるばかりではなく，蔵書構築や分類，登録作業も向上させる。図書館の側から見ると，このような推薦システムは，目録データの充実化と見ることができる。カールスルーエ大学図書館は，ドイツ研究協会（DFG）から助成を受けている多くのプロジェクトの中で図書館目録における推薦システムの有効性に関して研究し，情報経済および情報管理研究所（Institut für Informationswirtschaft und -management）と協力して，書誌データベースシステムのための推薦システムを開発した。Bibtip[12]とよばれるこのシステムは，2006年7月以降カールスルーエ・ヴァーチャル目録に投入された。

　目録検索をするとヒットしたタイトルがすべて表示されるが，ここに推薦への動的なリンクが張られている。動的にとは，推薦がある場合にのみ，リンクが現れるということを意味する。このリンクに導かれ，利用者は推薦リ

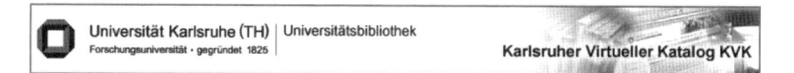

図6-11　カールスルーエ・ヴァーチャル目録の推薦リスト

ストにたどり着く。図書の確認のためには，ISBN 番号のような一義的な情報が有効である。これによって，他の図書館目録に推薦を送ることも可能となる。Bibtip にリンクを張ることは，非常に簡単である。目録の表示画面に Java Script コードを埋め込むだけでよい。その他のローカルでの設定やソフトウェアのインストールは必要ない。カールスルーエ大学図書館は，Bibtipをドイツ内外の図書館や図書館その他の機関のためのサービスとして提供している。

(7) 展望

運用開始から 11 年経った今も，カールスルーエ・ヴァーチャル目録は，その存在意義を少しもそこねていない。ドイツあるいは外国の図書館資料を包括的に検索するためには，カールスルーエ・ヴァーチャル目録はあいかわらず不可欠なものである。カールスルーエ大学図書館が，システムを継続的に維持管理し，インターネット上で目まぐるしく変化する要求にたえず対応していくことで，カールスルーエ・ヴァーチャル目録は，将来もドイツおよびその他の国々の図書館利用者にとって，魅力的なサービスであり続けるだろう。

注・参考文献

1) Karlsruher Virtueller Katalog: KVK　http://www.ubka.uni-karlsruhe.de/kvk.html（2008-7-20 参照）
2) MetaGer　http://www.metager.de（2008-7-20 参照）
3) Zeitschriftendatenbank: ZDB　http://www.zeitschriftendatenbank.de（2008-7-20 参照）
4) Vgl. Luchner, B.: DBV-OSI-II: Projektbericht Realisierungsphase. In: Bibliothekdienst 1996.　http://bibliotheksdienst.zlb.de/1996/1996_05_Technik01.pdf（2008-7-20 参照）
5) カールスルーエ・ヴァーチャル目録で検索可能な書誌の最新情報は，下記サイトにある。
Liste der im KVK enthaltenen Zielkataloge　http://www.ubka.uni-karlsruhe.de/hylib/virtueller_katalog.html#kataloge（2008-7-20 参照）
6) これは Z39.50 プロトコル経由で多くの情報源から書誌データを集めるポータルサ

イトとは異なる。
7) Wikipedia　http://www.wikipedia.de（2008-7-20 参照）
8) vascoda　http://www.vascoda.de/（2008-7-20 参照）
9) The European Library　http:// www.theeuropeanlibrary.org（2008-7-20 参照）
10) 以下ですべてのヴァーチャル目録の概要を見ることができる。
Virtuelle Kataloge　http://www.ubka.uni-karlsruhe.de/kvk_regional.html（2008-7-20 参照）
11) Amazon　http://www.amazon.de/（2008-7-20 参照）
12) Bibtip　http://www.bibtip.de（2008-7-20 参照）

　　　　　　　（ミヒャエル・W. メニッヒ　Dr. Michael W. MÖNNICH　翻訳：吉次基宣）

6.4　技術情報図書館（Technische Informationsbibliothek: TIB）

　技術情報図書館（Technische Informationsbibliothek: TIB）は，技術，建築，化学，情報科学，数学，物理学の分野のドイツの中央専門図書館であり，さまざまな言語，さまざまな種類の資料を収集し提供している。さらに技術情報図書館は，特別収集も行っており，その資料内容とその資料の地域別の分類，管理によって傑出している。
　技術情報図書館（TIB）の課題は，技術および自然科学関連の文献を世界中から幅広く収集し，整理保存し，利用者に提供することである。このような活動を通じて形成された広範にわたる所蔵資料は，文献提供サービスを通じて自由に利用できるようになっている。また技術情報図書館は，数多くのプロジェクトを積極的に展開し，図書館情報分野の専門技術の発展のために尽力している。特にデジタル図書館という課題に重点が置かれている。

(1) 所蔵資料

　技術情報図書館（TIB）は，基礎技術および自然科学の分野の充実した専門文献を所蔵している。これと並んで，書店では手に入らない，入手の困難な文献，いわゆる灰色文献の各専門分野での収集もこの図書館の特徴となっ

技術情報図書館（TIB）

ている。このような構成の技術情報図書館のユニークな所蔵資料は，図書，マイクロフィルム，CD-ROM などがおよそ 730 万点，定期購読している一般雑誌や専門雑誌が 1 万 8 千種である。所蔵資料の中には，会議の報告書，研究報告書，特許関連書類，規格，学位論文などのほか東ヨーロッパや東アジアの専門文献も含まれている。

　電子図書館が将来的に拡大していくという状況の中で，技術情報図書館（TIB）は，電子出版物の資料提供をたえず増加させてきた。雑誌論文，研究報告書，学位論文，あるいはその他の技術文献，学術文献などは，この電子出版物の形態で提供されている。

　技術情報図書館（TIB）はまた，世界でも最も大きな専門図書館のひとつとして産業界や経済界の利用者，あるいは学者，研究者，教育関係者などに，情報獲得において一歩先んじ，有利な競争のできる最良の条件を作り出している。

　特別収集の範囲は，技術情報図書館の東アジア部局にまで及んでいる。この部局は，極東地域の応用科学，工学，基礎科学など，あらゆる分野の文献と情報を収集している。収集されているのはこの地域の言語で書かれた出版物やその他の資料であるが，日本語，中国語，韓国語のものが中心となっている。最近，日本語を母国語とするスタッフを投入することで，日本語の研

究報告書や会議の報告書などが，新しいものや古いものも含めてかなり整理された。技術情報図書館（TIB）は，500以上の日本の研究機関，図書館などとも接触をもっている。

(2) ドキュメントデリバリー

　技術情報図書館（TIB）のサービスは，産業と経済，研究と学術における常に増大している情報の需要に対応するものである。技術と自然科学分野のためのGetInfoポータルサイト[1]では，文献データベース，会議および研究報告書，図書館の目録，電子版フルテキストなどが平行して検索できる。また，技術情報図書館は，TIBORDER[2]というドキュメントデリバリーのシステムを提供しており，これによって1回検索するだけで，迅速，快適，確実に希望する文献を請求することができる。たとえば，資料を研究者の手許に直接送付してもらうこともできるし，注文形態や発送形態などを選択し，時間指定などもできる。技術情報図書館は，2006年には49万件以上の資料請求に対応した。技術と自然科学という専門分野以外に，他の分野からの資料請求にも応じている。これはフルサービス（Full Service）といわれるもので，話し合いの上でまとまった請求を受け，一定期間内に資料を提供する。また，技術情報図書館は，ドイツ国内のドキュメントデリバリーサービス，subito[3]への資料提供にも参加している。

(3) ナショナルライセンス（Nationallizenzen）

　電子ジャーナル資料館のためのナショナルライセンスは，技術情報図書館（TIB）や他の機関によって契約を得て，用意されている。大学や研究機関からは契約のあるリソースに無料でアクセスできる。ライセンス取得のための資金は，ドイツ研究協会（Deutsche Forschungsgemeinschaft: DFG）が助成金として提供している。技術情報図書館としてのさらなる活動としては，1874年から1996年にかけての30以上雑誌のフルテキストからなるIOP雑誌資料館のためのナショナルライセンスの確保がある。これは，技術情報図

書館の資料購入費でまかなわれている。

(4) 歴史

　技術情報図書館（TIB）は，1958年にドイツ研究協会（DFG）の提案と資本提供によって設立された。技術情報図書館は，ハノーバー・ライプニッツ大学内に置かれているニーダーザクセン州の施設である。現在，技術情報図書館は，研究助成の枠組み合意に基づくドイツのすべての州と連邦，すなわち連邦研究教育省（Bundesministerium für Bildung und Forschung: BMBF）の共同出資で運営されている。ドイツ研究協会は，現在でも特定領域での助成に参加している。技術情報図書館は，1977年以降，連邦（30％）と州（70％）が共同で出資するサービス機関となり，ライプニッツ協会の会員となっている。2003年1月1日からは，州事業体（Landesbetrieb）となった。2006年の総予算は約850万ユーロである。現在の職員数は，常勤換算で150名以上である。

(5) プロジェクト

　技術情報図書館（TIB）は，図書館や情報関連の施設をさらに発展させるのに役立つ，電子資料の提供やアクセスの形態に重点を置いた，将来を見越した高水準のプロジェクトを遂行している。その実例をいくつかあげてみよう。

a. LINSearch[4]

　言語学的な自動処理を前提とした索引，検索システムである。LINSearchでは，自然言語の知的加工によって，技術・自然科学文書に適用されるアルゴリズムの改善をはかる。ウェブベースの参照システムの実装のために索引や逆引きシステムが用意され，それに基づいた情報探索システムの構築と評価が予定されている。

b．Probado(一般文書のためのプロトタイプ・システム)[5]

　テキストではないタイプのさまざまなデータや文書の利用がますます重要になってきている。しかし，現在の電子図書館はこのようなデータを理想的にサポートしているとはいえない。それは，現在の電子図書館が，テキストの形で書かれた文献を前提として構築されているからである。Probado プロジェクトの目的は，学術図書館が，テキストではないタイプのさまざまな文献を扱う場合に，現在のテキストの形の専門情報を扱うのと同じ要領で扱うことのできるシステムや方式を開発することである。

c．vascoda[6]

　学術ポータル vascoda は，インターネット上で簡単明瞭な学術情報へのアクセスを提供している。利用者は，すぐに提供されている専門資料を検索するか，参加している多くの専門ポータルのナビゲーションに進むかを選ぶことができる。さまざまな形で提供されている資料をひとつの共通のポータルで組織的に統合することによって，電子版のフルテキスト，価値の高いインターネット上の情報源，文献データベースや他の専門データベースへのアクセス，専門的な検索マシーンへのアクセスなどを束ねた統合的学術情報システムを提供している。

(6) 協力

　技術情報図書館（TIB）は，学術図書館関が共同で行っているあらゆる活動に参加しているだけではなく，専門の協議会などにも積極的に参加して，新たな将来を目指した発展を他の施設と協力して推し進めている。協力は，ドイツとヨーロッパのみならずアメリカ，ロシア，日本，中国の重要な自然科学・技術関連の図書館との間で行われている。

a．GoPORTIS：ドイツの３つの中央専門図書館の協力

　技術情報図書館（TIB），ドイツ医学中央図書館（Deutsche Zentralbibliothek für

Medizin: ZB MED），ドイツ経済学中央図書館（Deutsche Zentralbibliothek für Wirtschaftswissenschaften: ZBW）の3つの中央専門図書館は，3館まとめると約1300万点の資料と5万タイトル以上の雑誌を所蔵している。2006年末，3館はこれまで以上に密接に協力し関係を強化する決定を行った。

それまでの協力は，本質的にはそれぞれの図書館での最新動向についての定期的な情報交換や，文書提供システムsubito，学術ポータルvascodaでの協力などに限られていた。だが，現在これらの中央専門図書館は，GoPORTIS[7]という名称をもつ共通の戦略を開発し，実効性のある運営モデルに基づいて協力を強化している。このような協力によって，利用者に真の付加価値を提供しようとしている。たとえば，シングル・ポイント・アクセスのサイトによって，需要に広範，かつ迅速に，効果的に対応しようとしている。

2007年末から，このGoPORTISサイトから3館の所蔵資料が同時に検索し，見つかった資料を直接請求できるようになる[8]。これらの図書館が構築した新たな請求および配送システムによって，この3館には所蔵していない資料や文献の請求もできるようになる。GoPORTISポータルは，特に自分の時間を節約したい産業経済界の利用者の希望に応ずるものである。利用者は，将来このポータルサイトから質問や依頼を入力し，さまざまな情報源やデータベースでの検索やライセンスの取得を，図書館の専門職員にまかせることができるようになる。

さらに，この新しい情報ポータルは，GetInfo，MEDPILOT.DE，EconBizという3つの個々の図書館のよく知られている専門ポータルを結びつける。このポータルは，図書館の目録と並んでコンテンツ・データベースも有している。利用者は現在すでにこのポータルを経由して，いわゆる灰色文献へオンラインでアクセスすることができる。ここでは，たとえばインターネット文献が保管，管理，提供されている。

b．さらなる協力を目指して

新たな大きな統一体としてのこの3つの図書館の資料購入予算は，約

1400万ユーロである。専門分野は，技術（建築，化学，情報学，数学，物理），医学（保険衛生制度，食品，環境，農学），国民経済学，経営経済，経済実践にまで及んでいる。しかし，こうした協力関係は，ドイツの専門情報機関のこれまでの協力関係を犠牲にして行われるものではない。逆にこの結びつきの強化は，協力をさらに深めていくために行われるのである。

注・参考文献

1) GetInfo http://www.tib-hannover.de/en/getinfo-portal/（2008-7-20 参照）
2) TIBORDER http://tiborder.gbv.de/services/（2008-7-20 参照）
3) Subito http://www.subito-doc.de/（2008-7-20 参照）
4) LINSearch http://www.tib-hannover.de/en/the-tib/projects/linsearch/（2008-7-20 参照）
5) Probado http://www.tib-hannover.de/en/the-tib/projects/probado/（2008-7-20 参照）
6) vascoda http://www.vascoda.de/（2008-7-20 参照）
7) GoPORTIS http://www.goportis.de/（2008-7-20 参照）
8) ［編者注］2007 年 12 月から統合検索システムをリリース，2008 年 4 月からはドキュメントデリバリーシステムを開始している。
 22. April 2008 News.Goportis: Common Full-Text Supply operational http://www.tib-hannover.de/en/the-tib/news/news/id/89/（2008-7-20 参照）

（ウーヴェ・ローゼマン　Uwe ROSEMANN　翻訳：吉次基宣）

第7章

未来のための専門職教育
―― ドイツの大学における図書館員養成

ハンブルク応用科学大学の学生たち

7.1 ドイツの大学では図書館員養成はどのように行われているのか

「伝統的な形態の図書館員は,絶滅危惧種である。」[1]オーストラリア図書館情報連盟（Australian Library and Information Association: ALIA）のプレスリリースはこう始めている。これは何を意味しているのだろうか。図書館員は,現代の学術社会の中で,Googleなどの検索エンジンなどによってもはや必要がなくなってしまい,危険にさらされていると言いたいのだろうか。ところ

が，さにあらず。このプレスリリースは，図書館員という職業の今後の存続を疑問視するのではなく，逆に多くの図書館で図書館員の退職の波が起こっていて，質の高い職業教育を受けた情報専門家への需要が高まってくることを期待させているのである。このプレスリリースでは，オーストラリアばかりではなく，イギリス，米国といった国々でも公的機関の職員，特に図書館の職員の多くが，ここ数年のうちに定年を迎え退職すると伝えている。

ドイツでも同様の現象は見られたのだが，これは，まだ緊急に取り立てて考える必要のない周辺的問題であるかのように見られている。ドイツの一般報道では，退職の波については主に今後やってくる教職員の不足という観点からの報告がなされている。図書館や情報学の世界では，将来的に起こってくるだろう情報専門家の不足をめぐる議論は，まだ明確な形をなすものにはなっていないのが現状である。

これに対して，米国ではこの間に図書館界へ後進を促すための宣伝活動は重要なテーマとなり，図書館関連の職能団体なども注目している。米国図書館協会（American Library Association: ALA）は定期的に「図書館キャリア・リクルート・フォーラム」[2]を提供している。あるいは，「キャリアの決断のとき？　差をつけたいなら図書館員になろう！」というキャッチフレーズを掲げて宣伝を行っている[3]。「図書館員の仕事を楽しんでみない？」[4]は遊び心さえ感じさせるような形で，若者が図書館の仕事に興味をもつよう促している。

では，ドイツではどのような状況なのだろう。情報専門家，あるいは図書館員は，なおも必要とされているのか。ドイツでは今でも図書館情報学は学ばれているのか。現在，ドイツの大学の図書館員になるための教育はどのように行われているのだろうか。

7.2　ドイツの大学での国際修了資格の導入──バチェラーとマスター

現在，ドイツだけではなく，ヨーロッパ全体で大学の改革が進行中である。いわゆるボローニャ・プロセス（Bologna Prozess）[5]が改革と変革の原動力とな

っている。1999年6月19日にヨーロッパ29か国の教育大臣によって署名されたボローニャ宣言は，ヨーロッパ高度教育地域（European Higher Education Area: EHEA）というヨーロッパの教育空間を作り出すことを最も重要な目的としている。これは，段階別修了資格の導入と並んで，大学と専科大学[6]の対等化を促進させることを内容としている。ドイツの大学改革の最も重要な目標は以下のとおりである。

・学生の移動の容易化
・段階別学習課程と国際的修了資格の導入
・教育と研究の透明度の向上
・学習期間の短縮
・生涯学習の枠組みにおける学習[7]

1997年にはすでに，諸州文化大臣会議（Ständige Konferenz der Kultusminister der Länder: KMK）[8]とドイツ大学長会議（Hochschulrektorenkonferenz: HRK）[9]は，クレジットポイント制の導入と教育課程のモジュール化に力を入れていた。この会議の提案が，1998年の高等教育大綱法の追加条項によって実行に移された。ボローニャ・プロセスの要件は，高等教育大綱法の中での国際的修了資格の導入，すなわち，バチェラー（学士）とマスター（修士）の学位とクレジットポイント制の導入によって実現されたわけである。

高等教育大綱法によるとバチェラーとマスターは，それぞれ独立した職業資格を与える国際的な高等教育課程の修了資格である。バチェラーは，大学の最初の標準的な修了資格であり，就職に直接道を開くものである。バチェラーの教育課程は，職場での業務に必要な基礎的知識とそれを応用する技能を養い，職業に就くための資格を提供するものでなくてはならない。標準的な学習期間は，3年すなわち6学期であり，最長で4年すなわち8学期である。学習期間が3年であっても4年であっても与えられる学位に違いはない。ドイツの図書館員あるいは文献資料を扱う専門家養成の教育課程の学習期間は，

6学期から7学期である。この学習期間には，実習にあてる期間も含まれている。

マスターの教育課程は，先行のバチェラーあるいはディプロム[10]の課程からそのまま引き続いて実施されるものとして構成されているが，卒業後間をおいてからでも，社会人のいわゆる「継続教育」としても受講できる。この卒後教育としてのマスター課程の受講が認められるには職場での実践経験が必要で，通常1年未満では足りない。また，この場合のマスター課程は通常有料である[11]。バチェラーから引き続くマスター課程は，バチェラー課程の修了後ただちに開始される。もちろんマスター課程への進学には，成績などの条件を充たさなければならない。マスターの就学期間は，最短で1年，最長で2年である。このような連続教育課程では，以下の修了資格が与えられる。

　人文学バチェラー／人文学マスター（Bachelor of Arts / Master of Arts）
　科学バチェラー／科学マスター（Bachelor of Science / Master of Science）
　工学バチェラー／工学マスター（Bachlor of Engineering / Master of Engineering）
　法学バチェラー／法学マスター（Bachelor of Laws / Master of Laws）

ドイツの図書館あるいは文献資料を扱う専門家養成では，通常，人文学バチェラーあるいは人文学マスターの修了資格が与えられ，例外的に工学バチェラーまたは工学マスターの修了資格が与えられる。

(1) クレジットポイントの導入と単位互換制度

国際的な教育課程を導入する場合，クレジットポイント（Credit Point System: CPS）を与えることが義務づけられている。クレジットポイント制とは，要するに学習に使われる時間を平均的に算定し標準化することである。クレジットは，直接の授業ばかりでなく，出席方式でも自学自習型でも予習・復習の時間も含まれる。また，試験や試験の準備，レポート，論文などの作成

時間，実習時間なども包括しているものである[12]。クレジットポイントを与えるための基本的条件は，行われた学習活動を証明することである。それは，学期ごとの週の学習時間数ではなく，授業の内容や難易度にも対応していない。このことは，個々の教育課程のモジュールにクレジットを割り振るに際して，基礎課程でも専門課程でも違いはないことを意味している。学習に使われた時間数だけが，特定の学習がなされたことを示す基準となる。

ドイツでは，クレジットポイントは特に実績点（Leistungspunkt）とよばれ，一般に年間60点，つまり学期ごとに30点が与えられている。実績点（＝クレジットポイント）1点のためには，学生は出席型あるいは自習型の30時間の学習負担が求められる。

この実績点（＝クレジットポイント）のシステムは，ヨーロッパ内の大学で学ぶ学生の成績を比較可能にし，学生の大学間の移動を容易にするための制度，すなわちヨーロッパ単位互換制度（European Credit Transfer System: ECTS）の枠内で導入された。よって，このようなヨーロッパレベルで見られた実績点（クレジットポイント）は，ECTS点とよばれる。バチェラーの課程を修了するためには，少なくとも180ECTS点が必要である。また，連続教育課程としてマスター課程を修了するまでには，300ECTS点が必要ということになる。この場合，バチェラー課程で獲得したポイントも加算されている。

これに対して，個々の学習活動の質は，クレジットポイントには反映され

表7-1　ドイツとECTSの成績評価の換算表

ECTS評点	ドイツ評点	ECTS評語	ドイツ評語
A	1.0-1.5	Excellent	hervorragend
B	1.6-2.0	Very good	sehr gut
C	2.1-3.0	Good	gut
D	3.1-3.5	Satisfactory	befriedigend
E	3.6-4.0	Sufficient	ausreichend
FX/F	4.1-5.0	Fail	nicht bestanden

出典：Quelle: Kultusministerkonferenz, 2000, p. 3

ず，クレジットポイントとは別の成績評価システムに反映される。したがって，クレジットポイントと成績は分けて表示されることになる。表7-1は，ヨーロッパ単位互換制度（ECTS）における評点・評語と，ドイツでこれまで運用されてきた評点・評語の換算表である。

(2) 修了資格の比較可能性——ディプロマ・サプリメント

1999年春，大学学長会議（HRK）はドイツの大学修了証明書に「ディプロマ・サプリメント」（Diploma Supplement）を追加することを表明した[13]。ディプロマ・サプリメントとは，学位や成績証明書に加え，学習内容，学習経過，修了したことで得られる学歴上および職業上の資格，またこの資格を授与する大学について，基準に基づいて英語で記述された追加情報である。ディプロマ・サプリメントは，ヨーロッパ連合（EU），ヨーロッパ議会（EC），ユネスコ（UNESCO）が協力してイニシアティブをとることで実現されたものである。この追加記載制度は，ほとんどすべてのヨーロッパの国々に導入されるべきものであり，これによってカリキュラムの内容と資格の透明性が高められ，他国との比較もできるようになる。

(3) 教育の質の確保

バチェラーとマスターの教育課程は，その質の確保のために認定される必要がある。認定の際の要件は，教育内容が最低基準を満たしていることを保証することで，学生が課程を修了したときに職業上の必要性を満たすだけの知識と技能を習得しているかどうかが吟味される。認定にあたっては，認定委員会が主に専門別，あるいは地域別に設置されるが，個々の教育課程の認定はピアレビュー方式による監査によって行われる。将来的には個々の教育課程だけではなく，大学全体を認定する制度，いわゆるシステム認定方式が検討されている。このシステム認定は6年間有効とされる。システム認定方式の目的は，大学内での教育内容の質の監査の手間を減らし，その認定を迅速に行うことである[14]。

認定委員会によって行われた監査結果は公表される。州を包括する中央認定局（認定評議会）は，委員会の監査結果を認定するが，例外的に個別の教育課程の認定を行うこともある。認定評議会のメンバーは，大学，州，および学生の就職先となる現場の代表者である。その際，職能団体，たとえばドイツで最も大きな情報図書館職能団体（Berufsverband Information Bibliothek: BIB）などは，ほとんど何の役割も果たしていない。これに対して，イギリスでは，図書館学のカリキュラムは，職能団体である図書館情報専門家協会（Chartered Institute of Library and Information Professionals: CILIP）によって認定されている[15]。CILIP は，職能団体として必要な教育内容を定義する仕事に参加し，それによって専門的職業の世界と大学教育の間の対話を確かなものとしている。

7.3 ドイツの大学の図書館員養成教育の変化

ドイツの大学での図書館員養成教育は，ここ数年の間に制度的にも内容的にも大きく変化した[16]。いくつかの大学の図書館員課程は，ボン大学のように閉鎖されたり，他の部門や大学などに統合されたりしている。フランクフルトでは，図書館学校が解散し，ダルムシュタットの専科大学に統合された。シュトゥットガルトの図書館情報学専科大学は印刷メディア大学と統合され，メディア専科大学（Hochschule der Medien）となった。また，ケルンやハンブルクのように，以前は独立していたいくつかの専門分野が，他の専門分野や学部と統合されたところもある。

さらに，教育課程の多様化という動向が確認できる。伝統的な図書館員養成課程と並んで，内容は似ているが重点がこれまでとは違うところに置かれている新しい講座も組まれている。たとえば，情報マネージメントや情報経済などである。

ドイツの大部分の大学では，これまでのディプロムの教育課程をバチェラーの教育課程にすでに切り替えているか，あるいはその途上にある。大部分の大学では，6 学期制のバチェラー教育課程を採用していて，これには，実

習も組み込まれている。このことは，事実上大学においては，4年の教育課程が3年から3年半の教育課程に切り替わっていることを意味する。以前のディプロムの教育課程は4年制だったからである。このモジュール化された教育課程への変更が，大きなチャンスを生み出す。教育課程の短縮がその内容に影響を及ぼすということも，もちろん否定することはできない。これまでのように深く掘り下げることはできない内容も出てくる。専門的な内容のものは，マスターの課程に移されている。内容を簡潔にすることで，学生が，成果のあがる学習へと意欲を高めることができる。新たな課程では，学生はこれまで以上に自発的に学ぶことを要求されている。教育課程と平行して定期的に行われる試験によって，学生は，自分の習得状況を定期的に確認し管理することができる。

(1) 実習

　大学での学習が実務に即した実り多いものになるためには，十分な実習プログラムが組み込まれていなければならない。これは，雇用者側や実務の現場が強く求めていることでもある。専科大学には，バチェラー教育課程の短縮によって，実習をどのようにカリキュラムに組み込んでいくべきかという問題が突きつけられている。実習は，これまでと同様に大学での学習に組み込まれるべきか，あるいは，大学での学習時間の枠外で行われるべきか。これまでにバチェラー教育課程に切り替えた大学では，これまでと同様に約半年間の実習を教育課程に組み込んでいる。ただし，フンボルト大学では，実習期間を短縮し7週間とした。実習が，大学の教育課程に組み込まれたものとして認定委員会によって承認されるためには，実習の前後に適切な講義を組む必要がある。すなわち，実習がカリキュラムのうちにしっかりと組み込まれていなければならない。このことによって，理論的学習と実践，あるいは理論的学習と現場との関係を深めることができるのである。

(2) 鍵となる能力

　大学での学習において，基本的な鍵となる能力[17]を養うことは図書館情報学関連の教育内容の充実と並んできわめて重要なことである。鍵となる能力が奨励され，求められていることは，学術文献でも言われていて，このような能力は，職能団体や現場でも求められている[18]。認定委員会は，鍵となる能力の必要性を強調しており，これを大学での学習でどう養っていけるのか，できるのだとすれば，どのようにしていけばよいのかを検討している。特にプロジェクト活動などを通じて，チーム活動対応能力，状況対応能力，柔軟性，創造性，交渉能力などの学生に求められている鍵となる能力が育成されなければならない。そのために，大学の学習では，特にプロジェクト活動が重視されていて，カリキュラムにも組み込まれている。このようなプロジェクト活動では，職場で日常的に問題となるテーマに，しばしば現場で働いている人も参加しながらチームとして取り組んでいる[19]。こうした場合，プロジェクトはたいてい外部から委託された形をとり，学生は自己責任で課題を解決しなければならない。すなわち，学生たちは，すでに学習段階で職務遂行の課題を引き受けることを学ぶわけである。

(3) カリキュラム

　大学は，カリキュラムを常に更新し，学術的要求と現場からの要求の双方に対応しようとしている。図書館員養成のための教育課程は，すでにだいぶ以前から公共図書館と学術専門図書館の区分といった組織面の区分に基づいて構成されるのではなく，活動分野の違いによる区分に基づいて構成されている。さまざまな教育プランを比較してみると，異なる概念が使われている場合でも，多くの共通の活動領域を確認することができる。この他，たとえば，音楽情報マネージメント，専門図書館，児童青少年図書館の業務といった専門的な内容の授業も行われている。共通の領域で重点項目に属しているのは，以下の内容である。

第 7 章　未来のための専門職教育――ドイツの大学における図書館員養成　215

・情報技術
・情報検索
・知識の組織化
・情報およびメディア管理
・パブリックマネージメント
・文化およびメディア活動
・情報社会と情報構造
・情報能力
・対象グループ別の個別サービス

　このような内容設定によって，ドイツの大学は 2005 年の『図書館情報サービス教育に関するヨーロッパのカリキュラムの考察』[20]で確認されている，ヨーロッパの教育の新たな動向に対応しようとしている。この報告書は，図書館情報学のコミュニティから 150 人以上が参加したヨーロッパ連合（EU）プロジェクトの成果である。重要視されたのは，ヨーロッパの図書館情報学の教育課程で提供される教育重点項目を共同で作成し，相互に比較できるようにすることであった。会議は時に電子的な仮想プラットフォームの助けを借りて行われた。このプロジェクトによって，専科大学の間の協力の改善がはかられ，ボローニャ・プロセスが推進されることを目指したものである。この報告書の中では，以下の領域が「核となる主題」（Core Subjects）として確認されている。

　文化遺産のデジタル化
　情報リテラシーおよび情報学習
　情報探索と情報検索
　情報社会：情報のフリーアクセスに対する障壁
　知識管理，情報管理
　知識の組織化

多文化情報社会における図書館
歴史的観点からの情報と図書館：図書館史から図書館と情報史へ
ヨーロッパ関連の文化の仲介
実践と理論：カリキュラムの一部としての位置づけ
図書館経営管理

以上をドイツの教育課程の重点項目と比較すると，歴史的側面がもはや学ばれる対象でなくなってしまっていることが確認できる。また，特にヨーロッパに特化した文化仲介の問題が，まだ授業計画に入っていない。大学はボローニャ・プロセスの渦中にあり，教員と学生の可動性が重要な関心事となっているが，今後このような内容構成にももっと注意を向けていかなければならない。

ヨーロッパの大学における図書館情報学課程を対象としたアンケート調査では，カリキュラムの中で最も重要な科目としてあげられたのは，"図書館の経営管理や振興，知識の組織化，情報探索と情報検索" などであった[21]。この EU プロジェクトの結果を検討してみると，ドイツの図書館員養成課程の教育内容は，他のヨーロッパ諸国のものとほとんど一致していることがわかる。

7.4 ドイツにおけるマスター課程

現在，ドイツの大学では，さまざまなマスター課程のオプションが検討されている。中期的には，より広範囲のマスター課程が組まれることが期待されている。マスター課程の通信教育あるいは e ラーニングは他の国々では普通のこととなっているが，ドイツでこれがどの程度行われるかは，まだ明らかになっていない。

ケルン専科大学では，図書館情報学マスター資格（Master of Library and Information Science）をとるための上積みできる課程が開設されている。この追加

方式のマスター課程は，近い将来，変化した枠組み条件に対応してくる。このマスター課程はバチェラーからの連続課程ではないが，授業料は徴収されない。それはこの課程が，職業法上必修の第二教育課程とされているからである。フンボルト大学は，図書館情報学の卒後教育の通信課程を開設しているが，こちらは毎学期 1,250 ユーロがかかる。フンボルト大学はまた，図書館情報学の通学制のマスター課程の設置も計画している。シュトゥットガルトのメディア専科大学では，2007/2008 年の冬学期から，図書館情報管理のマスター課程を，また，ハンブルク応用科学大学では 2008/2009 年の冬学期から情報知識管理（情報科学とサービス）のマスター課程を開設する。これに対してハノーバー専科大学は，2006/2007 年の冬学期から，情報知識管理の卒後教育としてのマスター課程を開設している。これは，パートタイムでの取得もできる課程で，すでに図書館員の高等資格[22]を得られるという認定がなされている。この課程は 3 学期制で，学期ごとに 1,500 ユーロの授業料がかかる。この課程は 2 年ごとに開講される。

　マスター課程は，「より応用に即したもの」，または「より研究に即したもの」の選択ができ，総合大学でも専科大学でも設置することができる。マスターの教育課程は，先行するバチェラーまたはディプロム課程に直接連続するか，あるいは社会人の「継続教育」や卒後教育としても学べるように構想されている。卒後教育としてマスター課程に入学するためには，現場での実務期間が必要で，これは 1 年以下では不十分である。この形式のマスター課程では，通常授業料が必要となる。卒後のマスター課程はまた，科目単位の履修でも開講されている。連続課程としてのマスター課程は，バチェラー課程の修了後ただちに開始される。マスター課程の修了に際しては，総合大学，あるいはこれと同等の専科大学の旧ディプロムとマギスターと同等の修了資格が認められる。すなわち，これによって博士論文を書く資格が与えられる。

　専科大学で得たマスター修了資格は，内務大臣会議との現在有効な合意に従って，認定過程を経て承認されていれば，図書館員の高等職へ就くための可能性が開かれる[23]。

マスター課程のほかに，ドイツには卒後の研修として，官公庁内での研修システムがある。ミュンヘンのバイエルン図書館学校では，2年間の官公庁内研修を実施している。また最近，フンボルト大学でも高等職のための国家試験をともなう公官庁内研修を受けることができるようになった。

これらの卒後教育のためのさまざまな教育課程は，相互の調整がなされずにばらばらに行われている。個々の大学が，組織面や各州の事情によって異なる条件に基づいて，どのような課程がどのように提供されるべきかを決定している。一方，米国では連邦全体で，図書館協会（ALA）の認定事務局が図書館情報学分野のマスター課程を審査し推薦するという方式をとっている[24]。また，フィンランドでは，国が教育の内容にも介入する。1998年のフィンランドの図書館法への通達によれば，どの程度の教育を行うか，また特定の教育を備えた人員の数なども指定している。さらに，課程で取り上げられる，図書館学と情報学の割合も定められている[25]。ドイツでこのようなことを行うことはできないが，全体調整が重要であることは明らかである。一般に州の境を越えて大学間での話し合いは行われず，非公式に経験や情報の交換などが行われるにすぎない。図書館関連の教育の分野では，このような情報交換は，情報および図書館員教育機関会議（Konferenz informatorischer und bibliothekarischer Ausbildungseinrichtungen: KIBA）[26]，ドイツ図書館協会（Deutscher Bibliotheksverband: DBV）第7部会，やドイツ情報学およびドイツ情報科学技術協会（Deutsche Gesellschaft für Informationswissenschaft und Informationspraxis: DGI）の教育部会などで行われている。

大学での国際修了資格の導入によって，教育課程の柔軟性が高まった。このことは，図書館で指導的地位に就こうとする者にとっては，図7-1に見られるように，多くの学び方が可能になったことを意味する。図書館関連のバチェラーとマスター課程から，指導的地位への直接の道の可能性がある。さらに，図書館以外の専門分野のバチェラーを修了した後，図書館関連のマスター課程を修了するか，あるいは，図書館関連のバチェラー修了と他の専門分野のマスター課程を組み合わせる"クロスセクター"とすることもできる。

このことは，図書館にとっては，各図書館の特性に最もあった専門家を，必要に応じて探すことができるということを意味する。

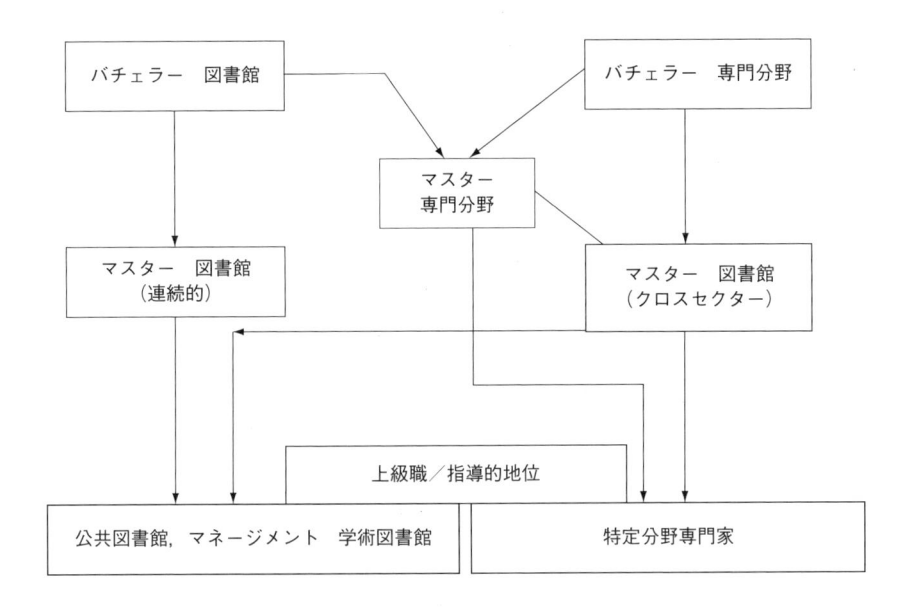

図 7-1　図書館の指導的な職に就くためのさまざまな教育課程
出典：2006 年 12 月 14 日ドイツ図書館協会（BID）[27] 第 3 回戦略会議の報告

7.5　ドイツにおける図書館関連の教育課程：展望

　大学での図書館員養成教育は，ドイツでは伝統的に専科大学で行われている。現在，8 つの専科大学と 1 つの総合大学で，図書館員養成教育課程を専攻することができる。以下にそれぞれの大学について，その特徴と各課程の概要を述べる。

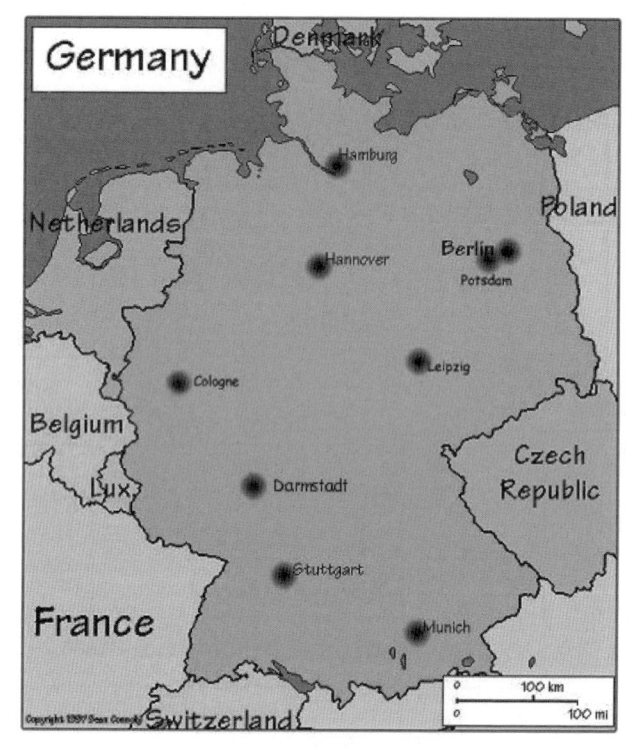

図7-2　ドイツにおける図書館関連の教育課程のある大学

(1) 実践と学術研究の結合：ベルリン・フンボルト大学（Humboldt-Univesität zu Berlin）
哲学科第1部門-図書館および情報学研究所（www.ibi.hu-berlin.de）
a．図書館情報学のバチェラー教育課程

　このバチェラー教育課程は，図書館情報学を主専攻とする課程と，第二専攻とする課程の混成型教育課程である。これに対応して図書館情報学を他の専門の混成型教育課程の第二課程として選択することができ，また，他の専門の単線型教育課程を専攻した場合には，追加科目としても選択することができる。

　この図書館情報学の混成型教育課程は，職業実務に向けて構成されている

ことが特徴であり，実践の問題と学術の方法論を結びつけている。この教育課程の目的は，図書館と情報分野の機能，構造，活動方法などについての知識を獲得すると同時に，知識と情報のプロセスを組織するための技能を習得することである。

b．図書館情報学のマスター教育課程

このマスター課程の目的は，図書館情報学およびその実践の理論，方式，方法論を開発し発展させるという，図書館情報学関連の研究機関の要請に答え，この分野の研究を力強く導き，同分野の後進の研究者を育成することである。

c．卒後の通信教育課程

この通信制教育課程は，目的に応じた自学自習課程と1学期に10日の出席型の講習会とを組み合わせたものである。

課程の目標は以下のとおりである。
- 図書館全体の機能と活動方法について，学術的な基礎知識に基づく理論的，実践的知識を獲得する。
- 情報プロセスの組織化のための能力と技能を習得する。
- 図書館および情報関連機関の指導管理能力を習得する。
- 独自の学術プロジェクトを実現するための能力を習得し，また図書館活動の方式や方法の開発のための能力を習得する。

(2) 情報技術と情報科学:ダルムシュタット専科大学（**Fachhochschule Darmstadt**）
情報管理および知識マネージメント分野（http://www.iuw.fh-darmstadt.de/）
a．バチェラー課程:情報科学と工学／情報学

情報科学と情報工学・情報学のバチェラー教育課程は，企業および国家機

関あるいは他の公共機関で知識や情報を扱う専門家を養成する。このような専門家は，知識のさまざまな公表形態について知らなければならず，また，その知識が，獲得され，保存され，整備される方式について知らなければならない。情報システムと情報サービスの立案，形成，開発，導入の能力の習得に重点が置かれている。図書館の経営管理，メディア情報，経済情報，あるいは個別に編成された内容から構成される3年間の課程である。

b．マスター課程：情報科学と工学／情報学

連続課程であるマスター課程は，情報科学と情報工学／情報学の応用を目指していて，情報経済，インターネット経済，図書館，管理などのさまざまな分野での開発や指導を行う情報専門家を養成する。教育プログラムは，情報学，情報技術，メディア学，図書館制度，情報経済学，経営経済学などの分野から構成されている。この課程は，情報学の分野の専門的，方法的知識と技能を深め，経済界や公的セクターの高度で専門的かつ指導的な課題に対応する能力を育成する。

(3) 知識と世界の間：ハンブルク応用科学大学（Hochschule für Angewandte Wissenschaften Hamburg）
デザイン，メディア，情報学部，情報学科（http://www.bui.haw-hamburg.de）
a．図書館および情報管理のバチェラー教育課程

この課程を修了した図書館情報マネージャーは，図書館，情報センター，コンツェルンの資料館，あるいは企業コンサルタントなどで活動する。彼らは，役立つ重要なメディアや文書を見出し，解説し，これを利用者のニーズに応じたサービスに生かす構想ができる能力をもつよう育成されている。メディアや情報マーケット，そのメカニズム，急激な発展とますます増加する多様性についての深い理解に基づいて，図書館や情報サービスのためにデジタル資料を含むさまざまな形態のリソースを構築する。現場での会話を通じ，またオンラインで特定の関心をもつ人やさまざまなグループに向けて，情報

第7章 未来のための専門職教育──ドイツの大学における図書館員養成　*223*

の提供や助言を行う。その際，市場や利用者の調査研究の方法を，知識の組織化のモデルや形式的，内容的に利用者を尊重した資料の分類と目録作成の技術などに応用する。図書館情報マネージャーは，その情報能力，読解能力，メディア関連の技能によって，社会の鍵を握る専門技能をもつ者としてますます重要になってきている。図書館情報マネージャーは，さまざまな分野のさまざまな年齢の人々のために，読書支援のコンセプト，あるいはメディアや情報リテラシーなどのコンセプトを展開する。彼らは，また他の教育施設や文化施設と協力して，学習や読書の場を構築する。このような学習の場は，学び続けることがますます重要になってきている今の世界において，文化，経済，学術，社会の側からの要求に今後も対応していかなければならない。

ハンブルク応用科学大学

b．情報学および情報マネージメントのマスター教育課程

　この応用を重視した情報学および情報管理の教育課程では，情報システムおよび情報サービス領域での責任者や管理職としての能力育成を行うことを目的とする。その活動範囲は，情報プロジェクトおよびメディアプロジェクト，情報プロセスの企画，構成，指導，調整，遂行，管理にまで及んでいる。この目的のために学生は，情報技術および情報アーキテクチャー，情報やメディア経済に関しての深い知識を獲得し，国際的な情報および情報伝達能力を習得し，情報マーケティング，広報活動に関する詳細な知識を習得する。マスター課程の修了者の広範にわたる情報およびメディア能力は，図書館および情報関連の施設，メディア関連の企業，メディアおよび情報セクターのコンサルタントエージェント，大中企業のマーケティングおよび広報部などで求められている。

(4) 実務への対応：ハノーバー専科大学（Fachhochschule Hannover）第三学部－メディア，情報およびデザイン（http://www.fakultaet3.fh-hannover.de/de/）

a．情報管理のバチェラー教育課程

　情報管理のバチェラー教育課程では，情報活動の方法と専門知識が，実務に即して教えられる。たとえば，文献，メディア，オブジェクト文書データベースの構築，電子出版，情報検索，情報加工やプロセス，情報評価などさまざまな目的のための基準となるソフトウェアの導入などについてである。また，応用情報学の知識および現代の情報テクノロジーに専門家として精通することも，将来の情報専門家に求められる技能に属している。優れた英語力は基本的な能力で，これが大前提となっている。このような技能は，コミュニケーション能力トレーニング，企業マネージメント，マーケティング，質の管理などについての講義などによって養われる。情報管理および知識管理の実践が常に中心に置かれている。すなわち，この課程の核となるモジュールでも選択科目でもその中心に置かれている。

情報専門家は，大きな責任を担っている。彼らは，正しい情報が適切なときに適切な形で提供され，業務の上で適切な意思決定が行われるように配慮する。したがって，彼らにとっては専門的技能以外にも責任意識，協調性やコミュニケーション能力が，仕事の現場で成功するための重要な前提となる。そのために，学生が学業の修了以後も実務に適切に対応できるよう追加実習を用意し，将来の職場環境に備えることができるようにしている。第4学期には，5か月間の実習が行われ，第7学期には，数週間の追加の研修期間がある。バチェラーの卒業論文も企業あるいは他の組織と協力して実務を重視したテーマで書かれる。情報学の実践に関係するさまざまなプロジェクト活動，見学会，ゲスト講師による講習会などによって，この分野の最新の動向をおさえておくことができる。

b．情報および知識管理マスター教育課程

　知識に効率的，効果的にかかわっていく能力が，我々のこの知識社会において今後何年間か，あるいは何十年間かは，鍵を握る能力である。この課程は時間ごとに選択して履修できる卒後教育で，知識とのかかわりを理想的に調整する能力を養成する。図書館，企業コンサルタント，大企業，継続教育施設は，知識やメディアとのかかわりを調整する能力をもつ専門家を求めている。このマスター課程の費用は，1学期約1,250ユーロである。

(5) 革新の能力という教育目標：ケルン専科大学（Fachhochschule Köln）情報およびコミュニケーション学部，情報学研究所（www.fbi.fh-koeln.de）

a．図書館学バチェラー教育課程

　社会と情報技術の変化によって，図書館活動への要求がますます高まっていることが，非常に優れた技能をもった情報専門家を求める状況を生み出している。ケルン専科大学の図書館学教育課程は，情報の収集，保存，整理，提供の技能および小規模の情報関連施設の管理運営，情報テクノロジーの適切な導入などの技能を育成する。

未来の図書館員は，情報テクノロジーに関心をもつと同時に，現代的な情報管理やマネージメントとさまざまな情報サービスのあり方にも関心を向けなくてはならない。

　これに加えて重要なのは，サービスを尊重する姿勢，コミュニケーションへの対応，分析的思考能力，優れた一般常識，優れたドイツ語と英語力である。

b．図書館学マスター教育課程

　バチェラー教育課程に続くものとして，さまざまなマスター教育課程が準備中である。現在具体的に検討されているのは，次の2つである。

- バチェラーからの連続課程としての「マーケットおよびメディア研究」
- すでに職業についている専門家の継続教育としての「図書館情報学」

(6) データベースと経営経済的思考：ライプチヒ技術,経済,文化大学（Hochschule für Technik, Wirtschaft und Kultur Leipzig）

メディア学科（http://www.htwk-leipzig.de/bum/）

　この教育課程は，特に情報検索や情報の整理，あらゆる種類のメディアの入手や取り扱い，その積極的な提供などが課題となる職業分野に必要な知識を伝え，技能を養成する。

　データベースの構築や利用，インターネット情報の分類組織化といった現代の情報技術についての知識なども，現在，情報関連の職業の課題領域に属しており，この教育課程の不可欠な構成要素となっている。

　この教育課程のプログラムの中にはさらに，経営に関する講座や文献およびメディア評価に関する講座も含まれている。情報法やメディア法の問題，また資料館，博物館制度，出版社の体制などについての基礎知識がこの課程のプログラムを補う。選択科目の割合が高く，これが，学生に独自のカリキュラムを組むことを可能にしている。

この課程でディプロム図書館員になることを目指して学ぶ学生は，図書館や他の情報提供関連施設での自立した活動や利用者のための活動をするために必要な条件のすべてを獲得することができる。

(7) 高等職のための国家試験：バイエルン図書館学校（Bayerische Bibliotheksschule）(www.bib-bvb.de/bib_schule/bib_sch.htm)

　バイエルン図書館学校では，学術図書館の高等職のための官公庁内研修課程を提供している。この課程にかかる期間は2年である（実習12か月；理論的研究12か月）。

　この課程の受講を申請できるのは，少なくとも7学期以上を学習期間とする規定のある学術系大学の修了者で，学位（博士）証明の提示が望ましいとされる。受け入れの可否は，バイエルン州立図書館（Bayerische Staatsbibliothek München: BSB）が決定する。応募者は，これまでの学歴，図書館高等職の要件に対する適性，学術図書館側が必要としている人員の状況を考慮して，特定の専門領域の図書館に配属される。たいていは，優先的に求められている専門分野が，募集要項にその都度記載されている。

　この教育課程の目的は，学術図書館の高等職候補生が，実務上の課題と方法を理解し，将来その職業において自立的も仕事ができるようにすることである。候補生は，適切な指導を受けて業務に参加したり情報を得たりしながら図書館のすべての部署の仕事を体験し，図書館の課題領域と意味について明確に把握しなければならない。

　この課程の実習はバイエルン州のいずれかの大学図書館で行われる。理論の部分については，ミュンヘンのバイエルン図書館学校の授業や演習に参加する。専門の図書館における実習に加えて，勤務の準備中に，大学で学んだ専門知識をさらに養い深めなくてはならないのである。

(8) 電子データ処理と情報科学：ポツダム専科大学（Fachhochschule Potsdam）

情報学科分野（http://informationswissenschaften.fh-potsdam.de）

　この教育課程は，図書館活動の全領域の業務への準備を行うものである。2学期間の基礎課程の間に，基本的技能のほかに広範な電子データ処理の知識や情報学の理論的，実践的，方法的な基礎を習得する。さらにこれを補う形で，図書館の資料・情報提供についての入門講習も行われる。

　専門課程では，大学図書館から企業内の専門図書館までさまざまな図書館の活動についての講義が行われる。さらに，図書館経営とか伝統的メディアやデジタルメディアの分類や登録，専門情報源の検索などが付け加わる。デジタル著作権管理，デジタル出版，プロジェクトマネージメント，知識管理などにも重点が置かれている。2回の実習が組み込まれ，実務を学ぶ学期もあり，実践的な編成となっている。必修科目，プロジェクト，補強科目などの講座がモジュール化され，個人の希望に合わせたカリキュラムが組める。

(9) カルチャーマネージメントとメディアマネージメント：シュトゥットガルト専科大学ーメディア大学（Fachhochschule Stuttgart - Hochschule der Medien）

情報およびコミュニケーション学部（www.hdm-stuttgart.de/iuk）

a．図書館およびメディア管理・バチェラー教育課程

　この課程は，図書館，情報関連施設，文書管理関連施設，地域，国あるいは民間の図書館サービスの業務に対応できる技能を養成する。この課程は，市や各地域図書館あるいはメディアテークでの図書館およびカルチャーマネージメントに必要な技能，あるいは大学，研究施設，企業，議会，博物館，教会，連盟，メディア施設などの学術図書館や専門図書館の活動領域を考慮した技能の習得に重点を置いている。

　この課程が養成する知識と技能には，蔵書や資料の構築と収集，および各地域，あるいは地域の枠を越えた統合データベースでこれらの蔵書や資料を他館と足並みを合わせて分類，登録することも含まれている。物理的な資料

の購入のほかに，電子版の雑誌や新聞，電子ブック，データベースといった電子メディアのライセンスの取得がますます増加している。この課程は，このような分野での市場の動向についての知識，あるいは図書館のサービスで提供できる電子出版物とサービスの統合についての知識を提供する。図書館は伝統的メディアとデジタルメディアやデジタル資料の管理のために，新たな図書館システムを導入している。学生は，そのようなシステムの評価，選択，導入に際しての助言や，職員や利用者のための活用法を学ぶ。また，データベースの構築，管理および利用法についても学んでいく。

　図書館員が，特に情報専門家であるといえるのは，デジタル図書館や仮想図書館を構築することができたり，専門的なデータベースに通じ，インターネットで検索し，その結果を解釈，評価し，利用者からの依頼に応じて選別し提供したりできるからである。経営に関する教育内容には，図書館での人事管理，組織，マーケティング，リーダーシップ，費用や業績管理が含まれている。図書館政策，図書館のコンセプト，カルチャーマネージメントに関する講座は，このような図書館の活動領域の基礎知識を提供する。この課程の重点項目には，児童・青少年の読書推進，成人の情報関連技能取得支援なども含まれている。図書館や文化施設との協力によるプロジェクト活動を体験することによって，方法に通じ専門的，社会的要求に耐え得る能力を養うことができる。この課程に組み込まれている短い2回の実習と実践的な通常の学期の学習によって，将来の仕事の活動領域をより深く理解することができる。

b．図書館および情報管理・マスター教育課程

　図書館および情報管理に関する課程を修了した者，あるいはメディアや資料館の分野の課程の修了者にとって，この図書館および情報管理のマスター教育課程で学ぶことは正しい選択だといえるだろう。この課程によって，公的あるいは私的な図書館，文化，メディア，情報施設を指導するための業務に備え，専門性を高めることができる。この課程は，図書館および情報管理

のバチェラー課程の教育内容に引き続くものである。

　経験的社会研究の方法，プロジェクトマネージメントや人事指導といった必修の基礎科目と並んで，このマスター課程では，それぞれの専門に応じたカリキュラムを提供している。パブリックマネージメントと図書館経営管理，情報管理，音楽情報マネージメント，カルチャーマネージメント，メディア学のうちから，3つの講座が選択される。小グループの活動によって，自立的で自己責任に基づいた学習姿勢が養われる。また2つのプロジェクト活動やマスター論文では，研究開発の計画を図書館や企業と協力して実現できる可能性もある。

7.6　展望：我々は同僚に何を期待しているか

　デンマークの王立図書館情報科学学校のジッテ・ラールセンは，オスロのIFLA会議で「我々は同僚に何を期待しているか？」という問いに答えて次のように言った。「新たに職員を採用するにあたって，図書館長は，深く広い理論的教育のバックグラウンドを持ち，個人や社会との優れた協調性を備えた職員を必要としている。」[28]

　我々の教育はこれを果たせるだろうか。我々の大学はこれを実現できるだろうか。

　バチェラー・マスター制度への転換によって，実務への対応を新たに考え直すという課題と並んで，これまで以上に学術を強調した教育課程を開発するという視点が開かれてきた。「学生は，その学習期間を通じて研究活動のパートナーである。学生は，この役割を受動的あるいは能動的に果たしつつ，方法についての知識を得たり方法上の勘を養ったりすることができる。これによって学生は，社会における責任を引き受ける能力を習得することができる。」ニダ・リューメリンは，ケルン大学での講演でこう述べた[29]。バチェラー・マスター課程がこれから広範に導入されていくことになっているが，これは，実践面で特定の影響を与えるだろう。より質の高い学術上の成果に

支えられて，このことによって，実践のための知識も増加するであろう[30]。

バチェラーの教育課程は，これまでディプロム課程が成功を収めてきたように，中間管理に責任をもつ立場の職員の養成を行う。バチェラー課程の修了者は，この課程の中で応用的な研究との関連ですでにしばしば行ってきたように，実際的な諸問題に即して活動する。マスターの教育課程では，指導的立場で働く職員の養成と図書館，文化施設，メディアや情報関連施設のための専門的技能を習得することが目的となっている。マスター課程では，バチェラー課程ですでに重点課題として習得した技能を深めること，あるいはさらに新たな専門性を身につけることを目標としている。マスター課程の修了者の職業上の目的は，専門的で責任のある職につくこと，あるいは，専門的課題や専門的プロジェクトを引き受けることである。このようなプロジェクトには，たとえば，長期資料保存，自動的見出し付け，図書館教育，音楽情報マネージメント，新たなサービス提供の開発などがあげられる。

マスター課程では，集団組織のプロセスの操作に必要な社会的能力に大きな重点が置かれる。それには，たとえば組織内のコミュニケーション，集団の技能や革新の潜在的力の活性化，職場内の対立の解消，個人の自立的活動範囲の形成と均衡，参加型の活動による実践などが含まれている[31]。マスター修了者の課題は，業務の遂行課程のための新たな発想を生み出し，それを協力して実現するように職員を促すことだからである。

オーストラリア図書館情報連盟（ALIA）の会長は，この新たな課程の修了者の一人を思い浮かべて次のように言っている。「今日的な図書館員はダイナモ（エネルギーをもった働き手）である。今日の図書館員の職務領域は広く，情報技術，経営，心理学，教育など広範囲の知識と技能が要求される。図書館員は，情報技術やインターネットにも精通する必要があり，さらに情報関連分野のさまざまな人間たちと協力できるように，優れた人間関係を構築する能力が要求される。図書館員は探究心をもち，粘り強く，想像力に富み，革新的である必要がある。また，問題解決を楽しみ，チャレンジをすることで成長していかなくてはならない。最も重要なことは，彼らが活動する

コミュニティを理解し，その情報のニーズを開発することである。」[1]

注・引用文献
1) A worldwide shortage of librarians. 18 October 2005.　http://www.alia.org.au/media.room/2005.10.18.html（2008-7-20 参照）
2) ALA Library Career Recruitment Forum　http://www.cjrlc.org/ala_forum.htm（2008-7-20 参照）
3) Become a librarian!　http://www.becomealibrarian.org/（2008-7-20 参照）
4) Would you enjoy working as a librarian?　http://www.quia.com/pop/38509.html（2008-7-20 参照）
5)［編者注］1999 年ヨーロッパの 29 か国で調印された，高等教育改革を掲げた「ボローニャ宣言」に基づいた行動。ヨーロッパの高等教育の国際的競争力を高め，学生の雇用可能性や移動性を拡大するために，共通の高等教育圏を 2010 年までに作り上げることを目的としている。質を確保した共通学位の導入や単位互換制度などが個々の目標とされている。現在，参加国は 46 か国である。
The Bologna Declaration on the European Space for Higher Education: an explanation.　http://ec.europa.eu/education/policies/educ/bologna/bologna.pdf
About the Bologna Process　http://www.ond.vlaanderen.be/hogeronderwijs/bologna/about/（2008-7-20 参照）
6)［編者注］ドイツの伝統的な大学 Universität（＝University）と専門分野の単科大学である専科大学 Fachhochschule（＝University of Applied Sciences）にあたる。前者は研究指向で，後者は実務的あるいは応用分野の教育を提供している。
Types of Higher Education Institutions　http://www.daad.de/deutschland/hochschulen/hochschultypen/00414.en.html（2008-7-20 参照）
7) Stifterverband für die Deutsche Wissenschaft. Credits an deutschen Hochschulen: Transparenz - Koordination - Kompatibilität / Stifterverband für die Deutsche Wissenschaft, November 2000, p.5.
8) ドイツ連邦共和国の諸州文化大臣会議（KMK）は，ドイツ連邦共和国の各州の教育，大学，研究，文化担当の大臣あるいは議員が集合する会議である。
9) ドイツ大学長会議（HRK）は，現在 258 の大学が会員となっていて，ドイツで登録している学生の 98％が，これらの大学で学んでいる。
10)［編者注］ディプロム（Diplom）はドイツの大学で得られる，工学，自然科学，人文社会科学分野の学位のひとつで学部卒業に相当する。同様に修士課程卒業に相当するのはマギスター（Magister）である。これらの学位はボローニャ・プロセスによって 2010 年までにヨーロッパ共通のバチェラーおよびマスターに置き換えられること

第7章　未来のための専門職教育——ドイツの大学における図書館員養成　*233*

になっている。
Degree Programmes for Undergraduates and Graduates.　http://www.daad.de/deutschland/studienangebote/06005.en.html（2008-7-20 参照）
11)［編者注］従来はドイツでは大学の学費は無料であったが，学費を徴収する州が増えている。
Tuition fees on their way　http://www.daad.de/deutschland/wege-durchs-studium/kosten/06199.en.html（2008-07-20 参照）
12) Kultusministerkonferenz. Rahmenvorgaben für die Einführung von Leistungspunktsystemen und die Modularisierung von Studiengängen: Beschluss der Kultusministerkonferenz vom 15.09.2000, p.4
13) Hochschulrektorenkonferenz. Internationale Anerkennung deutschen Hochschulen stärken: HRK empfiehlt "Diploma Supplements" / Hochschulrektorenkonferenz. Bonn, 24. Feb.1999.
14) Ergebnisse der 318. Plenarsitzung der Kultusministerkonferenz. Berlin, 14.06.2007. http://bildungsklick.de/pm/53630/ergennisse-der-318-plenarsitzung-der-kultusministerkonferenz/（2008-7-20 参照）
15) Bertelsmann Stiftung / Bibliothek & Information Deutschland (Hrsg.) *Vorbildliche Bibliotheksarbeit in Europa, Singapur und den USA. Internationale Best-Practice-Recherche.* Gütersloh: Bertelsmann Stiftung, 2005, p.27
16)［編者注］これまでのドイツの図書館員養成については以下が参考になる。
Thun, Hans-Peter, 三浦太郎訳「図書館員養成」『ドイツ連邦共和国における図書館制度の概略』学術情報センター, 1999, p.28-30.
Boyer, Jens, 吉次基宣訳「ドイツの司書教育」『現代の図書館』vol.43, no.1, 2005, p.15-25.
17) CERTIDoc-プロジェクトから成立した下記の「ユーロガイド：情報資格ハンドブック」には鍵となる能力のすべてがリストアップされている。
Euroguide: Handbuch für Informationskompetenz, Bibliothek und Information Deutschland, 2004.
18) 下記の著書，あるいは米国専門図書館協会の報告書の改訂版を参照。
St. Clair, Guy. *Beyond degrees. Professional Learning for knowledge Services.* München, Saur, 2003.
Competencies for Information Professionals (SLA)　http://www.sla.org/content/learn/comp2003/index.cfm（2008-7-20 参照）
19) 下記のラツェックの LIS 教育課程に関する記事や，ゲープとクラウス－ライヒェルトの研修プログラム展望の中で報告されている。
Ratzek, Wolfgang. "LIS-Studiengänge als Dienstleister für Studierende und Informationseinrichtungen" *B.I.T. online,* vol.8, no.3, 2005, p.249-252.

Geeb, Franziskus and Krauß-Leichert, Ute. "Fortbildungsangebote auf einem Blick. Das neue bundesweite Portal wissenbringtweiter. de der Hochschule für Angewandte Wissenschaften." *BuB*, vol.57, no.6, 2005, p.440-443.

20) Kajberg, Leif and Lorring, Leif ed. *European curriculum reflections on library and information science education*. Copenhagen, Royal School of Library and Information Science, 2005.

21) 同上, p.235.

22) 高等職 (höherer Bibliotheksdienst) は, ドイツの図書館員の資格で最高位の第3レベルにあたる。ほかに, 上級職 (gehobener Dienst), 中級職 (mittelerer Diesnt) がある。

23) 以下の2002年2月6日の内務大臣会議の決定および2002年5月24日の文化大臣会議の決定のこと。Vereinbarung: Zugang zu den Laufbahnen des höheren Dienstes durch Masterabschluss an Fachhochschulen. Beschluss der Innenministerkonferenz vom 6. Februar 2002 und der Kultusministerkonferenz vom 24. Mai 2002. http://www.kmk.org/hschule/zugang.pdf (2008-7-20 参照)

24) 2007-2008 Directory of Institutions Offering ALA-Accredited Master's Programs in Library and Information Studies. http://www.ala.org/ala/accreditation/lisdirb/lisdirectory.htm (2008-7-20 参照)

25) Bertelsmann Stiftung, 2005. p.88.

26) ドイツ図書館協会 (Deutscher Bibliotheksverband: DBV) 第7部会とドイツ情報科学技術協会 (Deutsche Gesellschaft für Informationswissenschaft und Informationspraxis: DGI) の教育部会の合同組織。http://kiba.wikispaces.com/ (2008-7-20 参照)

27) ドイツ図書館協会 (Bibliothek und Information Deutschland: BID) は, ドイツの図書館員や情報専門職などの個人と団体を包括する組織である。

28) Larsen, Gitte. Continuing professional development: trends and perspectives in a Nordic context. IFLA 2005 Oslo. P.6 http://www.ifla.org/IV/ifla71/papers/143e-Larsen.pdf (2007-7-20 参照)

29) Nida-Rümelin. Universität Köln, 9. Febr. 2006.

30) Hobohm, Hans-Christoph. Der Bibliotheks-Bachelor. Oder was ist wirklich neu am neuen Berufsbild des Bibliothekars? *Die innovative Bibliothek. Elmar Mittler zum 65. Geburtstag*. Münster, Saur 2005, p.275-285. http://forge.fh-potsdam.de/~hobohm/Hobohm-2005b-Der-Bibliotheks-Bachelor.pdf

31) Paul, Gerd. *Anforderungen und Bedarf an Personen mit Leitungsfunktionen in Bibliotheken und Informationseinrichtungen*. Köln, FH Köln 2000. (Kölner Arbeitspapiere zur Bibliotheks- und Informationswissenschaft, Bd.25), p.27

第7章 未来のための専門職教育——ドイツの大学における図書館員養成

参考文献

・European Council of Information Associations (ECIA).
・*Euroguide: Handbuch für Informationskompetenz* (BID). Frankfurt a.M., DGI Verl., 2004.
・Hallam, Gilian. "Junge Bibliothekare müssen eine Chance bekommen!" *BuB,* vol.58, no.1, 2006, p.61-64.
・Krauß-Leichert, Ute. "Ausbilden für die Zukunft. Welche Mitarbeiter braucht die Bibliothek 2007". *BuB* Vol.58, No.4, 2006, p.292-298. ; Bibliothek & Information Deutschland (Hrsg.): *Aufbruch als Ziel - BID und "Bibliothek 2007"*. Hildesheim, Olms Verl, 2006, p.151-163.
・Krauß-Leichert, Ute. "Die Umstellung auf die BA- und MA-Ausbildung in Deutschland. Vortrag für den Internationalen Kongress." Die Lernende Bibliothek 2005 - La biblioteca apprende 2005", 4.-6. Oktober 2005, Augsburg.
http://www.bui.haw-hamburg.de/pers/ute.krauss-leichert/Aktiv-fh/Pub.htm (2007-7-20 参照)
・Krauß-Leichert, Ute. "Agenda 2010 für Dipl.-Bibl. und Magister. Bachelor und Master in bibliothekarisch-, dokumentarisch-orientierten Studiengängen: ein praktischer Leitfaden für die neuen internationalen Studienabschlüsse." *BuB,* vol.56, 2004, p.302-304.
・Krauß-Leichert, Ute. "The case of Germany. A report on the status of international degrees and credit point systems." *New Library World,* vol.104, no.7/8, 2003, p.300-306.
・Schömer, Ulrike. "Bachelor- und Masterstudiengänge für Informationsspezialisten an der Fachhochschule Hannover." *Information, Wissenschaft & Praxis,* vol.57, no.1, 2006, p.15-18.
・Stifterverband für die Deutsche Wissenschaft. Credits an deutschen Hochschulen: Transparenz - Koordination - Kompatibilität / Stifterverband für die Deutsche Wissenschaft, November 2000
・Umlauf, Konrad. "Institut für Bibliotheks- und Informationswissenschaft". *BuB,* vol.58, no.1, 2006, p.22.
・Wissenschaftsrat. "Empfehlungen zur Einführung neuer Studienstrukturen und -abschlüsse (Bakkalaureus/Bachelor - Magister/Master) in Deutschland / Wissenschaftsrat 2000." Drs. 4418/00. Berlin, 21. Januar 2000

(ウテ・クラウス-ライヒェルト　Prof. Dr. Ute KRAUSS-LEICHERT　翻訳：吉次基宣)

あとがき

　本書は，主にドイツの学術図書館の現在とこれからを紹介するために企画された，日本の読者向けの入門書である。中でもドイツの特徴である分散とネットワークの発展については，日本や各国でも共通する学術情報流通の課題に対するひとつの解決策として，各章で大きく取り上げたテーマである。筆者のドイツ語は基礎的なものであり，ドイツの図書館についての調査を始めてから数年しかたっていないので，知識もまだ浅い。本来であれば編者はドイツの図書館事情や学術情報流通に精通した先輩方にお願いすべきところであろう。それをあえてつとめさせていただいたのは，筆者の入門者としての視点が，本書の編纂に役立つと思ったからである。ドイツやドイツの学術図書館のことをあまり知らない日本の図書館関係者にも興味をもっていただき，日独共通の課題や将来像を共有するために，本書が少しでも役立つことになれば幸いである。筆者が編者として，また執筆者としていたらなかった点については，ドイツの図書館に造詣の深い諸先輩からのご批判をぜひお願いしたい。

　以下では，本書の目的に沿った編集方針，編者・著者の役割分担，本書を作成するにあたりお世話になった方々への謝意を記し，あとがきとさせていただくこととする。

　編集方針としては，まず，ドイツの図書館について知識をもたない読者にも理解しやすい図書になることを目指した。ドイツの図書館制度は，国の歴史的背景もあって，かなり複雑である。そのため各章とも，現在の姿を理解するために必要な歴史をおりまぜながら，現状と今後の展望の紹介となるよう配慮した。必要に応じて，日本の読者向けに補足的な情報を編者注として追加させていただいた箇所もある。また，とまどいやすい点として，ドイツ語の訳語に固有名詞を中心としてバリエーションが多いということがある。

これについては，第1章を執筆した原淳之氏が細心の注意を払った「ドイツ連邦共和国の図書館」（寺田光孝編『世界の図書館』勉誠出版，1999年所収）で使用された訳語を基本として，既出のものは前例に従う努力をした。さらに，全体を通してできるだけ日本語を用いるように努めたが，普及している英語を用いたり，例外的に，あえてその組織の履歴がわかりやすいよう原語のカタカナ表記の図書館名を採用したものもある。地名のカタカナ表記は原則として「地名の呼び方と書き方」（昭和38年文部省社会科手びき書），原語の表記方法，図書館用語などは，日本図書館協会の発行物の執筆要領に準じた。

　本書作成にかかわる編者・著者の役割分担は，まさに「分散とネットワーク」という副題が示しているように，日独のチームワークそのものであった。著者の多くはドイツの一線で活躍する学術図書館関係者である。みな本書の趣旨をよく理解し，執筆を快諾してくれたのは，共編者のマーンケ氏が，東京ドイツ文化センター図書館長という立場と経験をいかして，依頼をしてくれたおかげである。編者に名を連ねていないが，本書のタイトルと基本的な構成は，第1章と第4章の著者である筑波大学の原淳之氏の発案によるものである。氏はドイツの図書館に2年間滞在した経験から，日本の関係者に向けてドイツの図書館の紹介を継続的にされている。ドイツ語原稿の翻訳は，東京ドイツ文化センターの吉次基宣氏が一手に引き受けてくれた。筆者は，主に訳語を含む用語の統一と，入門書として必要な補足説明や索引語の選定など原稿を整える役割を担当した。これまでに名前をあげた日本在住の3名と筆者は，何度も編集のための会議を持ってきた。それぞれ日本語・英語・ドイツ語のすべてを知ってはいるが，得意言語が異なるため，3か国語が飛び交うというとても楽しい会合であった。また，第2章を執筆された東洋大学の内藤衛亮教授は，本書の企画のきっかけともなった2005年9月の図書館視察で，実際に筆者らを引率され，ドイツの図書館関係者と筆者らの交流を，実現・強化する機会をつくってくださった。

　本書ができあがるまでには，ほかにも多くの方々のご協力があった。前東京ドイツ文化センター図書館長のイェンス・ボイエ氏は，2006年のドイツ

図書館視察の現地との仲介をすべて手配くださり，本書の企画にもご参加いただいた。ドイツ国立図書館長のエリザベス・ニッゲマン博士は，来日の際，ドイツの学術図書館の現状についてご教示くださった。視察の際，現地では，元ドイツ図書館研究所のエリザベート・ジモン氏，ドイツ国立図書館副館長のウテ・シュベンス氏，元ベルリン日独センターの桑原節子博士に，特に視察や滞在手配の労をとっていただいた。視察を受け入れてくださったドイツ国立図書館のみなさん，ウルリッヒ・コーヴィッツ博士をはじめとするドイツ医学中央図書館のみなさん，ドイツ医学ドキュメンテーション情報研究所，シャリテ医学図書館，バイエルン州立図書館，前図書館長エルマーミットラー博士をはじめとするゲッチンゲン大学図書館，ハノーバーの技術情報図書館のみなさん，ベルリン・ブランデンブルク協力図書館ネットワークのヨアヒム・ルッガー博士，ドイツ研究協会のラルフ・ゲッベル博士にも，心からお礼を申し上げたい。

また本書の企画は，日本図書館協会の出版物として学術図書館シリーズを計画されていた大阪市立大学の北克一教授のご提案に始まったものである。北教授にはすばらしい機会を与えてくださったことにお礼を申し上げたい。最後になったが，根気強く執筆と翻訳のできあがりを待ち，適切な出版計画や原稿とりまとめについて助言をくださった日本図書館協会出版編集部の内池有里氏の労に感謝の意を表したい。

2008 年 8 月
編者・著者を代表して
酒井　由紀子

編者・著者紹介

編者
酒井　由紀子　Yukiko SAKAI

慶應義塾大学信濃町メディアセンター（北里記念医学図書館）において課長代理としてパブリックサービスを統轄する。1983年同大学文学部図書館・情報学専攻卒業以来，図書館員として勤務。1999年より慶應義塾の国外研修制度にて留学，2001年ノースカロライナ大学チャペルヒル校にて情報学修士取得。文学部兼務担当講師，国立保健医療科学院講師，特定非営利活動法人日本医学図書館協会認定資格「ヘルスサイエンス情報専門員」。学術情報流通，図書館員の教育，Evidence-Based Medicine/Librarianship，一般市民向け健康情報提供に関する科学研究費研究班や厚生労働科学研究事業に参加。2005年の現地訪問調査をきっかけにドイツの学術図書館に関する調査研究に取り組む。

クリステル・マーンケ　Christel MAHNKE

東京ドイツ文化センター図書館館長。

1958年ベルリンに生まれる。ベルリンの大学で社会学と文学を学び，卒業と同時に公共図書館勤務の司書資格を得る。1985年以降，世界各地のゲーテ・インスティテュート（ドイツ文化センター）で勤務。まずはアテネ（ギリシャ），そしてロンドン（イギリス），1987年からは，図書館長としてアンカラ（トルコ），パリ（フランス），そして東京で勤務。その後，ミュンヘン本部で，世界のゲーテ・インスティテュートの図書館活動，情報提供活動を統括する仕事を担当する。また，国際図書館連盟（IFLA）でのゲーテ・インスティテュートの代表役を務め，IFLA会長が主催する情報社会活動グループのコーディネートを行っている。

2007年4月以降，東京ドイツ文化センターの図書館長として東京での2回目の勤務につき，日本のゲーテ・インスティテュート全体の図書館・情報分野の活動を指導している。

編者・著者紹介　*241*

第1章　ドイツの学術図書館
原　淳之　Atsuyuki HARA

筑波大学大学院図書館情報メディア研究科　助教。早稲田大学，川村学園女子大学非常勤講師。1994年図書館情報大学大学院図書館情報学研究科修士課程修了。同大学助手を経て現職。1991年テュービンゲン大学日本文化研究所，および1996年ベルリン・フンボルト大学の図書館で研修。研究テーマはヨーロッパの図書館，図書館文化史，図書館の比較研究。ドイツの図書館については以下の前著がある。
原淳之「ドイツ連邦共和国の図書館」寺田光孝編『世界の図書館：その歴史と現在』勉誠出版，1999，p.79-98.

第2章　国家規模の学術図書館
2.1　ドイツ国立図書館
内藤　衛亮　Eisuke NAITO

東洋大学社会学部教授。メディアコミュニケーション学演習，知識流通論，情報分析論などを担当。1971年慶應義塾大学大学院図書館・情報学専攻修士課程修了して㈱芙蓉情報センターに勤務，1973年よりロンドン大学ユニバーシティカレッジ library study，1975年に国文学研究資料館に助手として着任。1980年同助教授，1983年東京大学文献情報センター創設にともない配置換え，1986年学術情報センター，1987年同教授，2000年国立情報学研究所。2002年より現職。情報管理学として書誌データの品質管理や書誌情報ネットワークの運営，大学紀要の電子化などを研究テーマとした。1976年以来，情報ドキュメンテーションの標準化活動に参画。1990年代にはアジア地域を対象とする情報技術標準化活動に参画。2005年工業標準化経済産業大臣表彰。国立情報学研究所名誉教授。財団法人国際情報化協力センター評議員。

2.2　プロイセン文化財団ベルリン国立図書館*
バルバラ・シュナイダー－ケンプフ（博士）　Dr. Barbara SCHNEIDER-KEMPF

1973年から1981年にかけてマインツ大学，ハノーバー大学，アーヘン大学で建築を学ぶ。カリフォルニアに留学した後，ケルンで司書教育を受ける。1984年から1988年まで技術情報図書館（TIB）およびハノーバー大学図書館で建築および建築

工学の専門担当者として勤務する。後にデュイスブルク大学図書館で多くの部会を指導する。1992年新たに設立されたポツダム大学図書館館長となる。2003年ベルリン国立図書館の常勤館長代理，2004年以降同館館長となる。数多くの委員会や専門家グループで活動。特にIFLAの常設「マネージメントおよびマーケティング」委員会，ゲーテ・インスティテュート情報および図書館評議会などで活動，文字文化維持連盟の代表でもある。

2.3 バイエルン州立図書館*
ロルフ・グリーベル（博士） Dr. Rolf GRIEBEL

2004年以降，バイエルン州立図書館館長。1949年生まれ。ヴュルツブルク大学で歴史，ドイツ文学，社会学を学ぶ。同大学で哲学博士の学位を得る。いくつかの学術図書館で上級司書職の研修を受け，ミュンヘン大学とレーゲンスブルク大学で課程を修了する。バンベルク大学図書館課長，エアランゲン大学図書館資料購入部部長，後に同大学図書館館長代理を経てバイエルン州立図書館に移る。

文献および情報提供，蔵書構築，購入政策をテーマとした数多くの出版物を発表し，さまざまな専門雑誌の編集をしている。

また，さまざまな専門委員会で活動し，バイエルン大学図書館会議代表，バイエルン電子データ処理計画委員会代表，ドイツ研究協会の学術図書館および情報システム委員会会員，ドイツ国立図書館とプロイセン文化財団国立図書館およびゲーテ・インスティテュートの顧問，IFLAでも購入・収集開発セクション常設委員会で活動している。

第3章 ドイツにおける医学情報流通
酒井　由紀子　Yukiko SAKAI

第4章 ニーダーザクセン州立=大学図書館ゲッチンゲン
4.1 ゲッチンゲン大学図書館
原　淳之　Atsuyuki HARA

4.2　前館長へのインタビュー*

エルマー・ミットラー（教授，博士）　Prof. Dr. Elmar MITTLER

1964 年にボン大学およびフライブルク大学でのドイツ文学と歴史の学業を修了した後（学位取得は 1966 年），1974 年から 1976 年にかけてカールスルーエのバーデン州立図書館長，引き続きハイデルベルク大学図書館館長。2002 年の図書館年を挟んだ 1990 年から 2006 年までニーダーザクセン州立＝大学図書館ゲッチンゲン（SUB）館長。デジタルメディア利用のパイオニアである。2000 年ゲッチンゲン・デジタル化センターで，世界で初めてデジタル化されたグーテンベルク聖書をネット上に公開した。2001 年には，彼の指揮のもとにドイツネットワーク情報イニシアティブ（DINI）が設立された。これは，ドイツ全土の情報施設，図書館，電算機センター，メディアセンターの連携である。2005 年と 2006 年には，出版された知識への自由なアクセスのために活動する「教育と学術のための著作権」という団体の代表の一人になっていた。マインツ大学名誉教授。

4.3　現館長へのインタビュー*

ノルベルト・ロッソウ（博士）　Dr. Norbert LOSSAU

2006 年以降，ニーダーザクセン州立＝大学図書館ゲッチンゲン（SUB）館長。以前は，ビーレフェルト大学図書館館長，英国オックスフォード大学のオックスフォード・デジタル図書館の創設責任者，ニーダーザクセン州立＝大学図書館ゲッチンゲン（SUB）のゲッチンゲン・デジタル化センターの創設責任者であった。ビーレフェルト大学図書館館長としては，ヨーロッパの学術図書館のための戦略フォーラム，ビーレフェルト国際会議の組織責任者を務めた。活動領域は，先駆的なデジタルサービスの開発，学術出版とコミュニケーション・プロセスの新たなパラダイム，学術情報基盤，e-科学，国際協力のための大学戦略を包括している。ドイツ内外の数多くの専門委員会や評議会のメンバーである。たとえば，情報マネージメントのための小委員会（DFG），ドイツネットワーク情報イニシアティブ（DINI）代表 D-Grid 管理委員会，SPARC ヨーロッパ遂行評議会，ヨーロッパ DRIVER（Digital Repository Infrastructure Vision for European Research）プロジェクトの学術コーディネーター，オープンアクセスのための情報プラットフォームのプロジェクトリーダーなど。

第5章 ドイツ研究協会——情報基盤の拡充*
ラルフ・ゲッベル（博士）　Dr. Ralf GOEBEL

ドイツ研究協会の「学術文献提供および情報システム」分野のプログラムディレクター。特に「文化の伝承」助成プログラムを担当し、ドイツ研究協会のさまざまなデジタル化の活動を調整している。

1988年から1994年にかけてヴュルツブルク大学およびミュンヘン大学で近代のドイツ文学史、イスラム学、言語学を学ぶ。その後、トルコ（アンカラ大学）とアメリカ合衆国（ニューヨーク州立大学）に留学。1997年から1999年および2001年から2003年にかけてベルリン国立図書館に勤務し、学位（2002年ヴュルツブルク大学）取得後、2003年からドイツ研究協会に勤務している。

IFLAドイツ委員会会員、EUBAM（連邦・諸州によるヨーロッパ図書館、アーカイブ、博物館のためのワーキンググループ）委員、その他数多くの組織で助言を行う。ちなみに専門情報のための独日パネルの会員。

第6章 学術図書館における協力事業
6.1 ドイツにおける学術図書館の相互協力
吉次　基宣　Motonori YOSHITSUGU

東京ドイツ文化センター図書館司書。

都立工芸高校デザイン科でグラフィックデザインを学び、その後、美術の実践的活動を経て次第に哲学の研究に移行する。1987年、中央大学大学院文学研究科哲学専攻博士後期課程を修了。大学では、ハイデッガーを中心にして、メルロ＝ポンティなどを読み、ドイツとフランスの現象学を研究する。研究の中心テーマは、哲学と美術の係わりである。大学院修了後、高校で社会科等を教えた後、1989年、ドイツ文化センターの図書館に移り、現在に至る。ドイツ語を使う職場ではあるが、フランスの哲学と美術への関心からフランス語も学び、DALF B4を取得。その後、信州大学インターネット大学院で情報工学を学び、2008年に情報工学修士課程を修了する。現在、哲学と美術を軸とし、それに情報工学を交えた学際的研究の展開を試みている。

6.2　電子ジャーナル図書館*

エヴェリンデ・フッツラー（博士）　Dr. Evelinde HUTZLER

レーゲンスブルク大学で教育学，社会学，心理学を学ぶ。学位取得後の1993年ミュンヘンで上級司書資格の課程を修了する。

1995年以降，レーゲンスブルク大学図書館に勤務。利用部部長として特に電子雑誌図書館とデータバンク情報システムを担当。さまざまな専門委員会やバイエルン図書館ネットワーク（BVB）の活動グループで活動している。また，国レベルでは，たとえば，バイエルン図書館ネットワークの利用のための委員会，ナショナルライセンス活動グループ，vascoda協力委員会などで活動している。特に電子ジャーナル図書館（EZB）やデジタル図書館サービスについての執筆や講演を行っている。

マルティン・ショイプレイン　Martin SCHEUPLEIN

1995年から2002年にかけてミュンヘン，フランクフルト，ザルツブルクの各大学で地理，空間利用計画，土地環境学を学ぶ。学業修了後，まずミュンヘン工科大学でプロジェクトマネージャーとして活動。2003年には，学術職員としてレーゲンスブルク大学に移る。

ここでは，デジタル図書館の分野で多くのプロジェクトの調整を行うと同時に，主に電子ジャーナル図書館（EZB）の開発に取り組む。現在，電子ジャーナル図書館の広報を担当している。電子ジャーナル図書館についての講演や司書，図書館員向けの研修などを行っている。

6.3　カールスルーエ・ヴァーチャル目録*

ミヒャエル・W. メニッヒ（博士）　Dr. Michael W. MÖNNICH

テュービンゲン大学，チューリッヒ大学，ハイデルベルク大学で化学と薬学を学ぶ。1989年に学位を取得した後，司書となり，現在はカールスルーエ大学図書館メディア処理部部長，特に資料の分類，整理，保持を担当している。

化学，薬学，情報学の分野での資料の購入も担当している。専門領域は，検索マシーン，オンライン目録，カールスルーエ・ヴァーチャル目録のようなヴァーチャル目録，情報システムの双方向操作機能，書誌データの標準化と管理，機関リポジトリ，オープンアクセスサービスなどである。

6.4 技術情報図書館*
ウーヴェ・ローゼマン　Uwe ROSEMANN

技術情報図書館（TIB）およびハノーバー大学図書館館長。1977年ビーレフェルト大学数学課卒業。研修生の期間を経て1980年ビーレフェルト大学図書館で数学と情報学の専門担当者としての仕事を始める。後に図書館利用および図書館技術部局長となり，1993年，当時の技術情報図書館（TIB）およびハノーバー大学図書館に技術情報図書館担当の館長代理として移る。1998年以降，技術情報図書館（TIB）およびハノーバー大学図書館長。技術情報図書館に関連するテーマで多くの論文を発表し，講演を行っている。多くの専門委員会で積極的に活動している。特にvascodaの会長，subitoの会長代理，FIZ化学学術評議会の代表，ドイツ経済学中央図書館専門評議会会長，ドイツ経済学中央図書館財団評議会代表。評議委員として，プロイセン文化財団図書館委員会，医学中央図書館（ZB MED），nestor（担当分野ネットワーク，長期保存，ドイツデジタル資料提供）に助言を行っている。IFLAでは，資料提供および図書館間貸出のセクションで活動している。

第7章　未来のための専門職教育──ドイツの大学における図書館員養成*
ウテ・クラウス-ライヒェルト（教授，博士）　Prof. Dr. Ute KRAUSS-LEICHERT

シュトゥットガルト大学とマンハイム大学で図書館学，社会学，政治学を学ぶ。現在，ハンブルク応用科学専科大学（HAW）デザイン，メディア，情報学科教授。「国内および国際情報構造」と「情報セクターにおけるサービス」担当。

数多くの専門家会議や評議委員会のメンバーを務め，図書館情報学インターユニバーシティ修士課程（オーストリア）の学術顧問のメンバーである。

B.I.T. オンライン（図書館，情報，技術のための雑誌）の寄稿者であり，ドイツ内外で司書教育，資格化，e-ラーニングなどのテーマについて数多くの講演を行い記事を発表している。

*ドイツ語テキストの日本語への翻訳は吉次基宣が担当。

索 引

【アルファベット順】

[A]
AfS → Arbeitsstelle für Standardisierung
AG SDD → Arbeitsgemeinschaft Sammlung Deutscher Drucke
AGMB → Arbeitsgemeinschaft für Medizinisches Bibliothekswesen
AGV → Arbeitsgemeinschaft der Verbundsysteme
ALA → American Library Association
Allianz zur Erhaltung des schriftlichen Kulturgutes 文書文化財保存連盟 48
Amazon 113,196
American Library Association (ALA) 米国図書館協会 207
Arbeitsgemeinschaft der Verbundsysteme (AGV) 図書館ネットワーク連合 49
Arbeitsgemeinschaft der Wissenschaftlichen Medizinischen Fachgesellschaften (AWMF) ドイツ科学医学会連合 92,107
Arbeitsgemeinschaft für Medizinisches Bibliothekswesen (AGMB) 医学図書館協会 98
Arbeitsgemeinschaft Sammlung Deutscher Drucke (AG SDD) ドイツ刊行物収集コンソーシアム 50
Arbeitsstelle für Standardisierung (AfS) 図書館標準規格室 20,38,48
AWMF → Arbeitsgemeinschaft der Wissenschaftlichen Medizinischen Fachgesellschaften

[B]
Bayerische Bibliotheksschule バイエルン図書館学校 218,227
Bayerische Landesbibliothek Online (BLO) バイエルン州立図書館オンライン 72
Bayerische Staatsbibliothek (BSB) バイエルン州立図書館 9,14,39,46,66,115,227
Berufsverband Information Bibliothek (BIB) 情報図書館職能団体 212
BfArM → Bundesinstitut für Arzneimittel und Medizinprodukte
BIB → Berufsverband Informations Bibliothek
Bibliothek und Information Deutschland (BID) ドイツ図書館情報連合会 136
Bibliotheksverbund Bayern (BVB) バイエルン図書館ネットワーク 39,46,47,184
Bibtip 197
BID → Bibliothek und Information Deutschland
Bildarchiv Preußischer Kulturbesitz プロイセン文化財団写真資料館 62
BLO → Bayerische Landesbibliothek Online
BMBF → Bundesministerium für Bildung und Forschung
BMG → Bundesministerium für Gesundheit
Bologna Prozess ボローニャ・プロセス 208
Börsenverein der Deutschen Buchhändler zu Leipzig ドイツ書籍商組合（ライプチヒ） 16
Börsenverein des Deutschen Buchhandels ドイツ書籍商組合 19,133,137
BSB → Bayerische Staatsbibliothek

Bund-/Länder-Arbeitsgruppe zu Europäischen Angelegenheiten für Bibliotheken, Archive und Museen (EUBAM) 連邦・諸州によるヨーロッパ図書館, アーカイブ, 博物館のためのワーキンググループ 49
Bundesinstitut für Arzneimittel und Medizinprodukte (BfArM) ドイツ連邦医薬品医療機器研究所 107
Bundesministerium für Bildung und Forschung (BMBF) 連邦研究教育省 62,71,202
Bundesministrium für Gesundhait (BMG) 連邦保健省 75,97,99
BVB → Bibliotheksverbund Bayern

[C]
CCMed 医学論文目次情報 85,94
CENL → Conference of European National Librarians
Charité Universitäsmedizin Berlin シャリテ・ベルリン医科大学 108
Chartered Institute of Library and Information Professionals (CILIP) 図書館情報専門家協会 212
CILIP → Chartered Institute of Library and Information Professionals
CLIR → Council on Library and Information Resources
Conference of European National Librarians (CENL) ヨーロッパ国立図書館長会議 49,51
Consortium of European Research Libraries ヨーロッパ研究図書館コンソーシアム 72
Council on Library and Information Resources (CLIR) 米国図書館情報資源振興財団 49

[D]
DAHTA@DIMDI → Deutsche Agentur für HTA des DIMDI
DBF → Deutsche Bibliothek Frankfurt
DBI → Deutsches Bibliotheksinstitut
DBL → Deutsche Bücherei Leipzig
DBV → Deutscher Bibliotheksverband
DDB → Deutsche Bibliothek
DDC Deutsch 『デューイ十進分類表』ドイツ語版 41
Deutsche Agentur für HTA des DIMDI (DAHTA@DIMDI) ドイツ医療技術評価局 105
Deutsche Bibliothek Frankfurt (DBF) ドイチェ・ビブリオテーク 14,18
Deutsche Bibliothek (DDB) ドイツ図書館 15,16
Deutsche Bücherei Leipzig (DBL) ドイチェ・ビュッヘライ 14,16,59
Deutsche Forschungsgemeinschaft (DFG) ドイツ研究協会 10,39,40,46,71,82,90,96, 123,131,133,147,181,201,202
Deutsche Gesellschaft für Informationswissenschaft und Informationspraxis (DGI) ドイツ情報学およびドイツ情報科学技術協会 218
Deutsche Initiative für Netzwerkinformation (DINI) ドイツネットワーク情報イニシアティブ 124,137
Deutsche Nationalbibliografie 『ドイツ全国書誌』 28
Deutsche Nationalbibliothek (DNB) ドイツ国立図書館 9,14,69,180
Deutsche Zentralbibliothek für Landbauwissenschaften (ZBL) ドイツ農学中央図書館 83
Deutsche Zentralbibliothek für Medizin (ZB MED) ドイツ医学中央図書館 75,77, 80,107,156,170
Deutsche Zentralbibliothek für Wirtschaftswissenschaften (ZBW) ドイツ経済学中央図書館 79,88,97,156,170
Deutscher Bibliotheksverband (DBV) ドイツ図書館協会 218
Deutsches Bibliotheksinstitut (DBI) ドイツ

索引 *249*

図書館研究所 20,65
Deutsches Buch- und Schriftmuseum ドイツ本と文字の博物館 18
Deutsches Cochrane Zentrum ドイツコクランセンター 107
Deutsches Institut für Medizinische Dokumentation und Information (DIMDI) ドイツ医学ドキュメンテーション情報研究所 75, 86,90,92,97,99
Deutsches Institut für Normung (DIN) ドイツ標準規格協会 49
Deutsches Musikarchiv (DMA) ドイツ音楽資料館 15,21
Deutsches Papiermuseum, Greiz 紙の博物館 18
DFG → Deutsche Forschungsgemeinschaft
DGI → Deutsche Gesellschaft für Informationswissenschaft und Informationspraxis
D-Grid 142
DigiZeitschriften - das deutsche digitale Zeitschriftenarchiv ドイツデジタル雑誌アーカイブ 124,133
DIMDI → Deutsches Institut für Medizinische Dokumentation und Information
DIN → Deutsches Institut für Normung
DINI → Deutsche Initiative für Netzwerkinformation
Diploma Supplement ディプロマ・サプリメント 211
DissOnline 32
DissOnline 調整室 52
DMA → Deutsches Musikarchiv
DNB → Deutsche Nationalbibliothek
Drittmittel 第三資金 70,141

[E]
EAHIL → European Association for Health Information and Libraries
EBM → Evidence-Based Medicine
ECBA → European Commission on Preservation and Access
EconBiz 171,204
ECONIS 97
ECTS → European Credit Transfer System
EDL → European Digital Library
EHEA → European Higher Education Area
Einkaufszentrale für Bibliotheken: ekz Bibliotheksservice GmbH 図書館購買センター 39,40
EKZ → Einkaufszentrale für Bibliotheken: ekz Bibliotheksservice GmbH
ELAN → eLearning Academic Network Niedersachsen
eLearning Academic Network Niedersachsen (ELAN) ニーダーザクセンeラーニング・ネットワーク 130
eラーニング 110,129,141,216
Elektronische Zeitschriftenbibliothek (EZB) 電子ジャーナル図書館 11,85,111,172
EUBAM → Bund-/Länder-Arbeitsgruppe zu Europäischen Angelegenheiten für Bibliotheken, Archive und Museen
European Association for Health Information and Libraries (EAHIL) ヨーロッパヘルス情報図書館協会 98
European Commission on Preservation and Access (ECBA) ヨーロッパ保存・アクセス委員会 49
European Credit Transfer System (ECTS) ヨーロッパ単位互換制度 211
European Digital Library (EDL) ヨーロッパデジタル図書館 37,135,167
European Higher Education Area (EHEA) ヨーロッパ高度教育地域 208
The European Library (TEL) ヨーロッパ図書館 37,52,190
Evidence-Based Medicine (EBM) エビデンスに基づく医療 95,102
EZB → Elektronische Zeitschriftenbibliothek

[F]
Fachhochschule Darmstadt ダルムシュタッ

ト専科大学 221
Fachhochschule Hannover ハノーバー専科大学 217,224
Fachhochschule Köln ケルン専科大学 216,225
Fachhochschule Potsdam ポツダム専科大学 228
Fachhochschule Stuttgart - Hochschule der Medien シュトゥットガルト専科大学－メディア大学 228
FRBR → Functional Requirements for Bibliographic Records
Freie Universität Berlin, FU ベルリン自由大学 108
Functional Requirements for Bibliographic Records (FRBR) 書誌レコードの機能要件 41,53

[G]
GASCO → German, Austrian and Swiss Consortis Organization
GBV → Gemeinsamer Bibliotheksverbund der Länder Bremen, Hamburg, Mecklenburg-Vorpommern, Niedersachsen, Sachsen-Anhalt, Schleswig-Holstein und Thüringen
GBV → Gemeinsamer Bibliotheksverbund
GDZ → Göttinger Digitalisierungszentrum
GEMA → Gesellschaft für musikalische Aufführungs- und mechanische Vervielfältigungsrechte
Gemeinsame Körperschaftsdatei (GKD) 団体名典拠ファイル 42,45
Gemeinsamer Bibliotheksverbund der Länder Bremen, Hamburg, Mecklenburg-Vorpommern, Niedersachsen, Sachsen-Anhalt, Schleswig-Holstein und Thüringen (GBV) ブレーメン，ハンブルク，メクレンブルク・フォアポンメルン，ニーダーザクセン，ザクセン・アンハルト，シュレスヴィヒ・ホルシュタイン，テューリンゲン共同図書館ネットワーク 39,46,47,123,

184
Georg-August-Universität Göttingen ゲオルク・アウグスト大学ゲッチンゲン 119
German, Austrian and Swiss Consortis Organization (GASCO) 82
German Medical Science (gms) 92
German National Library of Medicine ドイツ医学中央図書館 80
Gesellschaft für musikalische Aufführungs- und mechanische Vervielfältigungsrechte (GEMA) 音楽実演権および機械複製権協会 22
Gesetz über die Deutsche Bibliothek 『ドイチェ・ビブリオテーク法』 19
GetInfo 171,204
GKD → Gemeinsame Körperschaftsdatei
gms → German Medical Science
Google グーグル 70,90,135,142,144,167,182,191,206
Google Book Search 70,151
GoPORTIS 11,88,97,171,204
Göttingen Learning Resources Center (Göttingen LRC) ゲッチンゲン・ラーニング・リソース・センター 129
Göttinger Digitalisierungszentrum (GDZ) ゲッチンゲン・デジタル化センター 125

[H]
HBZ → Hochschulbibliothekszentrum des Landes Nordrhein-Westfalen
HeBIS → Hessisches Bibliotheksinformationssystem
Hessisches Bibliotheksinformationssystem (HeBIS) ヘッセン図書館情報システム 39,184
Hochschulbibliothekszentrum des Landes Nordrhein-Westfalen (HBZ) ノルトライン・ウェストファーレン大学図書館センター 39,46,47,184
Hochschule der Medien メディア専科大学 212,217

索引　251

Hochschule für Angewandte Wissenschaften Hamburg　ハンブルク応用科学大学　217, 222
Hochschule für Technik, Wirtschaft und Kultur Leipzig　ライプチヒ技術，経済，文化大学　226
Hochschulrektorenkonferenz (HRK)　ドイツ大学長会議　142,208
HRK　→ Hochschulrektorenkonferenz
HTA-Berichte　医療技術評価報告書　105
Humboldt-Universität zu Berlin, HU　ベルリン・フンボルト大学　108,220

[I]
ICABS　→ International Federation of Library Associations and Institutions - Conference of Directors of National Libraries Alliance for Bibliographic Standards
ICD-10　→ International Classification of Disease-10
ICD-10-GM　→ Die internationale Klassifikation der Krankheiten
IDW　→ Institut für Dokumentationswesen
IFLA　→ International Federation of Library Associations and Institutions
IFLA-CDNL　書誌標準に関する IFLA-CDNL 同盟　43,53
Information und Dokumentation Programm (IuD)　情報ドキュメンテーション計画　99
Institut für Dokumentationswesen (IDW)　ドキュメンテーション研究所　99
Institut für Informationswirtschaft und -management　情報経済および情報管理研究所　197
International Classification of Disease-10 (ICD-10)　国際疾病分類第10版　104
International Federation of Library Associations and Institutions (IFLA)　国際図書館連盟　49,98
International Federation of Library Associations and Institutions - Conference of Directors of National Libraries Alliance for Bibliographic Standards　書誌標準に関する IFLA-CDNL 同盟　43,53
Internationale Klassifikation der Krankheiten (ICD-10-GM)　［国際疾病分類第10版ドイツ語版］　104
IuD　→ Information und Dokumentation Programm

[J]
Japan Science and Technology Agency (JST)　科学技術振興機構　148
JST　→ Japan Science and Technology Agency

[K]
Karlsruher Virtueller Katalog (KVK)　カールスルーエ・ヴァーチャル目録　11,113, 181
KIBA　→ Konferenz informatorischer und bibliothekarischer Ausbildungseinrichtungen
KMK　→ Ständige Konferenz der Kultusminister der Länder der Bundesrepublik Deutschland
Knowledge Exchange　ナレッジ・エクスチェンジ　154
KOBV　→ Kooperativer Bibliotheksverbund Berlin-Brandenburg
Konferenz informatorischer und bibliothekarischer Ausbildungseinrichtungen (KIBA)　情報および図書館員教育機関会議　218
Kooperative Neukatalogisierung　「共同新目録作成」グループ　185
Kooperativer Bibliotheksverbund Berlin-Brandenburg (KOBV)　ベルリン・ブランデンブルク協力図書館ネットワーク　39,47, 184
kopal　「デジタル情報長期保存アーカイブズの共同開発」　11,33,43
KVK　→ Karlsruher Virtueller Katalog

KVK-Recommender　KVK 推薦システム
196
KVK 推薦システム（KVK-Recommender）
196

[L]
Landesbetrieb　州事業体　202
Leibniz-Gemeinschaft - Wissenschaftsgemeinschaft Gottfried Wilhelm Leibniz　ライプニッツ協会　82,95,150,170
LIBER　→ Ligue des Bibliothèques Européennes de Recherche
Ligue des Bibliothèques Européennes de Recherche (LIBER)　ヨーロッパ研究図書館連盟　49,71
LRC　→ Göttingen Learning Resources Center

[M]
MAB　→ Maschinelles Austauschformat für Bibliotheken
Maschinelles Austauschformat für Bibliotheken (MAB)　44
Max-Planck-Digital Library　マックス・プランク・デジタル図書館　142
Max-Planck-Gesellschaft zur Förderung der Wissenschaften (MPG)　マックス・プランク協会　143
MDZ　→ Münchener Digitalisierungszentrum
Medical Subject Headings (MeSH)　医学件名標目　105
Medizinische Bibliothek, Charité- Universitätsmedizin Berlin　シャリテ医学図書館－ベルリン医科大学　108
MedPilot　90
MEDPILOT.DE　85,90,97,110,171,204
MeSH　→ Medical Subject Headings
Metadata　メタデータ　33,34,48,52,134,151,160
MIZ　→ Musikinformationszentrum des Verbandes der Komponisten und Musikwissenschaftler der DDR
MPG　→ Max-Planck-Gesellschaft zur Förderung der Wissenschaften
Münchener Digitalisierungszentrum (MDZ)　ミュンヘン・デジタル化センター　72,126
Musikinformationszentrum des Verbandes der Komponisten und Musikwissenschaftler der DDR (MIZ)　作曲家および音楽研究者連盟音楽情報センター　22

[N]
National Library of Medicine (NLM)　米国国立医学図書館　75,98,101
National Network, Libraries of Medicine (NN/LM)　全米医学図書館ネットワーク　75
Nationallizenzen　ナショナルライセンス　62,82,110,148,149,165,201
nestor　「ドイツのためのデジタル情報資源長期保存のための専門的技能のネットワーク」　11,34,43
Niedersächsische Staats- und Universitätbibliothek Göttingen　ニーダーザクセン州立＝大学図書館ゲッチンゲン　119
NLM　→ National Library of Medicine
NLM Classification　米国国立医学図書館書架分類法　83
NN/LM　→ National Network, Libraries of Medicine

[O]
OAI-PMH　→ Open Archives Initiative Protocol for Metadata Harvesting
OASE　→ Open Access to Scientific Literature
OBVSG　→ Österreichische Bibliotheksverbund und Service GmbH
Open Access　オープンアクセス　92,114,134,139,141,142,152,194
Open Access to Scientific Literature (OASE)　113,194

索 引 *253*

Open Archives Initiative Protocol for Metadata Harvesting (OAI-PMH) オープン・アーカイブのメタデータ・ハーヴェスティング標準 134
Österreichische Bibliotheksverbund und Service GmbH (OBVSG) オーストリア図書館ネットワークおよびサービス 39,47

[P]
Personennamendatei (PND) 個人名典拠ファイル 42,45
PICA 133
PND → Personennamendatei
Projekt Gutenberg Digital グーテンベルク・デジタル・プロジェクト 126,133
PubMed 92,110

[R]
RAK → Regeln für die alphabetische Katalogisierung
Regeln für die alphabetische Katalogisierung (RAK) アルファベット順目録規則 133
Repository リポジトリ 113,143,145,194

[S]
Sammlung Deutscher Drucke (SDD) ドイツ刊行物収集 60,123,126
SBB → Staatsbibliothek zu Berlin
SBB-PK → Staatsbibliothek zu Berlin - Preußischer Kulturbesitz
Schlagwortnormdatei (SWD) 件名標目典拠ファイル 30,42,46
SDD → Sammlung Deutscher Drucke
Sondersammelgebiete (SSG) 特別収集領域 10,79,82,123,127,131,150,156,160
SPK → Stiftung Preußischer Kulturbesitz
SSG → Sondersammelgebiete
Staatsbibliothek zu Berlin (SBB) ベルリン国立図書館 180
Staatsbibliothek zu Berlin - Preußischer Kulturbesitz (SBB-PK) プロイセン文化財団

ベルリン国立図書館 9,14,39,58
Standardisierungsausschuss 図書館標準規格委員会 38
Ständige Konferenz der Kultusminister der Länder der Bundesrepublik Deutschland (KMK) 欧州文化大臣会議 39,40,208
Stifterverband für die Deutsche Wissenschaft ドイツの学術のための寄贈者連盟 147
Stiftungs Preußischer Kulturbesitz (SPK) プロイセン文化財団 22,58
subito 10,86,87,88,97,112,170,188,204
Südwestdeutscher Bibliotheksverbund (SWB) 南西ドイツ図書館ネットワーク 39,47, 184
SWB → Südwestdeutscher Bibliotheksverbund
SWD → Schlagwortnormdatei

[T]
Technische Informationsbibliothek und Universitätsbibliothek Hannover (TIB) 技術情報図書館・ハノーバー大学図書館 79, 86,88,97,156,170,199
TEL → The European Library
The European Library (TEL) ヨーロッパ図書館 37,52,190
TIB → Technische Informationsbibliothek und Universitätsbibliothek Hannover
TIBORDER 97,201

[U]
UMLS → Unified Medical Language System
Unified Medical Language System (UMLS) 105
Universitäts Göttingen → Georg-August-Universitäts Göttingen
Universitätsbibliothek Karlsruhe カールスルーエ大学図書館 181
Universitätsbibliothek Regensburg レーゲンスブルク大学図書館 172
Urheberrecht für Bildung und Wissenschaft

教育と知識のための著作権　139

[V]
vascoda　11,52,97,131,170,176,190,203,204
VIAF　→ Virtual International Authority File
ViFa　→ Virtuelle Fachbibliotheken
Virtual International Authority File (VIAF)
　国際仮想典拠ファイル　42,53
Virtuelle Fachbibliothek Medizin　仮想医学図書館　90
Virtuelle Fachbibliotheken (ViFa)　仮想専門図書館　11,62,72,90,122,128,131,150,156,178

[W]
webis　10
WHO　世界保健機構　98
Wikipedia　188

[Z]
ZB MED　→ Deutsche Zentralbibliothek für Medizin
ZBL　→ Deutsche Zentralbibliothek für Landbauwissenschaften
ZBM　→ Zentralbibliothek für Medizin
ZBW　→ Deutsche Zentralbibliothek für Wirtschaftswissenschaften
ZDB　→ Zeitschriftendatenbank
Zeitschriftendatenbank (ZDB)　雑誌総合目録データベース　11,45,47,49,64,111
Zentralbibliothek für Medizin (ZBM)　医学中央図書館　80
Zentrale Fachbibliotheken　中央専門図書館　78,150,170,204
Zentrales Verzeichnis Digitalisierter Drucke　デジタル出版物総合目録　135

【五十音順】

[あ行]
アッシュ・コレクション　125
アルファベット順目録規則（Regeln für die alphabetische Katalogisierung (RAK)）　45
医学件名標目（Medical Subject Headings (MeSH)）　105
医学中央図書館（Zentralbibliothek für Medizin (ZBM)）　80
医学図書館協会（Arbeitsgemeinschaft für Medizinisches Bibliothekswesen (AGMB)）　98
医学論文目次情報（CCMed）　85,94
一次データ　153
医療技術評価報告書（HTA-Berichte）　105
インターネットガイド　128,131
エビデンスに基づく医療（Evidence-Based Medicine (EBM)）　95,102
オーストリア図書館ネットワークおよびサービス（Österreichische Bibliotheksverbund und Service GmbH (OBVSG)）　39,47
オープン・アーカイブのメタデータ・ハーヴェスティング標準（Open Archives Initiative Protocol for Metadata Harvesting (OAI-PMH)）　134
オープンアクセス（Open Access）　92,114,134,139,141,142,152,194
音楽演奏権および機械複製権協会（Gesellschaft für musikalische Aufführungs- und mechanische Vervielfältigungsrechte (GEMA)）　22

[か行]
外部資金　81,131
科学技術振興機構（Japan Science and Technology Agency (JST)）　148
仮想医学図書館（Virtuelle Fachbibliothek Medizin）　90
仮想専門図書館（Virtuelle Fachbibliotheken (ViFa)）　11,62,72,90,122,128,131,150,156,178
紙の博物館（Deutsches Papiermuseum, Greiz）　18
カールスルーエ・ヴァーチャル目録（Karls-

索引　255

ruher Virtueller Katalog (KVK)）　11,113,
181
カールスルーエ大学図書館（Universitätsbibliothek Karlsruhe）　181
技術情報図書館　→ 技術情報図書館・ハノーバー大学図書館
技術情報図書館・ハノーバー大学図書館（Technische Informationsbibliothek und Universitätsbibliothek Hannover (TIB)）　79,86,88,97,156,170,199
教育と知識のための著作権（Urheberrecht für Bildung und Wissenschaft）　139
「共同新目録作成」グループ（Kooperative Neukatalogiserung）　185
共同図書館ネットワーク　→ ブレーメン，ハンブルク，メクレンブルク・フォアポンメルン，ニーダーザクセン，ザクセン・アンハルト，シュレスヴィヒ・ホルシュタイン，テューリンゲン共同図書館ネットワーク
グーグル（Google）　70,90,135,142,144,167, 182,191,206
グーテンベルク・デジタル・プロジェクト（Prejekt Gutenberg Digital）　126,133
経済学中央図書館　→ ドイツ経済学中央図書館
ゲオルク・アウグスト大学ゲッチンゲン（Georg-August-Universität, Göttingen）　119
ゲッチンゲン大学　→ ゲオルク・アウグスト大学ゲッチンゲン
ゲッチンゲン大学図書館　→ ニーダーザクセン州立＝大学図書館ゲッチンゲン
ゲッチンゲン・デジタル化センター（Göttinger Digitalisierungszentrum (GDZ)）　125
ゲッチンゲン・ラーニング・リソース・センター（Göttingen Learning Resources Center (Göttingen LRC)）　129
ケルン専科大学（Fachhochschule Köln）　216, 225

研究開発プロジェクト　34,80,89,116,123, 147,160
件名標目典拠ファイル（Schlagwortnormdatei (SWD)）　30,42,46
高等資格　217
国際仮想典拠ファイル（Virtual International Authority File (VIAF)）　42,53
国際疾病分類第 10 版（International Classification of Disease-10 (ICD-10)）　104
国際図書館連盟（International Federation of Library Associations and Institutions (IFLA)）　49,98
コクラン共同計画　95
個人名典拠ファイル（Personennamendatei (PND)）　42,45

[さ行]
作曲家および音楽研究者連盟音楽情報センター（Musikinformationszentrum des Verbandes der Komponisten und Musikwissenschaftler der DDR (MIZ)）　22
雑誌総合目録データベース（Zeitschriftendatenbank (ZDB)）　11,45,47,49,64,111
シャリテ医学図書館－ベルリン医科大学（Medizinische Bibliothek, Charité - Universitätsmedizin Berlin）　108
シャリテ・ベルリン医科大学（Charité Universitäsmedizin Berlin）　108
州事業体（Landesbetrieb）　202
シュトゥットガルト専科大学－メディア大学（Fachhochschule Stuttgart - Hochschule der Medien）　228
シュプレー河畔のケルン選帝侯図書館　58
情報および図書館員教育機関会議（Konferenz informatorischer und bibliothekarischer Ausbildungseinrichtungen (KIBA)）　218
情報経済および情報管理研究所（Institut für Informationswirtschaft und -management）　197
情報ドキュメンテーション計画（Information und Dokumentation Programme (IuD)）

99
情報図書館職能団体（Berufsverband Information Bibliothek (BIB)） 212
書誌標準に関する IFLA-CDNL 同盟（International Federation of Library Associations and Institutions - Conference of Directors of National Libraries Alliance for Bibliographic Standards (ICABS)） 43,53
諸州文化大臣会議（Ständige Konferenz der Kultusminister der Länder der Bundesrepublik Deutscheland (KMK)） 39,40,208
書誌レコードの機能要件（Functional Requirements for Bibliographic Records (FRBR)） 41
世界保健機構（WHO） 98
全国書誌 29
全米医学図書館ネットワーク（National Network, Libraries of Medicine (NN/LM)） 75

[た行]
第三資金（Drittmittel） 70,141
ダルムシュタット専科大学（Fachhochschule Darmstadt） 221
団体名典拠ファイル（Gemeinsame Körperschaftsdatei (GKD)） 42,45
中央専門図書館（Zentrale Fachbibliotheken） 78,150,170,204
ディプロマ・サプリメント（Diploma Supplement） 211
デジタル化 31,43,52,70,125,132,139,150,160
デジタル出版物総合目録（Zentrales Verzeichnis Digitalisierter Drucke） 135
「デジタル情報長期保存アーカイブズの共同開発」(kopal) 43
『デューイ十進分類法』ドイツ語版（DDC Deutsch） 41
電子ジャーナル 60,67,82,103,110,121,148,152
電子ジャーナル図書館（Elektronische Zeitschriftenbibliothek (EZB)） 11,85,111,172
電子ブック 110,145
ドイチェ・ビブリオテーク（Deutsche Bibliothek Frankfurt (DBF)） 14,18
『ドイチェ・ビブリオテーク法』（Gesetz über die Deutsche Bibliothek） 19
ドイチェ・ビュッヘライ（Deutsche Bücherei Leipzig (DBL)） 14,16,59
ドイツ医学中央図書館（Deutsche Zentralbibliothek für Medizin (ZB MED)） 75,77,80,107,156,170
ドイツ医学ドキュメンテーション情報研究所（Deutsches Institut für Medizinische Dokumentation und Information (DIMDI)） 75,86,90,92,97,99
ドイツ医療技術評価局（Deutsche Agentur für HTA des DIMDI (DAHTA@DIMDI)） 105
ドイツ音楽資料館（Deutsches Musikarchiv (DMA)） 15,21
ドイツ科学医学会連合（Arbeitsgemeinschaft der Wissenschaftlichen Medizinischen Fachgesellschaftem (AWMF)） 92,107
ドイツ刊行物収集（Sammlung Deutscher Drucke (SDD)） 60,123,126
ドイツ刊行物収集コンソーシアム（Arbeitsgemeinschaft Sammlung Deutscher Drucke (AG SDD)） 50
ドイツ刊行物収集プロジェクト 126
ドイツ経済学中央図書館（Deutsche Zentralbibliothek für Wirtschaftswissenschaften (ZBW)） 78,88,97,156,170
ドイツ研究協会（Deutsche Forschungsgemeinschaft (DFG)） 10.39,40,46,71,82,90,96,123,131,133,147,181,201,202
ドイツコクランセンター(Deutsches Cochrane Zentrum) 107
ドイツ国立図書館（Die Deutsche Nationalbibliothek (DNB)） 9,14,69,180
ドイツ情報学およびドイツ情報科学技術協会（Deutsche Gesellschaft für Informations-

索 引　*257*

wissenschaft und Informationspraxis (DGI)）218
ドイツ書籍商組合（ライプチヒ）（Börsenverein der Deutschen Buchhändler zu Leipzig）16
ドイツ書籍商組合（Börsenverein des Deutschen Buchhandels）19,133,137
『ドイツ全国書誌』（Deutsche Nationalbibliografie）28
ドイツ大学長会議（Hochschulrektorenkonferenz (HRK)）142,208
ドイツデジタル雑誌アーカイブ（DigiZeitschriften - das deutsche Zeitschriftenarchiv）124,133
ドイツ図書館（Die Deutsche Bibliothek (DDB)）15,16
ドイツ図書館協会（Deutscher Bibliotheksverband (DBV)）122,218
ドイツ図書館研究所（Deutsches Bibliotheksinstitut (DBI)）20,65
ドイツ図書館情報連合会（Bibliothek und Information Deutschland (BID)）136
ドイツネットワーク情報イニシアティブ（Deutsche Initiative für Netzwerkinformation (DINI)）124,137
ドイツ農学中央図書館（Deutsche Zentralbibliothek für Landbauwissenschaften (ZBL)）83
ドイツの学術のための寄贈者連盟（Stifterverband für die Deutsche Wissenschaft）147
「ドイツのためのデジタル情報資源長期保存のための専門的技能のネットワーク」（nestor）43
ドイツ標準規格協会（Deutsches Institut für Normung (DIN)）49
ドイツ本と文字の博物館（Deutsches Buch- und Schriftmuseum）18
ドイツ連邦医薬品医療機器研究所（Bundesinstitut für Arzneimittel und Medizinprodukte (BfArM)）107

ドキュメンテーション研究所（Institut für Dokumentationswesen (IDW)）99
特別収集領域（Sondersammelgebiete (SSG)）10,79,82,123,127,131,150,156,160
図書館購買センター（Einkaufszentrale für Bibliotheken: ekz Bibliotheksservice GmbH）39,40
図書館情報専門家協会（Chartered Institute of Library and Information Professionals (CILIP)）212
図書館ネットワーク連合（Arbeitsgemeinschaft der Verbundsysteme (AGV)）49
図書館標準規格委員会（Standardisierungsausschuss）38
図書館標準規格室（Arbeitsstelle für Standardisierung: AfS）20,38,48

[な行]
ナショナルライセンス（Nationallizenzen）62,82,110,148,149,165,201
ナレッジ・エクスチェンジ（Knowledge Exchange）154
南西ドイツ図書館ネットワーク（Südwestdeutscher Bibliotheksverbund (SWB)）39,47,184
ニーダーザクセンeラーニング・ネットワーク（eLearning Academic Network Niedersachsen (ELAN)）130
ニーダーザクセン州立＝大学図書館ゲッチンゲン（Niedersächsische Staats- und Universitätbibliothek Göttingen）119
納本制度　27
ノルトライン・ウェストファーレン大学図書館センター（Hochschulbibliothekszentrum des Landes Nordrhein-Westfalen (HBZ)）39,46,47,184

[は行]
バイエルン州立図書館（Bayerische Staatsbibliothek (BSB)）9,14,39,46,66,115,227
バイエルン州立図書館オンライン（Baye-

rische Landesbibliothek Online (BLO)) 72
バイエルン図書館学校 (Bayerische Bibliotheksschule) 218,227
バイエルン図書館ネットワーク (Bibliotheksverbund Bayern (BVB)) 39,46,47, 184
バチェラー (学士) 208
バーデン・ヴュルテンベルク図書館サービスセンター 46
ハノーバー専科大学 (Fachhochschule Hannover) 217,224
ハンブルク応用科学大学 (Hochschule für Angewandte Wissenschaften Hamburg) 217,222
標準化 38
ブレーメン,ハンブルク,メクレンブルク・フォアポンメルン,ニーダーザクセン,ザクセン・アンハルト,シュレスヴィヒ・ホルシュタイン,テューリンゲン共同図書館ネットワーク (Gemeinsamer Bibliotheksverbund der Länder Bremen, Hamburg, Mecklenburg-Vorpommern, Niedersachsen, Sachsen-Anhalt, Schleswig-Holstein und Thüringen (GBV)) 39,46,47, 123,184
プロイセン文化財団 (Stiftung Preußischer Kulturbesitz (SPK)) 22,58
プロイセン文化財団写真資料館 (Bildarchiv Preußischer Kulturbesitz) 62
プロイセン文化財団ベルリン国立図書館 (Staatsbibliothek zu Berlin - Preußischer Kulturbesitz (SBB-PK)) 9,14,39,58,180
文献提供 86,150,162,195,201
文書文化財保存連盟 (Allianz zur Erhaltung des schriftlichen Kulturgutes) 48
フンボルト大学 → ベルリン・フンボルト大学
米国国立医学図書館 (National Library of Medicine (NLM)) 75,98,101
米国国立医学図書館書架分類法 (NLM Classification) 83

米国図書館協会 (American Library Association (ALA)) 207
米国図書館情報資源振興財団 (Council on Library and Information Resources (CLIR)) 49
ヘッセン図書館情報システム (Hessisches Bibliotheksinformationssystem (HeBIS)) 39,184
ベルリン国立図書館 → プロイセン文化財団ベルリン国立図書館
ベルリン国立図書館著者索引ファイル 46
ベルリン自由大学 (Freie Universität Berlin, FU) 108
ベルリン・ブランデンブルク協力図書館ネットワーク (Kooperativer Bibliotheksverbund Berlin-Brandenburg (KOBV)) 39,47, 184
ベルリン・フンボルト大学 (Humboldt-Universität zu Berlin, HU) 108,217,220
ポツダム専科大学 (Fachhochschule Potsdam) 228
ボローニャ・プロセス (Bologna Prozess) 208

[ま行]

マスター (修士) 208
マックス・プランク協会 (Max-Planck-Gesellschaft zur Förderung der Wissenschaften (MPG)) 143
マックス・プランク・デジタル図書館 (Max-Planck-Digital Library) 142
ミュンヘン・デジタル化センター (Münchener Digitalisierungszentrum (MDZ)) 72,126
メタデータ (Metadata) 33,34,48,52,134, 151,160
メディア専科大学 (Hochschule der Medien) 212,217

[や行]

ヨーロッパ研究図書館コンソーシアム

(Consortium of European Research Libraries) 72
ヨーロッパ研究図書館連盟（Ligue des Bibliothèques Européennes de Recherche (LIBER)) 49,71
ヨーロッパ高度教育地域（European Higher Education Area (EHEA)) 208
ヨーロッパ国立図書館長会議（Conference of European National Librarians (CENL)) 49,51
ヨーロッパ大学協会 142
ヨーロッパ単位互換制度（European Credit Transfer System (ECTS)) 211
ヨーロッパデジタル図書館（European Digital Library (EDL)) 37,135,167
ヨーロッパ図書館（The European Library (TEL)) 37,52,190
ヨーロッパヘルス情報図書館協会（European Association for Health Information and Libraries (EAHIL)) 98
ヨーロッパ保存・アクセス委員会（European Commission on Preservation and Access (ECBA)) 49

[ら行]
ライプチヒ技術，経済，文化大学（Hochschule für Technik, Wirtschaft und Kultur Leipzig) 226
ライプニッツ協会（Leibniz-Gemeinschaft - Wissenschaftsgemeinschaft Gottfried Wilhelm Leibniz) 82,95,150,170
リポジトリ（Repository) 113,143,145,194
レーゲンスブルク大学図書館（Universitätsbibliothek Regensburg) 172
連邦研究教育省（Bundesministerium für Bildung und Forschung (BMBF)) 62,71,202
連邦・諸州によるヨーロッパ図書館，アーカイブ，博物館のためのワーキンググループ（Bund-/Länder-Arbeitsgruppe zu Europäischen Angelegenheiten für Bibliotheken, Archive und Museen (EUBAM)) 49
連邦保健省（Bundesministrium für Gesundhait (BMG)) 75,97,99

視覚障害者その他活字のままではこの本を利用できない人のために，日本図書館協会及び著者に届け出る事を条件に音声訳（録音図書）及び拡大写本，電子図書（パソコンなど利用して読む図書）の製作を認めます。但し，営利を目的とする場合は除きます。

EYE LOVE EYE

ドイツにおける学術情報流通－分散とネットワーク

2008年9月20日　初版第1刷発行Ⓒ

定　価：本体2600円（税別）

編　者：酒井由紀子，クリステル・マーンケ
発行者：㈳日本図書館協会
　　　　〒104-0033　東京都中央区新川1-11-14
　　　　Tel 03-3523-0811㈹　Fax 03-3523-0841
印刷所：アベイズム㈱　　　Printed in Japan
JLA200821　ISBN978-4-8204-0813-0
本文用紙は中性紙を使用しています。